数智化时代会计专业
—— 融合创新系列教材 —

U0734319

Excel 2010在会计与财务管理中的应用

微课版
第6版

黄新荣◎主编

李悦　杨春晖　解勤华　何小◎副主编

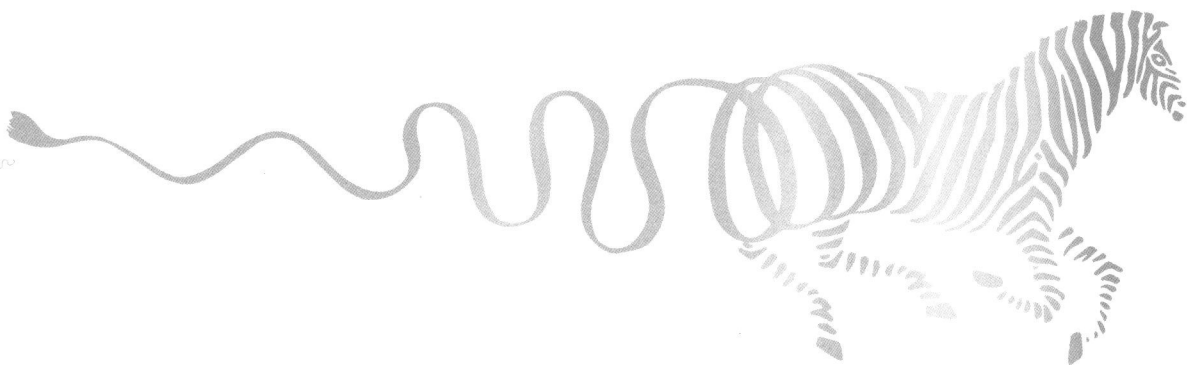

人民邮电出版社
北 京

图书在版编目（CIP）数据

Excel 2010在会计与财务管理中的应用：微课版 / 黄新荣主编. -- 6版. -- 北京：人民邮电出版社，2021.10

数智化时代会计专业融合创新系列教材

ISBN 978-7-115-57344-5

Ⅰ．①E… Ⅱ．①黄… Ⅲ．①表处理软件－应用－会计－教材②表处理软件－应用－财务管理－教材 Ⅳ．①F232②F275-39

中国版本图书馆CIP数据核字(2021)第184798号

内 容 提 要

本书遵照最新《企业会计准则》编写，对 Excel 2010 在会计核算、财务管理和管理会计中的应用进行了详细讲述。

本书详细介绍了如何应用 Excel 2010 电子表格软件解决企业在会计核算、财务管理和管理会计中发现的问题，内容涵盖 Excel 2010 电子表格软件在账务处理、报表编制、工资管理、固定资产管理、进销存管理、财务分析、资金筹集管理、投资管理及本量利分析等方面的应用。

本书可作为应用型本科院校、高等职业院校经管类专业学生的教材，也可供相关技术人员、财会人员参考、学习、培训使用。

◆ 主　编　黄新荣

　　副主编　李　悦　杨春晖　解勤华　何　小

　　责任编辑　刘　尉

　　责任印制　王　郁　焦志炜

◆ 人民邮电出版社出版发行　　北京市丰台区成寿寺路 11 号

　　邮编　100164　　电子邮件　315@ptpress.com.cn

　　网址　https://www.ptpress.com.cn

　　三河市兴达印务有限公司印刷

◆ 开本　787×1092　1/16

　　印张　14.25　　　　　　　2021 年 10 月第 6 版

　　字数　364 千字　　　　　2024 年 12 月河北第 9 次印刷

定价：42.00 元

读者服务热线：(010)81055256　印装质量热线：(010)81055316

反盗版热线：(010)81055315

广告经营许可证：京东市监广登字 20170147 号

FoReWoRD

///////////////////// 前　言 /////////////////////

　　Excel 是美国微软公司基于 Windows 操作系统开发的电子表格软件，利用计算机制表并进行数据处理。Excel 自问世以来广受财务人员的青睐。应用 Excel 电子表格软件制作会计凭证、会计账簿、会计报表及管理职工薪酬、固定资产、进销存等，不仅可以减少烦琐的重复计算，而且在建立好一个工作表之后，如果数据清单中的任意数据发生变化，Excel 便可自动重新计算出结果。使用 Excel 进行会计核算，一方面可以减少会计核算的工作量；另一方面可以降低财务成本，特别是可以满足中小型企业不用购置大型财务软件便可实现会计电算化的需求。

　　在本书修订过程中，编者将党的二十大精神与财务会计的工作实际相结合，始终贯彻以工作流程为导向，以一个财经类专业实习生在丰源公司的实习经历为主线，采用项目教学的方式，循序渐进地安排教学内容，每个项目均分为多个典型任务来实施。全书共分为 11 个项目，每个项目由知识目标、能力目标、思政目标、工作情境与分析、任务、项目小结、项目实训构成。在工作情境与分析部分，为学生创造了一个真实的企业工作环境，引导学生进入财务人员的角色，为其主动学习相关知识和技能做好心理准备，使学生认识到这个项目在企业核算中的重要性，明确该项目包括哪些核算内容，应分为哪几个任务来完成；在各任务部分，带领学生逐步实施任务，教给学生完成相关任务最直接、简单的方式；在项目实训部分，精心设计了贯穿整个项目的综合实训，让学生将各个任务衔接起来，真正做到融会贯通，实现 Excel 2010 和财务技能的完美结合。

　　本书教学参考学时为 60 学时，建议采用理论实践一体化教学模式。各项目的学时分配如下表所示。

项　目	学　时
项目一　认识电子表格软件 Excel 2010	4
项目二　Excel 2010 在账务处理中的应用	8
项目三　Excel 2010 在报表编制中的应用	4
项目四　Excel 2010 在工资管理中的应用	6
项目五　Excel 2010 在固定资产管理中的应用	6
项目六　Excel 2010 在进销存管理中的应用	6
项目七　Excel 2010 在财务分析中的应用	4
项目八　Excel 2010 在资金筹集管理中的应用	6
项目九　Excel 2010 在投资管理中的应用	6
项目十　Excel 2010 在本量利分析中的应用	4
项目十一　综合实训	6
学时总计	60

本书所有操作内容均已录制成视频，读者只需扫描书中提供的二维码即可观看，轻松掌握相关知识。同时，为了方便教学，读者可以通过登录人邮教育社区（www.ryjiaoyu.com）下载本书的PPT课件、项目效果文件等相关教学配套资源。

本书由淄博职业学院黄新荣担任主编，由安徽城市管理职业学院李悦、三门峡职业技术学院杨春晖、浙江同济科技职业学院解勤华、四川财经职业学院何小担任副主编。

限于编者水平，书中不妥之处敬请读者批评指正。

编 者

2023 年 4 月

CONTENTS

///////////////////////// 目　录 /////////////////////////

项目三　Excel 2010 在报表编制中的应用 ·······53

项目四　Excel 2010 在工资管理中的应用 ·······69

项目五　Excel 2010 在固定资产管理中的应用 ·······88

项目一

认识电子表格软件 Excel 2010

知识目标 ↓

1. 认识 Excel 2010 的工作界面，掌握各工具的功能和使用方法。
2. 了解工作簿、工作表、数据清单、公式和函数的概念。
3. 认识图表的基本样式，掌握输入函数公式的方法。

能力目标 ↓

1. 学会使用 Excel 2010 创建和编辑表格，对数据进行输入、编辑、计算、复制、移动以及设置格式、打印表格等操作。
2. 掌握 Excel 2010 处理数据和分析数据的功能，可以运用公式和函数处理数据对工作表中的数据进行排序、筛选、分类汇总、统计和查询等操作。
3. 能够根据工作表中的数据快速生成图表，学会编辑和修改常用图表。

素质目标 ↓

1. 既要认真负责、精益求精，又要积极主动，富有创造性。
2. 遵循会计职业道德，努力提高自身业务水平，不损害企业和国家利益。

工作情境与分析 ↓

一、情境

李娜是某职业学院会计专业三年级的学生，即将到山东丰源有限公司（以下简称丰源公司）的财务岗位进行为期 4 个月的实习。由于该公司未购买专用财务软件，而手工记账烦琐且易出错，所以该公司计划从 2021 年 5 月开始使用 Excel 2010 进行会计核算工作。李娜为了适应该岗位要求，决定开始学习 Excel 2010 的基础知识和技能。

二、分析

要想学好 Excel 2010 的基础知识和技能，需完成以下几个任务：认识 Excel 2010→认识工作

01

簿和工作表→输入与编辑数据→数据管理与分析→使用图表→使用公式和函数。

任务一　认识 Excel 2010

Excel 2010 是微软公司推出的办公自动化系列软件 Office 中用于电子表格处理的应用软件，在数据处理方面有着广泛的应用。

Excel 2010 的基本功能是创建和编辑电子表格。电子表格是由若干行和若干列构成的二维表格。应用 Excel 2010，可以较为方便地创建工作表、输入和编辑工作表中的数据、对数据进行各种运算，以及对表格进行各种格式设置等；还可以利用工作表中的数据快速生成各种图表，即用图表将工作表中的数据直观、形象地表示出来。除此之外，Excel 2010 还提供了强大的数据管理功能，可以较为方便地对工作表中的数据进行排序、筛选和分类汇总等操作，从而实现数据的管理与分析，帮助企业财务人员获取有用的信息。

微课 1-1　认识 Excel 2010

一、Excel 2010 的启动与退出

启动代表一项程序的开始，而退出则代表一项程序的结束。在 Excel 2010 的各种操作中，启动与退出是较基础的操作。

1. Excel 2010 的启动

Excel 2010 有 3 种启动方法。

方法一：单击计算机桌面左下角的"开始"按钮 ，选择"所有程序"菜单中的"Microsoft Office"文件夹，在打开的列表中选择"Microsoft Excel 2010"选项。

方法二：双击计算机桌面上的 Excel 2010 快捷方式图标 。

方法三：在计算机桌面空白处单击鼠标右键，在弹出的快捷菜单中选择"新建"命令，在弹出的子菜单中选择"Microsoft Excel 工作簿"命令，计算机桌面上将出现新建的 Excel 2010 工作簿。

2. Excel 2010 的退出

Excel 2010 有 4 种退出方法。

方法一：在 Excel 2010 中选择"文件"选项卡中的"退出"选项。

方法二：单击 Excel 2010 工作界面右上角的"关闭"按钮 。

方法三：在 Excel 2010 中按【Alt + F4】组合键。

方法四：双击 Excel 2010 左上角的控制菜单按钮 。

二、Excel 2010 的工作界面

Excel 2010 工作界面由标题栏、自定义快速访问工具栏、"文件"选项卡、功能区、功能区选项卡、控制菜单按钮、全选按钮、工作表标签、控制按钮、编辑栏、工作表编辑区、滚动条、滚动框、分割框、状态栏、缩放滑块和视图切换按钮组成，如图 1-1 所示。

1. 标题栏

标题栏显示的是当前工作界面所属程序和文件的名字，如图 1-1 所示，"工作簿 1-Microsoft Excel"即 Excel 2010 的标题栏。其中，"Microsoft Excel"是所属程序的名字，"工作簿 1"是 Excel

2010 打开的一个空工作簿的系统暂定名。

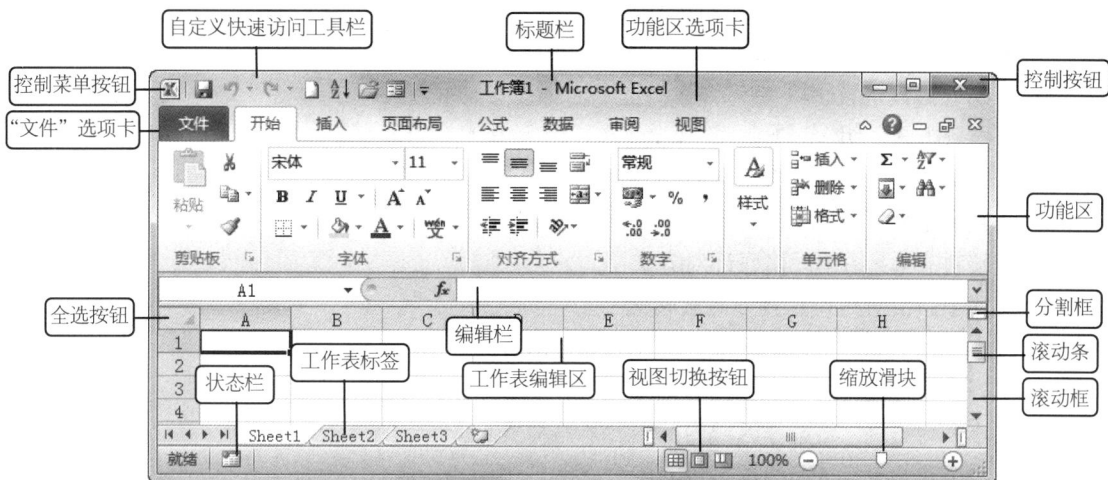

图 1-1　Excel 2010 工作界面

2. 自定义快速访问工具栏

常用命令（如"保存"和"撤销"等）均位于此处，也可以根据需要自行添加常用命令。

3. "文件"选项卡

"文件"选项卡提供了"新建""打开""另存为""打印"和"关闭"选项，通过该选项卡可以进行新建、打开、另存为、打印和关闭工作簿等操作。

4. 功能区选项卡

Excel 2010 默认包含了 7 个选项卡，单击任意一个选项卡都可以打开对应的功能区，每个功能区中分别包含了相应的功能集合。

下面以"开始"选项卡为例进行介绍。"开始"选项卡的功能区中各组介绍如下。

（1）"剪贴板"组

① 剪切✂：将选择区域中的内容转移到剪贴板中暂存，再将剪切板中暂存的内容转移到工作表的其他选定区域或其他文档中，原区域中的内容在进行剪切操作后消失。

② 复制📋：将选择区域中的内容在剪贴板中暂存，再将剪切板中暂存的内容复制到工作表的其他选定区域或其他文档中，原区域中的内容在进行复制操作后保持不变。

③ 粘贴📋：将剪贴板中的内容移动或复制到当前选中的区域或文档中。

④ 格式刷🖌：将某一选择区域的格式复制到另一选择区域中。

（2）"字体"组

① 字体宋体：为选择区域内的文字设置字体。

② 字号11：为选择区域内的文字设置字号。

③ 增大字号A˄：增大选择区域内文字的字号。

④ 减小字号A˅：减小选择区域内文字的字号。

⑤ 加粗B：将选择区域内的文字加粗。

⑥ 倾斜I：将选择区域内的文字倾斜。

⑦ 下划线U：在选择区域内的文字下方增加下划线。

⑧ 边框 田：为选择区域增加边框线。

⑨ 填充颜色 ◇：为选择区域指定背景颜色。

⑩ 字体颜色 A：为选择区域内的文字指定颜色。

⑪ 显示或隐藏拼音字段 ♥：编辑所选字词拼音的显示方式。

（3）"对齐方式"组

① 顶端对齐 ▤：沿单元格顶端对齐文字。

② 垂直居中 ▤：使文本在单元格中上下居中。

③ 底端对齐 ▤：沿单元格底部对齐文字。

④ 方向 ◈：沿对角或垂直方向旋转文字。

⑤ 文本左对齐 ▤：将选择区域内的内容靠左对齐。

⑥ 对齐 ▤：将选择区域内的内容居中对齐。

⑦ 文本右对齐 ▤：将选择区域内的内容靠右对齐。

⑧ 减少缩进量 ▤：减小边框与单元格文字间的边距。

⑨ 增加缩进量 ▤：增大边框与单元格文字间的边距。

⑩ 自动换行 ▤：如果希望文本在单元格内以多行形式显示，可以设置为自动换行，使单元格中的内容全部可见。

⑪ 合并后居中 ▤：将选择的多个单元格合并成一个较大的单元格，并将新单元格中的内容居中。

（4）"数字"组

① 会计数字格式 ▤：在选择区域内各单元格中的数值型数据前加上货币符号。

② 百分比样式 %：将选择区域内各单元格中的数值型数据变为百分比形式。

③ 千位分隔样式 , ：为选择区域内各单元格中的数值型数据加上千分分隔符。

④ 增加小数位数 ▤：使选择区域内各单元格中的数值型数据的小数位数增加。

⑤ 减少小数位数 ▤：使选择区域内各单元格中的数值型数据的小数位数减少。

（5）"样式"组

① 条件格式 ▤：根据条件使用数据条、色阶和图标集，以突出显示相关单元格、强调异常值及实现数据的可视化效果。

② 套用表格格式 ▤：通过选择预定义表样式，快速设置一组单元格的格式，并将其转化为表。

③ 单元格样式 ▤：通过选择预定义样式，快速设置单元格格式。

（6）"单元格"组

① 插入 ▤：在工作表或表格中插入单元格、行或列，或者在工作簿中插入工作表。

② 删除 ▤：删除工作表或表格中的单元格、行或列，或者在工作簿中删除工作表。

③ 格式 ▤：更改行高或列宽，组织工作表，或者保护、隐藏单元格。

（7）"编辑"组

① 自动求和 Σ：对选中的若干单元格自动求和。

② 填充 ▤：将模式扩充到一个或多个相邻的单元格。

③ 清除 ▤：删除单元格中的所有内容，或者选择性地删除格式、内容或批注。

④ 排序和筛选 ▤：排列数据，以便对其进行分析。

⑤ 查找和选择 ：查找并选择文档中信息的特定文本、格式或类型。

5. 控制菜单按钮

控制菜单按钮位于工作界面左上角，单击该按钮可进行工作界面的"还原""移动""大小""最小化""最大化""关闭"等操作。另外，按住【Alt+空格】组合键也可以弹出该控制菜单。

6. 控制按钮

控制按钮位于工作界面的右上角，包括"最小化"按钮 、"向下还原"按钮 和"关闭"按钮 。

7. 编辑栏

编辑栏从左到右依次是名称框、工具按钮和编辑区。名称框中可显示当前单元格的地址（也称单元格的名称），或者在输入公式时用于从下拉列表中选择常用函数。当在单元格中编辑数据或者公式时，名称框右侧的工具按钮就会出现"取消"按钮 、"输入"按钮 和"插入函数"按钮 ，分别用于撤销和确认在当前单元格中所进行的操作。编辑区也称为公式框区，用于显示当前单元格中的内容，也可以直接在框内对当前单元格进行输入和编辑操作。

8. 工作表编辑区

工作表编辑区是由暗灰线组成的表格区域，位于编辑栏的下方。表格中行与列的交叉部分叫作单元格，它是组成表格的最小单位，单个数据的输入和修改都是在单元格中进行的。工作表编辑区的左上角是全选按钮、底部是工作表标签，它们用于进行单元格和工作表的编辑操作。

（1）全选按钮

全选按钮 位于行标签与列标签的交叉位置，单击该按钮可全选工作表中的全部单元格。另外，按住【Ctrl+A】组合键也可以实现该操作。

（2）工作表标签

工作簿中包含了若干个工作表，每个工作表都有其对应的名称。工作表名称显示在工作表标签上，单击工作表标签即可进行工作表的切换，双击工作表标签即可重命名该工作表。

9. 滚动条与滚动框

利用滚动条，可以方便地查看整个工作表的内容。滚动条与滚动框的使用方法如下。

（1）用鼠标单击上、下、左、右箭头，表格往上、下、左、右各移动一个单位。

（2）拖曳滚动条，移到想要的位置上。

（3）用鼠标单击滚动框，如在滚动框上方区域处单击，则往上移动一个屏幕；在滚动框下方区域处单击，则往下移动一个屏幕。左右移动方式与之类似。

10. 分割框

运用 Excel 2010 的分割框的水平分割和垂直分割功能可以有效避免频繁滑动整个工作表。

（1）水平分割。将鼠标指针移动到垂直滚动条顶部的水平分割框拖曳条处，当鼠标指针变成双向箭头时，拖曳水平分割框到工作表中的任意一行，将工作表分成上下两部分，同时滚动条也分为上下两个，工作表的上下两部分可以独立滚动。

（2）垂直分割。将鼠标指针移动到水平滚动条右侧的垂直分割框拖曳条处，当鼠标指针变成双向箭头时，拖曳垂直分割框到工作表中的任意一列，将工作表分成左右两部分，同时滚动条也分为左右两个，工作表的左右两部分可以独立滚动。

只须双击分割框或将分割框拖回原处即可将工作表恢复成未分割时的状态。

11. 状态栏

状态栏位于工作界面左下方，单击鼠标右键，在弹出的快捷菜单中可以更改状态栏所显示的信息。

12. 缩放滑块

拖曳缩放滑块可以缩放整个工作表编辑区。

13. 视图切换按钮

视图切换按钮位于工作界面右下方，包括"普通"按钮▦、"页面布局"按钮▣和"分页预览"按钮▣。

> **注意**
>
> 一般来说，首次打开 Excel 2010 时，功能区选项卡默认显示"开始""插入"等选项卡，但为了后续操作的顺利进行，还需要添加"开发工具"选项卡。
>
> 添加"开发工具"选项卡的操作步骤为：在"文件"选项卡中选择"选项"选项，打开"Excel选项"对话框。单击"自定义功能区"选项，在"自定义功能区"默认的"主选项卡"下选中"开发工具"复选框，单击 ▭确定 按钮，返回工作表主界面，这时就会发现"开发工具"已经显示在选项卡中了。

任务二 认识工作簿和工作表

在 Excel 2010 中，工作表是一个由行和列组成的表格，工作簿是工作表的集合。工作簿是存储并处理数据、数据运算公式、数据格式等信息的文件。在 Excel 2010 中处理的各种数据最终都会以工作簿的形式存储在磁盘上，其扩展名为".xlsx"，文件名就是工作簿名。工作表不能单独存盘，只有工作簿才能以文件的形式存盘。一个工作簿可以建立多张工作表，用户可以在一个工作簿中管理各种类型的相关信息。工作表名称显示在工作簿底部的工作表标签上。

微课 1-2 认识工作簿和工作表

Excel 软件向下兼容，如果要在 Excel 2003 中打开扩展名为".xlsx"的文件，则必须安装兼容软件。

一、管理工作簿

Excel 2010 中工作簿的管理较为简单，主要包括新建、打开、保存、隐藏和取消隐藏、保护等操作。

1. 新建工作簿

在 Excel 2010 中新建工作簿的方法有以下 4 种。

方法一：启动 Excel 2010 后，将自动建立一个新的工作簿——工作簿 1。

方法二：打开任意一个工作簿，通过在"文件"选项卡中选择"新建"选项创建新工作簿。

方法三：打开任意一个工作簿，通过按【Ctrl + N】组合键创建新工作簿。

方法四：通过单击自定义快速访问工具栏中的"新建"按钮▯来创建新工作簿。

2. 打开工作簿

要打开一个已经保存过的工作簿，可以使用下面任意一种方法。

方法一：单击自定义快速访问工具栏中的"打开"按钮📂。

方法二：在"文件"选项卡中选择"打开"选项。

方法三：在"文件"选项卡中选择"最近所用文件"选项，即可打开相应的工作簿。

方法四：在"计算机"或者资源管理器中找到需要打开的工作簿，双击即可将其打开。

Excel 2010 允许同时打开多个工作簿，并且可以在不关闭当前工作簿的情况下打开其他工作簿，这样可以方便用户在不同工作簿之间进行切换，同时对多个工作簿进行操作。

3. 保存工作簿

保存未命名的新工作簿：选择"文件"选项卡中的"保存"或"另存为"选项（或按【Ctrl + S】组合键），在打开的"另存为"对话框中，确定保存位置和文件名后，单击 保存(S) 按钮即可。

保存已有的工作簿：选择"文件"选项卡中的"保存"选项（或按【Ctrl + S】组合键）即可。

4. 隐藏和取消隐藏工作簿

单击"视图"选项卡下"窗口"组中的"隐藏"按钮⬜，即可隐藏该工作簿。

单击"视图"选项卡下"窗口"组中的"取消隐藏"按钮⬜，在打开的"取消隐藏"对话框中，选择需要显示的被隐藏工作簿，单击 确定 按钮即可重新显示该工作簿。

5. 保护工作簿

单击"审阅"选项卡下"更改"组中的"保护工作簿"按钮🗐，打开"保护结构和窗口"对话框，在"密码"文本框中输入保护密码，单击 确定 按钮，即可对该工作簿进行保护。

二、管理工作表

管理工作表主要包括选择工作表、插入新工作表、删除工作表、重命名工作表、移动或复制工作表和为工作表标签添加颜色等操作。

1. 选择工作表

单击某个工作表标签，可以选择该工作表为当前工作表；按住【Ctrl】键后分别单击工作表标签，可同时选择多个工作表。

2. 插入新工作表

方法一：单击工作表标签区的"插入工作表"按钮🗂，即可在当前位置插入一张新的工作表。

方法二：选择任意一个工作表标签，单击鼠标右键，在弹出的快捷菜单中选择"插入"命令，打开"插入"对话框，如图 1-2 所示，选择"工作表"选项后单击 确定 按钮。

图 1-2 "插入"对话框

如果要添加多张工作表，则先按住【Shift】键，同时选择与待添加工作表相同数目的工作表标签，然后单击鼠标右键，在弹出的快捷菜单中选择"插入"命令，在打开的"插入"对话框中选择"工作表"选项后单击 确定 按钮即可。

3．删除工作表

方法一：选择想要删除的工作表标签，单击"开始"选项卡下"单元格"组中的"删除"按钮 ，在打开的列表中选择"删除工作表"选项，即可删除该工作表。

方法二：在想要删除的工作表标签上单击鼠标右键，在弹出的快捷菜单中选择"删除"命令，即可删除该工作表。

4．重命名工作表

方法一：双击想要重命名的工作表标签，输入新的工作表名称即可。

方法二：选择想要重命名的工作表标签，单击鼠标右键，在弹出的快捷菜单中选择"重命名"命令，输入新的工作表名称即可。

5．移动或复制工作表

选择想要移动的工作表标签，按住鼠标左键拖曳到目标位置，即可移动该工作表。如果要复制工作表，则应在按住鼠标左键拖曳到目标位置的同时按住【Ctrl】键。

6．为工作表标签添加颜色

选择想要改变颜色的工作表标签，单击鼠标右键，在弹出的快捷菜单中选择"工作表标签颜色"命令，打开"主题颜色"面板，如图1-3所示，选择颜色后，即可为工作表标签添加颜色。

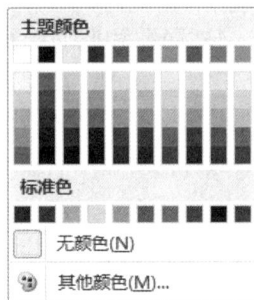

图1-3 "主题颜色"面板

三、编辑工作表

用户若要编辑工作表，则需要用到选择工作区域、插入与删除单元格、插入与删除行或列以及合并单元格等操作。

微课1-3 编辑工作表

1．选择工作区域

Excel 2010在编辑工作表或执行命令之前，首先要选择相应的单元格或单元格区域。表1-1所示为常用的选择工作区域操作。

表1-1　　　　　　　　　　　　　　常用的选择工作区域操作

选择内容	具体操作
选择单个单元格	单击相应的单元格
选择某个单元格区域	单击该区域的第一个单元格，然后拖曳鼠标直至选定最后一个单元格
选择工作表中的所有单元格	单击"全选"按钮
选择不相邻的单元格或单元格区域	单击第一个单元格或单元格区域，然后按住【Ctrl】键选择其他的单元格或单元格区域
选择较大的单元格区域	单击该区域的第一个单元格，然后按住【Shift】键，再单击该区域的最后一个单元格，通过滚动条使要选择的所有单元格可见
选择整行	单击行号

续表

选择内容	具体操作
选择整列	单击列标
选择相邻的行或列	沿行号或列标拖曳鼠标；或者先选择第一行或第一列，然后按住【Shift】键选择其他行或列
选择不相邻的行或列	先选择第一行或第一列，然后按住【Ctrl】键选择其他行或列

2. 插入与删除单元格

选择想要插入与删除的单元格，单击鼠标右键，在弹出的快捷菜单中选择"插入"命令可以插入一个单元格，选择"删除"命令可以删除一个单元格，如图 1-4～图 1-6 所示，也可以通过单击"开始"选项卡下"单元格"组中的"插入"按钮 或"删除"按钮 来完成该操作。

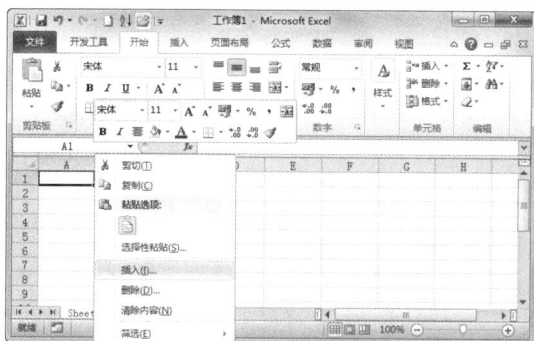

图 1-4 选择右键快捷菜单命令   图 1-5 插入单元格   图 1-6 删除单元格

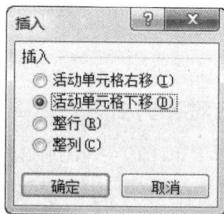

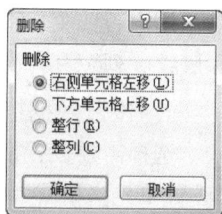

3. 插入与删除行或列

选择想要插入行或列的位置，单击鼠标右键，在弹出的快捷菜单中选择"插入"命令，可以在该行的上方插入一行或该列的左侧插入一列。

选择想要删除行或列的位置，单击鼠标右键，在弹出的快捷菜单中选择"删除"命令，可以删除该行或该列，如图 1-7 所示。

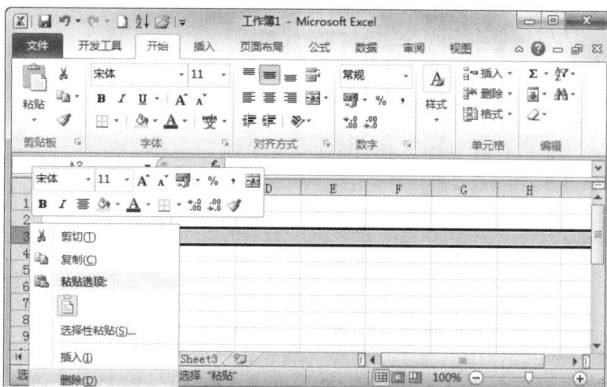

图 1-7 插入与删除行或列

4. 合并单元格

选择想要合并的单元格区域，单击鼠标右键，在弹出的快捷菜单中选择"设置单元格格式"

命令，如图 1-8 所示，打开"设置单元格格式"对话框，在"对齐"选项卡下方的"文本控制"栏中选中"合并单元格"复选框，如图 1-9 所示。

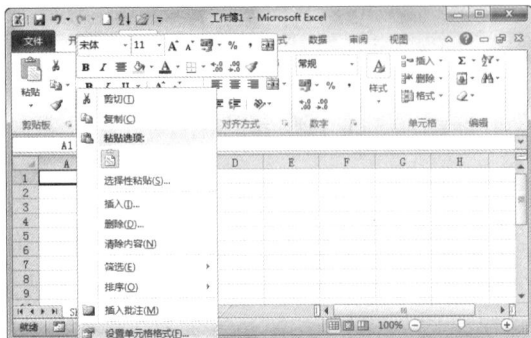

图 1-8　选择"设置单元格格式"命令

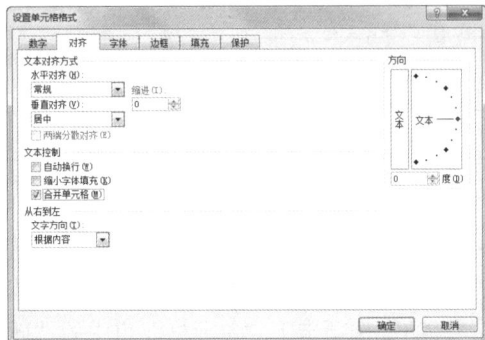

图 1-9　合并单元格

四、美化工作表

用户若要美化工作表，则可以设置工作表的数据格式与对齐方式、边框和底纹、列宽和行高等。

微课 1-4　美化工作表

1. 设置数据格式与对齐方式

选择需要设置格式的单元格，单击鼠标右键，在弹出的快捷菜单中选择"设置单元格格式"命令，在打开的"设置单元格格式"对话框中选择"对齐"选项卡，进行相应的设置后单击 确定 按钮，即可改变数据在垂直和水平方向上的对齐方式。

2. 设置边框

选择需要设置边框的单元格，单击鼠标右键，在弹出的快捷菜单中选择"设置单元格格式"命令，在打开的"设置单元格格式"对话框中选择"边框"选项卡，如图 1-10 所示，进行相应的设置后单击 确定 按钮，即可设置单元格的边框。

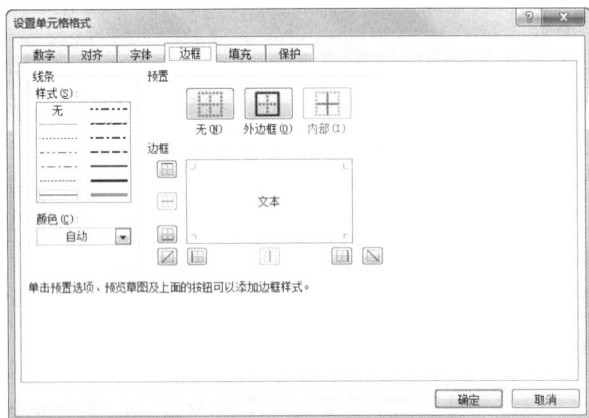

图 1-10　设置边框

3. 设置列宽和行高

打开一张新的工作表时，系统默认的列宽和行高是固定的，但任何工作表的列宽和行高都能改变。设置列宽和行高有以下两种方法。

方法一：单击"开始"选项卡下"单元格"组中的"格式"按钮。在打开的下拉列表中选择"行高"选项，在打开的"行高"对话框中的数值框中输入 0～409 的数字定义行的高度；选择"列宽"选项，在打开的"列宽"对话框中的数值框中输入 0～255 的数字定义列的宽度。

方法二：调整列宽时只需要用鼠标指针指向该列右方的列边界，当鼠标指针变成有左右箭头的黑色十字形状后，左右拖曳至所需宽度即可改变列宽。调整行高时只需要用鼠标指针指向该行下方的行边界，当鼠标指针变成有上下箭头的黑色十字形状后，上下拖曳至所需行高即可改变行高。

五、打印工作表

工作表创建好后，为了方便提交或留存查阅，经常需要把它们打印出来。打印工作表的操作步骤一般是先设置打印区域和分页，接着进行页面设置，然后进行打印预览，最后打印输出。

微课 1-5　打印工作表

1. 设置打印区域和分页

选择需要打印的区域，单击"页面布局"选项卡下"页面设置"组中的"打印区域"按钮，在打开的列表中选择"设置打印区域"选项，选择打印的区域边框上会出现水平分页虚线，表示打印区域已设置好，只有选择区域中的数据才能进行打印。

当工作表较大时，Excel 2010 一般会自动为工作表分页。如果用户不满意这种分页方式，可以根据需要对工作表进行分页。分页包括水平分页和垂直分页。

（1）水平分页的操作方法为：选择要另起一页的起始行行号，单击"页面布局"选项卡下"页面设置"组中的"分隔符"按钮，在打开的列表中选择"插入分页符"选项，会发现在选择起始行的上方出现一条水平虚线，表示分页成功。

（2）垂直分页的操作步骤与水平分页类似，但需要注意的是，垂直分页时必须选择另起一页的起始列列标或选择该列最上端的单元格，分页成功后将在该列的左侧出现一条垂直分页虚线。如果选择的不是最左侧或最上方的单元格，插入分页符后将在该单元格的左侧和上方各产生一条分页虚线。

删除分页符时，可先选择分页虚线的下方或右侧的任一单元格，然后单击"页面布局"选项卡下"页面设置"组中的"分隔符"按钮，在打开的列表中选择"删除分页符"选项；也可以先选择整个工作表或任一单元格，然后选择"分隔符"列表中的"重设所有分页符"选项，即可删除工作表中的所有人工分页符。

分页后，单击"分页预览"按钮，可进入分页预览视图。单击"普通"按钮，可以结束分页预览，回到普通视图。

2. 页面设置

Excel 2010 具有默认页面设置功能，因此用户可以直接打印工作表。如有特殊要求，使用页面设置可以设置工作表的打印方向、缩放比例、纸张大小、页边距、页眉、页脚等。单击"页面布局"选项卡下"页面设置"组右侧的按钮，打开"页面设置"对话框。该对话框共有 4 个选项卡，分别是"页面"选项卡、"页边距"选项卡、"页眉/页脚"选项卡和"工作表"选项卡。

（1）"页面"选项卡。在"页面"选项卡中可以设置纸张方向、缩放比例、纸张大小、打印质量、起始页码等，如图 1-11 所示。

（2）"页边距"选项卡。在"页边距"选项卡中可设置版心与页面4个边界的距离、页眉和页脚的上下边距、打印区域的居中方式等，如图1-12所示。

图1-11 "页面"选项卡

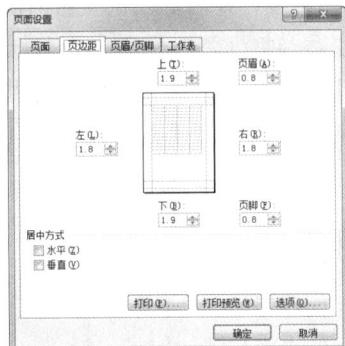

图1-12 "页边距"选项卡

（3）"页眉/页脚"选项卡。如果要设置页眉和页脚，可在"页眉"和"页脚"下拉列表中选择内置的页眉和页脚格式，也可以分别单击 自定义页眉(C)... 按钮或 自定义页脚(U)... 按钮，在打开的"页眉"或"页脚"对话框中进行自定义设置。此外还可以设置页眉和页脚的显示方式，如"奇偶页不同""首页不同""随文档自动缩放""与页边距对齐"等，如图1-13所示，设置完成后单击 确定 按钮。

（4）"工作表"选项卡。在"工作表"选项卡中可以设置打印区域、打印标题、打印及打印顺序，如图1-14所示。

图1-13 "页眉/页脚"选项卡

图1-14 "工作表"选项卡

① 打印区域。若不设置，则默认打印当前整个工作表；若需设置，则单击"打印区域"右侧的折叠按钮，在工作表中选择打印区域后，再单击"打印区域"右侧的展开按钮返回对话框，单击 确定 按钮。

② 打印标题。如果要使打印的工作表上每一页都显示行标题，可在"顶端标题行"编辑框中选择要打印的行标题；如果要使打印的工作表上每一页都显示列标题，则在"左端标题列"编辑框中选择要打印的列标题。

注意

如果要使打印的工作表上每一页都显示行号和列标，则选中"打印"区域的"行号列标"复选框即可。

3．打印预览

单击"分页预览"按钮🔲，进入"分页预览"视图，拖曳分页虚线即可直接改变分页的位置。

4．打印输出

经过设置打印区域、页面设置、打印预览后，就可以正式打印了。打印方法为：单击"页面设置"对话框中的 打印(P)... 按钮，或选择"文件"选项卡下的"打印"选项，即可打印输出工作表。

任务三　输入与编辑数据

在 Excel 2010 工作表的单元格中可以输入文本、数字、日期和时间等，也可以对输入的内容进行编辑。

一、输入数据

在工作表的单元格中，可以使用两种基本的数据格式，即常数和公式。常数是指文字、数字、日期、时间等，公式是指包含"="的函数、宏命令等。

在向单元格中输入数据时，需要掌握以下 3 种基本的输入方法。

方法一：单击需要输入数据的单元格，然后直接输入数据。

方法二：双击需要输入数据的单元格，单元格中会出现闪烁的光标，即可输入数据。这种方法多用于修改单元格中的数据。

方法三：单击需要输入数据的单元格，再单击编辑栏，然后在编辑栏中编辑或修改数据。

1．输入文本

文本包括汉字、字母、特殊符号、数字、空格及其他通过键盘输入的符号。

在向单元格中输入文本时，如果相邻的单元格中没有数据，则 Excel 2010 允许长文本覆盖在其右侧相邻的单元格；如果相邻单元格中有数据，则当前单元格中只显示该文本的开头部分。按【Backspace】键可以删除光标左侧的字符。如果需要取消输入，可以单击编辑栏中的"撤销"按钮 ✖，或按【Esc】键。如果需要结束输入，可以单击编辑栏中的"输入"按钮 ✔。

如果要把数字作为文本输入（如身份证号码、电话号码、= 5 + 8、1/3 等），则应先输入一个半角字符的单引号"'"，再输入相应的字符。

2．输入数字

和输入其他文本一样，在工作表中输入数字时，需要先选择该单元格，然后输入数字，最后按【Enter】键。

3．输入日期和时间

用户可以使用多种格式输入日期，如用"/"或"-"分隔日期中的年、月、日。在单元格中输入时间的方法有两种，即 12 小时制和 24 小时制。如果按 12 小时制输入时间，则要在时间数字后输入"a"或"p"，字母"a"表示上午，字母"p"表示下午。

二、编辑数据

在单元格中输入数据后，可以对数据进行修改、删除、复制和移动等操作。

微课 1-6　编辑数据

1. 修改数据

在编辑栏中修改数据时，先选择要修改的单元格，然后在编辑栏中进行相应的修改，单击 ✔ 按钮确认修改，单击 ✖ 按钮或【Esc】键放弃修改。此种方法适合内容较多的情况或者对公式的修改。

在单元格内修改数据时，只需双击单元格，然后进行该单元格的修改，此种方法适合内容较少的情况。

如果以新数据替代原来的数据，只需单击该单元格，然后输入新的数据即可。

2. 删除数据

在 Excel 2010 中，数据删除有两个概念：数据清除和数据删除。

数据清除的对象是数据，单元格本身不受影响。选择需要清除数据的单元格或单元格区域，单击"开始"选项卡下"编辑"组中的"清除"按钮 ⌾，在打开的列表中选择"清除格式""清除内容""清除批注"或"清除超链接"选项，将分别只取消单元格的格式、内容、批注或超链接；选择"全部清除"选项，则会将单元格的格式、内容、批注、超链接全部取消。数据清除后单元格仍保留在原位置。

选择单元格后按【Delete】键，与选择"清除内容"选项效果相同。

如果数据删除的对象是单元格，则删除后的单元格及其数据将从工作表中消失。

3. 复制和移动数据

在 Excel 2010 中，复制数据的方法多种多样，可以利用剪贴板，也可以使用鼠标。

（1）利用剪贴板复制数据与在 Word 2010 中的操作相似，不同的是 Excel 2010 在源区域执行复制命令后，源区域周围会出现闪烁的虚线。只要闪烁的虚线不消失，就可以进行多次粘贴；一旦消失，则无法进行粘贴。如果只需粘贴一次，则直接在目标区域按【Enter】键。

（2）使用鼠标复制数据的操作方法为：选择源区域的同时按住【Ctrl】键，鼠标指针指向源区域的边框时，鼠标指针将会变成带有一个小十字的实心箭头，通过拖曳操作可以进行数据复制。

如果一个单元格含有多种特性时（如内容、格式、批注等），可以使用选择性粘贴复制它的部分特性。其操作步骤为：先将数据复制到剪贴板，再选择待粘贴目标区域中的第 1 个单元格，单击鼠标右键，在弹出的快捷菜单中选择"选择性粘贴"命令，打开"选择性粘贴"对话框，如图 1-15 所示。选择相应选项后，单击 确定 按钮即可完成选择性粘贴。

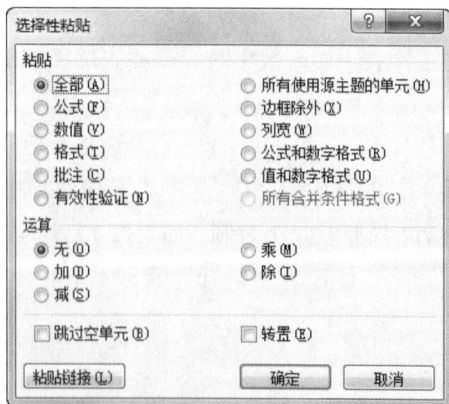

图 1-15 "选择性粘贴"对话框

任务四 数据管理与分析

数据管理即利用计算机对数据进行收集、存储与处理；而数据分析则是对收集的数据进行分析，提取有用的信息并形成结论，两者结合使用可以有效提高工作效率。

一、创建数据清单

数据清单即表格，它用一行文本作为区分数据类型的表头标志。数据清单的第一行必须为文本类型，为相应列的名称。用户只要执行了数据库命令，Excel 2010 会自动将数据清单默认为一个数据库。数据清单中的列是数据库中的字段，数据清单中的列标志是数据库中的字段名，数据清单中的一行对应数据库中的一条记录。

微课 1-7 创建数据清单

1. 创建数据清单时应遵循的原则

创建数据清单应遵循以下 8 条原则。

（1）一个数据清单最好占用一个工作表。

（2）数据清单是一片连续的数据区域。

（3）每一列包含相同类型的数据。

（4）将关键数据置于清单的顶部或底部，避免将关键数据放到数据清单的左右两侧，因为这些数据在筛选数据记录时可能会被隐藏。

（5）显示行和列。在修改数据清单之前，需要确保隐藏的行和列已经被显示。如果清单中的行和列未被显示，那么数据有可能被删除。

（6）使用带格式的列标。在输入列标前，将单元格设置为文本格式。列标需要使用与清单中数据不同的字体、对齐方式、格式、填充色等。

（7）使数据清单独立。工作表中的数据清单与其他数据应留出一个空行和一个空列，这样在执行排序、筛选和自动汇总等操作时，有利于 Excel 2010 检测和选择数据清单。

（8）不要在单元格前面或后面输入空格，不然将影响排序和搜索。

2. 创建数据清单

创建数据清单时，首先要创建字段名，然后才能输入数据。若担心出现输入错误的情况，则可以设置数据有效性。

（1）创建字段名。选择任意一行的第一个单元格并输入文本，在与该单元格相邻的右侧单元格中输入其他作为字段名的文本。创建字段名后，即可在各字段名下直接输入数据。

（2）输入数据。在输入数据时，除了可以直接在数据清单中输入数据，还可以使用"记录单"输入或追加数据。使用记录单功能可以减少在行与列之间的不断切换，从而提高输入的速度和准确性。

添加"记录单"的操作步骤为：单击"自定义快速访问工具栏"的下拉按钮，在打开的下拉列表中选择"其他命令"选项，在打开的"Excel 选项"对话框中的"从下列位置选择命令"列表中选择"不在功能区中的命令"选项，在下方的列表中选择"记录单"选项，单击右侧的 添加(A) 按钮，再单击 确定 按钮即可发现快速访问工具栏上添加了"记录单"按钮。

① 单击"记录单"按钮，打开"记录单"对话框，可以在每个字段后的文本框中输入数

据。按【Tab】键在各个字段间切换。输完一条记录的内容后，单击 新建(E) 按钮，可以继续添加新的记录。

② 输入所有的记录后，单击 关闭(L) 按钮返回工作表，新加入的记录将列在清单的底部。

（3）设置数据有效性。为数据有效性设置数值和参数的操作步骤如下。

① 选择需要设置数据有效性字段所在的列。

② 单击"数据"选项卡下"数据工具"组中的"数据有效性"按钮 ，打开"数据有效性"对话框。在"数据有效性"对话框中有4个选项卡，分别是"设置"选项卡、"输入信息"选项卡、"出错警告"选项卡和"输入法模式"选项卡，如图1-16所示。

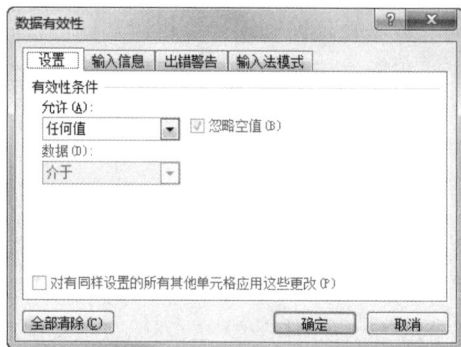

图1-16 设置数据有效性

③ 在"设置"选项卡下的"允许"下拉列表中选择一个选项，在"数据"下拉列表中选择一个选项。

④ 单击 确定 按钮完成操作。

> **注意**
>
> 工作表中显示的参数依赖于"允许"和"数据"中的选项，以及输入限制参数。很多情况下，仅仅是最小值和最大值，如最小数字和最大数字，或者是允许的最早日期和最晚日期。

3. 删除或编辑记录

选择数据清单中的任意一个单元格，单击"自定义快速访问工具栏"中的"记录单"按钮 ；在打开的对话框中单击 上一条(P) 按钮或 下一条(N) 按钮查找需要删除的记录，也可以拖动对话框中间的滚动条来到要删除的记录处，然后单击 删除(D) 按钮将其删除。

编辑记录通常指对数据进行修改。在记录单中编辑记录的具体操作步骤与删除记录基本一致，在找到所要修改的记录后，直接在相应的文本框中进行编辑修改即可。

二、数据排序和筛选

排序是指将单元格中的数字或文本按一定的顺序进行排列，筛选是指从众多数据中找到符合条件的记录。与排序不同，筛选并不重排清单，只是暂时隐藏不必显示的行。

微课1-8 数据排序和筛选

1. 排序

数字是按照数字本身大小进行排序，文本是按照汉字拼音字母的先后顺序进行排序，并且可以将相同的内容放在一起，从而达到分类的目的。例如，某班学生成绩情况如表1-2所示。

表1-2 某班学生成绩情况表

学号	姓名	性别	语文	数学	英语	信息技术	体育	总分
1	钱梅	女	98	82	85	89	88	442

续表

学号	姓名	性别	语文	数学	英语	信息技术	体育	总分
2	张光	男	98	100	97	100	100	495
3	许明	男	87	87	85	92	89	440
4	唐琳	女	96	89	99	96	98	478
5	宋强	男	79	87	97	88	91	442
6	罗松	男	78	77	69	80	78	382
7	郭峰	男	94	89	90	90	97	460

若要将表 1-2 中的总分按从低到高的顺序排列，首先选择总分列的任意一个单元格，单击"开始"选项卡下"编辑"组中的"排序和筛选"按钮，在打开的列表中选择"升序"选项。

如果要进行多个关键字排序，则在打开的列表中选择"自定义排序"选项，打开"排序"对话框，在"主要关键字"下拉列表中确定排序的第一依据，以及排序的标准是递增还是递减；若通过主要关键字排不出顺序，则单击"添加条件"按钮，在"次要关键字"下拉列表中确定排序的第二依据及排序的标准是递增还是递减，最后单击 确定 按钮。

2. 筛选

筛选是指根据给定的条件从数据清单中找出并显示满足条件的记录，不满足条件的记录将被隐藏。数据筛选包括自动筛选和高级筛选。

（1）新建一个工作簿，将 Sheet 1 工作表重命名为"学生成绩情况表"，将表 1-2 中的数据输入该工作表中。

（2）自动筛选。进行自动筛选时，首先选择数据清单中的任一单元格，单击"数据"选项卡下"排序和筛选"组中的"筛选"按钮，在每个字段名的右下方会出现下拉按钮，如图 1-17 所示，单击该按钮可显示筛选的条件。

如果要取消对某一列数据的筛选，则单击该列第一个单元格右侧的下拉按钮，在打开的列表中取消选中"全选"复选框；如果要在数据清单中取消对所有列的筛选，则再次单击"筛选"按钮。

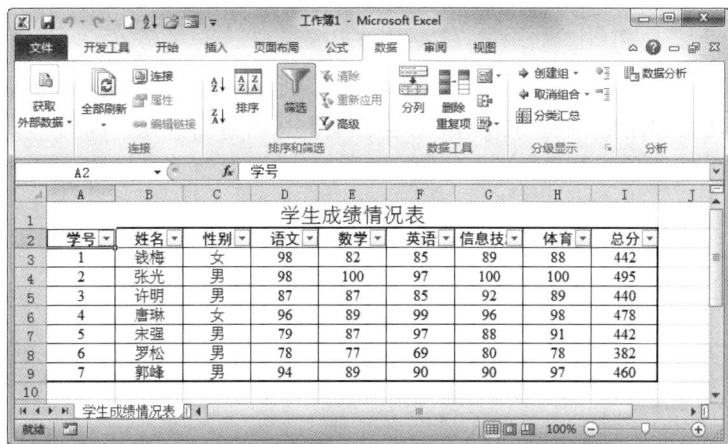

图 1-17　自动筛选

（3）高级筛选。高级筛选能快速将满足多重条件的信息筛选并显示出来。但当数据管理过程中遇到一些复杂的筛选条件时，"自动筛选"功能将不能满足要求，必须使用"高级筛选"功能来实现，即建立筛选条件区域，并在该区域中设置相应的筛选条件。高级筛选的步骤为：选择需要筛选的单元格区域，单击"数据"选项卡下"排序和筛选"组中的"高级"按钮，打开"高级筛选"对话框，在"列表区域"文本框中显示被选择单元格区域的地址范围，在"条件区域"文本框中可以选择筛选条件，在"方式"下方选中"在原有区域显示筛选结果"单选项，单击 确定 按钮即可将筛选结果在原位置处显示出来（即隐藏不符合筛选条件的记录）。

若要取消高级筛选，则单击"数据"选项卡下"排序和筛选"组中的"清除"按钮。

三、数据的分类汇总

分类汇总可以对数据清单中的某一个字段进行汇总（如求和、求平均值等），并对分类汇总值进行计算，将计算结果分级显示出来。例如，一个包含上千条商品信息的数据清单，有产品名称、地区、销售量等字段信息，用户可以根据需要使用分类汇总功能，产生按产品名称、地区和销售量分类的数据清单。

微课 1-9 数据的分类汇总

在执行"分类汇总"命令前，必须先对数据清单进行排序，数据清单的第一行里必须有列标记。具体操作方法如下。

1. 创建分类汇总

打开存有数据清单的 Excel 2010 工作簿，选择数据清单中的任意一个单元格，单击"数据"选项卡下"分级显示"组中的"分类汇总"按钮，打开"分类汇总"对话框，在"分类字段"下拉列表中选择要进行分类汇总的列，在"汇总方式"下拉列表中选择分类汇总的函数，在"选定汇总项"列表中选中相应的复选框，单击 确定 按钮，得到分类汇总的结果。

2. 删除分类汇总

如果对分类汇总的结果不满意，可以删除分类汇总，返回数据清单的初始状态。其具体操作方法为：选择数据清单中的任意一个单元格，单击"数据"选项卡下"分组显示"组中的"分类汇总"按钮，打开"分类汇总"对话框，单击 全部删除(R) 按钮即可。

四、数据透视表

数据透视表是一种对大量数据进行快速汇总和建立交互列表的交叉式表格，用于多种来源的数据汇总。建立表格后，可以对其进行重新排列，深入分析数值数据，还可以回答一些预料之外的数据问题，以便从不同的透视角度观察数据。

微课 1-10 数据透视表

例如，某公司加班情况统计如表 1-3 所示。

表 1-3 某公司加班情况统计表

日期	星期	姓名	小时
2021 年 3 月 1 日	星期三	黄京	1.5
2021 年 3 月 1 日	星期三	王平	0.5
2021 年 3 月 1 日	星期三	张晓晨	0.5
2021 年 3 月 2 日	星期四	黄京	0.8

续表

日期	星期	姓名	小时
2021 年 3 月 2 日	星期四	王平	0.6
2021 年 3 月 2 日	星期四	张晓晨	0.8
2021 年 3 月 3 日	星期五	王平	0.5
2021 年 3 月 3 日	星期五	张晓晨	0.8
2021 年 3 月 4 日	星期六	黄京	1
2021 年 3 月 5 日	星期日	王平	0.5
2021 年 3 月 6 日	星期一	黄京	1
2021 年 3 月 7 日	星期二	黄京	0.5
2021 年 3 月 7 日	星期二	王平	0.5
2021 年 3 月 7 日	星期二	张晓晨	0.6
2021 年 3 月 8 日	星期三	张晓晨	0.8

利用表 1-3 中的数据创建数据透视表的操作步骤如下。

（1）将 Sheet 2 工作表重命名为"公司加班情况统计表"，将表 1-3 中的数据输入工作表中，然后选择数据列表中的任意一个单元格，单击"插入"选项卡下"表格"组中的"数据透视表"按钮 ，打开"创建数据透视表"对话框，被选择数据区域的地址将会显示在"选择一个表或区域"下方的文本框中。

（2）确认数据区域正确后，在"选择放置数据透视表的位置"栏中选中"新工作表"单选项。

（3）单击 确定 按钮后，将自动在当前工作表左侧添加新工作表，同时显示"数据透视表"工具栏。在新工作表中，左侧提供了新表格重组的设置区，右侧提供了"数据透视表字段列表"任务窗格，如图 1-18 所示。

图 1-18　设置数据透视表

📓 **注意**

　　如果不小心关闭了"数据透视表字段列表"任务窗格，可以单击"数据透视表工具—选项"选项卡下"显示"组中的"字段列表"按钮 ，如图 1-19 所示，重新打开该任务窗格。

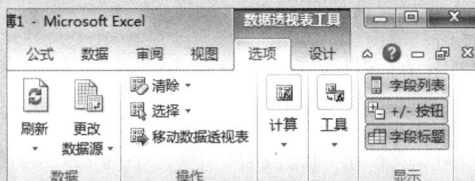

图 1-19　单击"字段列表"按钮

（4）将"数据透视表字段列表"任务窗格中的字段名依次拖曳至对应的区域中，此时数据透视表的结果显示在新表格中，将 Sheet 1 工作表重命名为"数据透视表"，如图 1-20 所示。

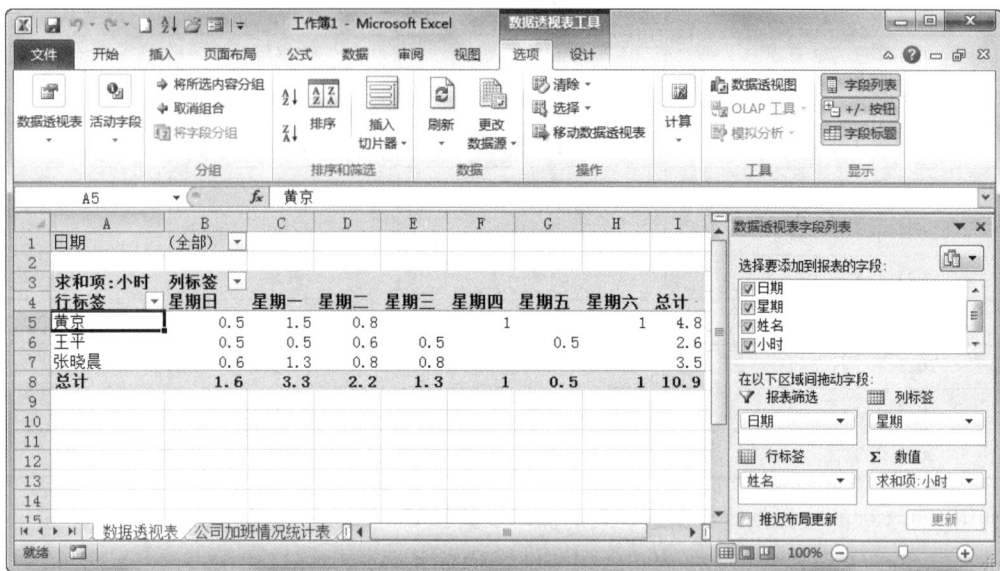

图 1-20　数据透视表

任务五　使用图表

企业内外部的统计信息错综复杂，千变万化，为了更直观地展示其内在关系，可以将这些数据制作成图表，从而有助于数据分析。

一、认识图表

数据图表就是将单元格中的数据以各种统计图表的形式展现出来，使数据更加直观。Excel 2010 提供了 14 种标准图表类型，每一种类型有 2～7 种子类型。同时，还有 20 种自定义图表类型，它们可以是标准图表类型的变异，也可以是标准图表类型的组合，各类型主要在颜色和外观上有所区别。下面对每种标准图表类型进行描述。

① 面积图：面积图表现了数据在一段时间内或者一个类型中的相对关系。一个值所占的面积越大，那么它在整体关系中所占的比重就越大。

② 条形图：条形图使用水平条的长度表示所代表值的大小。

③ 气泡图：气泡图对 3 个系列的数据进行比较。x 轴和 y 轴共同表示两个值，但是气泡的大小由第 3 个值确定。

④ 柱形图：柱形图是条形图的变体。在 Excel 2010 中，柱形图是默认图表类型。

⑤ 圆锥图：圆锥图是条形图或柱形图的变体，唯一不同之处是它使用圆锥体表示数据。

⑥ 圆柱图：圆柱图是条形图或柱形图的变体，唯一不同之处是它使用圆柱体表示数据。

⑦ 圆环图：圆环图和饼图相似，只是不局限于单一的数据系列。每一个数据系列使用圆环中的一个环表示，而不是饼图中的片。

⑧ 折线图：在折线图中，每一个 x 值都对应一个 y 值，就像数学函数一样。折线图常用于表示一段时期内的数据变化。

⑨ 饼图：饼图的绘制局限于一个单一的数据系列，不能显示更复杂的数据系列，但是饼图通常容易理解。

⑩ 棱锥图：棱锥图是条形图或柱形图的变体，唯一不同之处是它使用棱锥表示数据。

⑪ 雷达图：雷达图表示由一个中心点向外辐射的数据。中心是零，各种轴线由中心向外扩展开来。

⑫ 股价图：股价图常用于绘制股票的价值。

⑬ 曲面图：曲面图可以用二维空间的连续曲线表示数据的走向。

⑭ 散点图：散点图通过把数据描述成一系列的 x、y 坐标值来对比一系列数据。散点图可以表示一个实验中的多个实验值。

二、创建图表

下面以某公司的产品销售表（见表 1-4）为例讲解图表的创建步骤。

表 1-4　　　　　　　　　　　　产品销售表　　　　　　　　　　　　单位：元

时间	产品一	产品二	产品三
一季度	8 900	5 780	2 320
二季度	15 612	4 870	5 210
三季度	11 055	8 250	4 860
四季度	9 099	3 550	6 500

（1）将 Sheet 3 工作表重命名为"产品销售表"，并将表 1-4 中的数据输入该工作表中，如图 1-21 所示。

（2）单击"插入"选项卡下"图表"组中的"柱形图"按钮，在打开的下拉列表中选择"二维柱形图"栏中的"簇状柱形图"选项，如图 1-22 所示。

（3）当前页即生成一个柱形图，选择图表时将自动打开"图表工具"工具栏，如图 1-23 和图 1-24 所示。

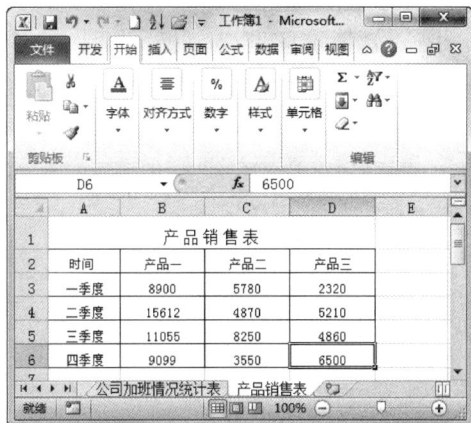

图 1-21　图表基础数据

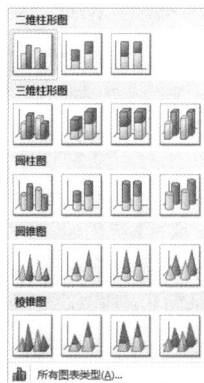

图 1-22　选择图表

微课 1-11　创建图表

21

01

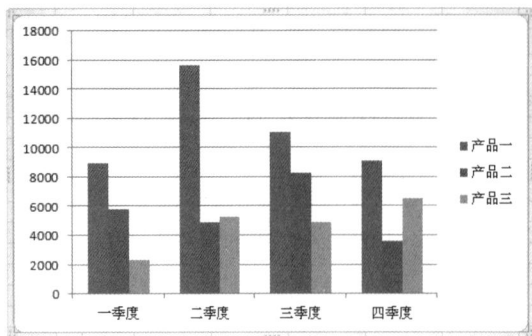

图 1-23　生成图表

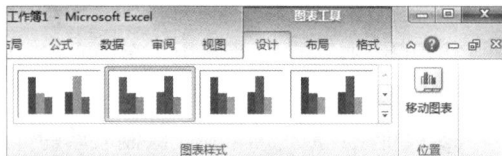

图 1-24　图表工具

三、编辑与修改图表

若想要图表更加美观，还可以增加图表标题、设置图表格式、增加数据源等。

（1）增加图表标题。在"图表工具—设计"选项卡下"图表布局"组中选择"布局 1"选项，即可增加图表标题，如图 1-25 所示。

（2）设置图表格式。将"图表标题"修改为"产品销售表"，并将字体设置为"隶书、粗体、14 号、红色"；选择 x 轴，将字体设置为"黑体、10 号、蓝色"，如图 1-26 所示。

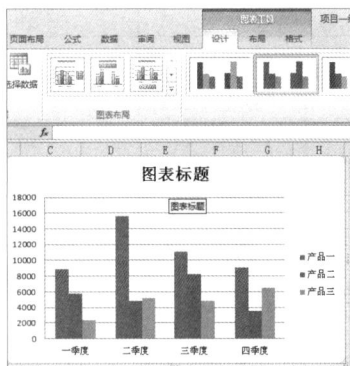

图 1-25　增加图表标题

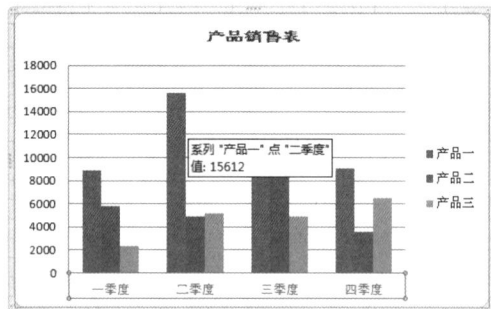

图 1-26　设置字体

（3）在数据源中增加一列，并输入图 1-27 所示的数据。选择图表中的任意一处，单击鼠标右键，在弹出的快捷菜单中选择"选择数据"命令，打开"选择数据源"对话框，如图 1-28 所示。在"图表数据区域"文本框中重新选择数据源，即可在图表中添加产品四的数据系列，结果如图 1-29 所示。

图 1-27　增加"产品四"列

图 1-28　"选择数据源"对话框

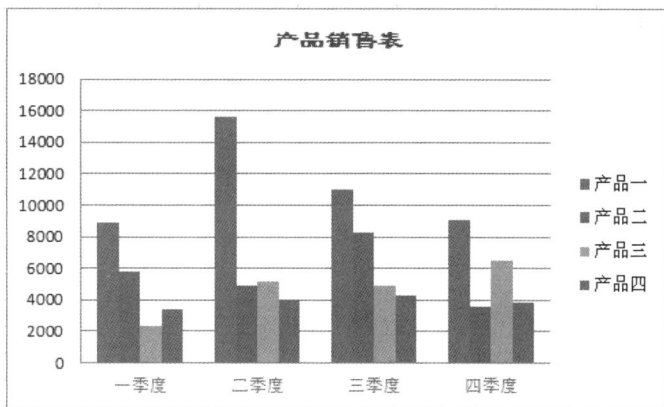

图 1-29　添加产品四的数据系列

（4）移动图表。选择图表中的任意一处，单击"图表工具—设计"选项卡下"位置"组中的"移动图表"按钮，打开"移动图表"对话框，如图 1-30 所示，选择放置图表的位置，单击 确定 按钮即可移动图表。

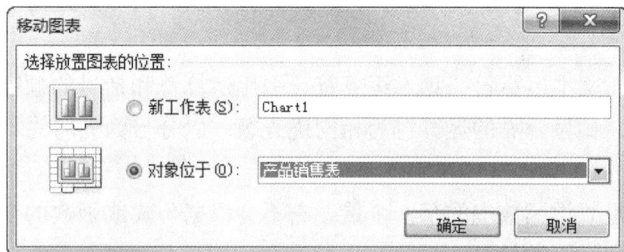

图 1-30　"移动图表"对话框

> **注意**
>
> 图表的修改方法与图表的编辑方法一致，在需要修改处双击鼠标或单击鼠标右键，即可进行编辑修改。

任务六　使用公式和函数

在实际工作中，经常会遇到某些较为复杂的计算，人工计算可能会导致结果不准确，在 Excel 2010 中运用函数可以很好地解决这个问题。Excel 2010 为方便用户进行计算，几乎提供了所有的函数，包括财务函数、日期与时间函数、数学与三角函数、统计函数、查找与引用函数等，其中财务人员经常使用的是财务函数，它可以进行数据的简单求和、现值和终值的计算及固定资产折旧额的计算等，减少了财务人员的核算时间。

一、公式及其应用

公式可以用来执行各种运算，如加法、减法或比较工作表数值。灵活地运用公式，可以实现数据处理的自动化。运用公式时，可以引用同一工作表中的其他单元格、同一工作簿中不同工作表中的单元格，或者其他工作簿的工作表中的单元格。

1. 公式的构成

公式由运算符、常量、单元格引用值、名称、工作表函数等元素构成。

（1）运算符。运算符包括算术运算符、比较运算符、文本运算符、括号和引用运算符。

① 算术运算符包括 +（加号）、–（减号或负号）、*（星号或乘号）、/（除号）、%（百分号）、^（乘方），用于完成基本的数学运算，返回值为数值。例如，在单元格中输入"=5 + 2^2"后，按【Enter】键确认，结果是9。

② 比较运算符包括 =（等于）、>（大于）、<（小于）、> =（大于等于）、< =（小于等于）、< >（不等于）。符号两边为同类数据时才能进行比较，其运算结果是 True 或 False。例如，在单元格中输入"=5<6"，结果是 True。

③ 文本运算符是&（连接）符号，符号两边均为文本型数据时才能连接，连接的结果仍是文本型数据。例如，在单元格中输入"="职业"&"学院""（注意文本输入时需加英文半角引号）后，按【Enter】键，结果是"职业学院"。

④ 括号"（ ）"用于表示优先运算。

⑤ 引用运算符包括空格、逗号和冒号。空格为交叉运算符，逗号（,）为联合运算符，冒号（:）为区域运算符。

按照比较运算符、文本运算符、算术运算符、引用运算符和括号的顺序排列，优先级越来越高。对于同类运算符，顿号分隔的运算符为相同优先级，以分号为界时为不同优先级，分号右边的运算符优先于左边的运算符。

（2）常量。常量是数学函数中的某一个量，它不会根据公式或函数的变化而变化。常量包括整型常量、实型常量和字符常量等。

（3）单元格引用值。单元格引用是 Excel 2010 中的术语，指的是单元格在工作表中的坐标位置。在工作表中输入函数时，经常需要引用其他单元格中的数值。选择引用数值的单元格，当单元格周围出现闪烁的框线时，则表明该单元格已被引用。

（4）名称。名称是指公式的名字，如面积"S"、周长"C"等。

（5）工作表函数。工作表函数是指使用于工作表中的函数，有直接在单元格中输入函数和单击工具栏上的"插入函数"按钮 fx 两种输入方法。

2. 编辑公式

选择需要输入公式的单元格，输入以等号（=）或加号（+）为开头的公式，然后输入公式名或表达式。输入运算符时，注意优先级和前后数据类型，公式中不能有多余的空格。按【Enter】键或单击"输入"按钮✓完成输入，单击"取消"按钮✗取消输入。

3. 求和公式的使用

在"产品销售表"工作表后插入一张新工作表，并重命名为"小组同学成绩表"。求和计算的操作方法为：选择 G3 单元格，输入"=D3 + E3 + F3"后按【Enter】键，得到结果277，如图1-31所示。

输入公式时需要注意：第一，运算符必须在英文半角状态下输入；第二，公式的运算尽量使用单元格地址，以便于复制引用公式。公式中单元格的地址可以用键盘输入，也可以选择单元格得到相应的单元格地址。

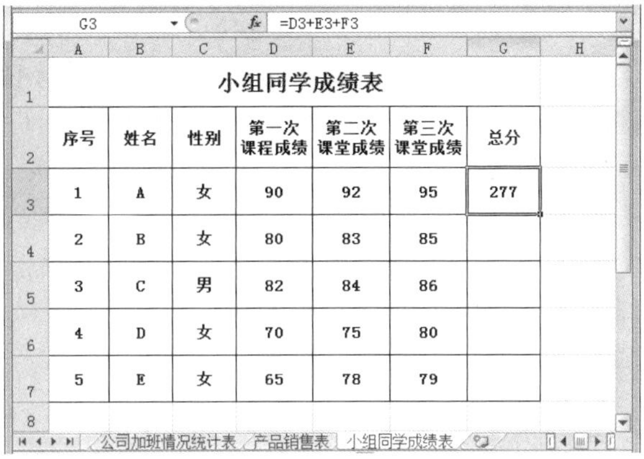

G3　=D3+E3+F3

小组同学成绩表						
序号	姓名	性别	第一次课程成绩	第二次课堂成绩	第三次课堂成绩	总分
1	A	女	90	92	95	277
2	B	女	80	83	85	
3	C	男	82	84	86	
4	D	女	70	75	80	
5	E	女	65	78	79	

图 1–31　求和

4. 相对引用和绝对引用

单元格的引用是为了把单元格中的数据和公式联系起来，标识工作表中的单元格或单元格区域，指明公式中使用数据的位置。单元格的引用有相对引用和绝对引用两种基本方式，也存在混合引用的高级方式默认方式是相对引用。

（1）相对引用。相对地址是以某一特定单元格为基准来对其他单元格进行定位。相对地址的表示方法为“A5”“C8”等，用行、列地址作为它的名字。第 3 列第 8 行单元格的相对地址为 C8，第 2 列第 2 行到第 8 列第 12 行单元格区域的相对地址为 B2:H12。

相对引用是指公式中的参数以单元格的相对地址表示，复制或移动包含公式的单元格时，单元格的引用会随着公式所在单元格位置的改变而改变。例如，A4 单元格中用了相对引用，公式为“= A1 + A2 + A3”，将公式复制到 B4 单元格，则 B4 单元格中的公式为“= B1 + B2 + B3”。

（2）绝对引用。绝对地址则为某些单元格在工作表中的确切位置。绝对地址的表示方法为“$A$5”“$C$8”等，用行、列地址加$作为名字。第 3 列第 8 行单元格的绝对地址为$C$8，第 2 列第 2 行到第 8 列第 12 行单元格区域的绝对地址为$B$2:$H$12。

绝对引用是指公式中的参数以单元格的绝对地址表示，复制或移动含公式的单元格时，公式中的绝对引用不会随公式所在单元格位置的改变而改变。例如，C4 单元格中用了绝对引用，公式为“= $C$1 + $C$2 + $C$3”。将该公式复制到 D4 单元格，则 D4 单元格中的公式为“= $C$1 + $C$2 + $C$3”，没有发生变化。

（3）混合引用。混合引用是指需要固定行引用而改变列引用，或固定列引用而改变行引用，如$B5、B$5。混合引用综合了相对引用与绝对引用的效果。例如，E4 单元格中用了混合引用，公式为“= E$1 + $E2 + E$3”，将该公式复制到 F5 单元格，则 F5 单元格中的公式为“= F$1 + $E3 + F$3”。

若要快速改变单元格的引用方法，可将鼠标指针移至编辑栏中需要改变的引用地址，按【F4】键，每按一次【F4】键即改变一次表示方法。

二、常用函数及其应用

函数是预定义的内置模式，可以在公式中直接调用。其格式为函数名（参数 1，参数 2，…）。

Excel 2010 提供了 300 多种函数，涉及数学、统计学、财务等各个方面，功能比较齐全，可以进行各种复杂的计算、检索和数据处理。

01

（1）数学函数，如 ROUND（四舍五入函数）、ABS（取绝对值函数）等。

（2）统计函数，如 AVERAGE（算术平均值函数）、MIN（求最小值函数）。

（3）日期与时间函数，如 TODAY（当前日期函数）、NOW（当前日期和时间函数）等。

（4）逻辑函数，如 AND（逻辑与函数）、NOT（逻辑非函数）、OR（逻辑或函数）等。

1. 函数输入

方法一：直接输入。选择需要输入公式的单元格，输入"="，然后按照函数的语法直接输入。例如，要在 A6 单元格中输入 A1:A5 单元格区域的求和函数，可以选择 A6 单元格，输入"=SUM（A1:A5）"。

方法二：使用"插入函数"按钮 *fx*。例如，要在 B6 单元格中输入 B1:B5 单元格区域的平均值函数，可以选择 B6 单元格，在编辑栏右侧单击"插入函数"按钮 *fx*，在打开的"插入函数"对话框中选择求平均值的 AVERAGE 函数，再选择需求平均值的 B1:B5 单元格区域，单击 确定 按钮。

方法三：单击"公式"选项卡下"函数库"组中的"插入函数"按钮 *fx*。例如，要在 B6 单元格中输入 B1:B5 单元格区域的平均值函数，可以选择 B6 单元格，单击"公式"选项卡下"函数库"组中的"插入函数"按钮 *fx*，打开"插入函数"对话框，其余步骤同上。

2. 常用函数简介

常用的逻辑类函数是条件函数 IF，其格式为 IF(logical_test,value_if_true,value_if_false)。IF 的功能是执行真假值判断，根据逻辑测试的真假值，返回不同的结果。IF 函数可以用来对数值和公式进行条件检测。

常用的数学与三角类函数是 SUM 函数，利用 SUM 函数可以计算出指定区域中数据的总和。使用这个函数时，要在函数名 SUM 后面的括号中输入用冒号隔开的地址，如 SUM（B4:E4）。冒号前的地址是指定区域的起点单元格的地址，冒号后面的地址是指定区域的终点单元格的地址。

常用的统计类函数是 AVERAGE 函数。利用 AVERAGE 函数，可以计算指定区域中数据的平均值。输入这个函数时，要在函数名 AVERAGE 后面的括号中输入用冒号隔开的两个单元格地址，如同求和函数。

项目小结

本项目介绍了 Excel 2010 的常用操作，包括单元格和工作表编辑的各种操作方法，以及 Excel 2010 中的计算功能、图表、公式和函数。通过学习本项目的内容，学生能够学会使用 Excel 2010 创建和编辑表格，对数据进行输入、编辑、计算、复制、移动及设置格式、打印等操作；运用公式和函数处理数据，对工作表中的数据进行排序、筛选、分类汇总、统计和查询等操作；根据工作表中的数据快速生成图表，编辑和修改常用图表。

项目实训

1. 实训目的

（1）掌握 Excel 2010 启动和退出等基本操作。

（2）学会 Excel 2010 工作表建立和编辑的基本操作方法。

（3）掌握数据填充、筛选、排序等基本操作。

（4）学会图表的创建，掌握常用图表的编辑、修改。

（5）掌握公式输入的格式，能够运用公式进行常规的数据计算。

（6）掌握函数输入的 3 种基本方法，能够熟练使用函数进行数据的统计与分析。

（7）掌握公式输入的方法，能够运用公式进行数据的计算，运用函数进行数据的统计及分析操作。

（8）掌握打印过程中页面设置、打印区域设置及打印预览的方法。

2. 实训资料

（1）Microsoft Office 中的 Excel 2010 软件。

（2）自行设计一个班的期末考试成绩统计表，如图 1-32 所示。

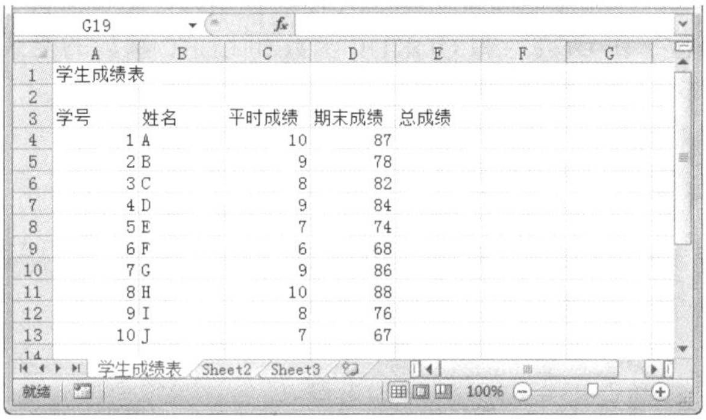

	A	B	C	D	E
1	学生成绩表				
2					
3	学号	姓名	平时成绩	期末成绩	总成绩
4	1	A	10	87	
5	2	B	9	78	
6	3	C	8	82	
7	4	D	9	84	
8	5	E	7	74	
9	6	F	6	68	
10	7	G	9	86	
11	8	H	10	88	
12	9	I	8	76	
13	10	J	7	67	

图 1-32　学生成绩表

3. 实训要求

（1）启动 Excel 2010，建立一个工作簿，并将其命名为“成绩统计表”。

（2）把 Sheet 1 工作表重命名为“学生成绩表”，输入标题和表头之后输入 10 条记录。

（3）将 A1 单元格的内容作为表格标题并居中。

（4）选择 A3:E13 单元格区域，设置行高为 20、列宽为 12、字体为“楷体_GB2312”、字号为 16。

（5）选择 E4:E13 单元格区域，输入公式“=C4 + D4”，并向下填充。

（6）选择 E4:E13 单元格区域，按升序方式排序。

（7）将 A3:E13 单元格区域中的内容设为居中。

（8）显示学生成绩表中总成绩大于等于 80 且小于 90 的记录，然后恢复原状。

（9）在学生成绩表的最后添加一行，利用公式计算各成绩的平均分。

（10）为工作表设置页边距、页眉和页脚。

（11）在工作表上设置打印网格线和行号。

（12）在工作表中插入水平分页符和垂直分页符，并进行分页预览。

项目二

Excel 2010 在账务处理中的应用

1. 了解使用 Excel 2010 实现账务电算化的步骤和方法。
2. 掌握 SUMIF 函数、IF 函数、VLOOKUP 函数和 LEFT 函数的格式。

能力目标 ↓

1. 学会使用 Excel 2010 进行账务处理的操作。
2. 学会使用 Excel 2010 生成总账、明细账等操作。

素质目标 ↓

1. 遵守会计职业道德和企业精神，秉持客观公正的做账原则，做到爱岗敬业、不做假账。
2. 保持严肃认真的工作态度，认真处理企业各项账务，规范编制企业各项会计报表。

工作情境与分析 ↓

一、情境

李娜在熟练掌握 Excel 2010 的基础操作之后，开始尝试使用 Excel 2010 进行建账。

丰源公司为增值税一般纳税人，增值税税率为 13%，所得税税率为 25%，该公司采用先进先出法进行原材料的发出核算，并且坏账准备仅与应收账款有关。2021 年 5 月，该公司的账户期初余额如表 2-1 所示。

表 2-1　　　　　　　　　　丰源公司 2021 年 5 月的账户期初余额　　　　　　　　　　单位：元

科目编码	科目名称	期初借方余额	期初贷方余额
1001	库存现金	5 000	
1002	银行存款	2 660 000	
100201	工行	1 560 000	
100202	建行	1 100 000	

02

科目编码	科目名称	期初借方余额	期初贷方余额
1012	其他货币资金	128 000	
101201	外埠存款	11 000	
101203	银行汇票	117 000	
1101	交易性金融资产	25 000	
1121	应收票据	246 000	
1122	应收账款	400 000	
112201	龙华公司	151 000	
112202	华东计算机厂	149 000	
112203	华成公司	100 000	
1231	坏账准备		1 200
1123	预付账款	100 000	
1221	其他应收款	4 000	
122101	李强	3 000	
122102	张明	1 000	
1402	在途物资	245 000	
1403	原材料	550 000	
1411	周转材料	98 050	
141101	包装物	38 050	
141102	低值易耗品	60 000	
1405	库存商品	1 700 000	
1511	长期股权投资	250 000	
151101	股票投资	250 000	
1601	固定资产	2 000 000	
1602	累计折旧		400 000
1604	在建工程	1 500 000	
1606	固定资产清理		
1701	无形资产	600 000	
1702	累计摊销		
1801	长期待摊费用	200 000	
2001	短期借款		240 000
2201	应付票据		300 000
2202	应付账款		916 850
220201	中新公司		366 740
220202	程华公司		550 110
2211	应付职工薪酬		110 000
221101	工资		100 000
221102	福利费		10 000

科目编码	科目名称	期初借方余额	期初贷方余额
2221	应交税费		30 000
222101	应交增值税		
22210101	销项税额		
22210102	进项税额		
22210103	已交税金		
222102	未交增值税		
222103	应交所得税		30 000
222108	应交城市维护建设税		
222110	应交教育费附加		
2231	应付利息		
2241	其他应付款		57 600
2501	长期借款		1 600 000
250101	本金		1 600 000
250102	应付利息		
4001	实收资本		6 000 000
4002	资本公积		593 000
400201	资本溢价		593 000
4101	盈余公积		250 000
410101	法定盈余公积		250 000
4103	本年利润		
4104	利润分配		212 400
410401	未分配利润		212 400
5001	生产成本		
500101	基本生产成本		
500102	辅助生产成本		
5101	制造费用		
6001	主营业务收入		
6111	投资收益		
6401	主营业务成本		
6402	其他业务成本		
6403	税金及附加		
6601	销售费用		
6602	管理费用		
6603	财务费用		
6702	信用减值损失		
6711	营业外支出		
6801	所得税费用		
	合计	10 711 050	10 711 050

该公司原材料月初库存量为 500 吨，2021 年 5 月发生的具体经济业务如下。

（1）5 月 1 日，收到银行通知，使用工行存款支付到期的商业承兑汇票 100 000 元。

（2）5 月 2 日，购入 160 吨原材料，用工行存款支付货款 160 000 元，以及购入材料应付的增值税额 20 800 元，款项已付，材料未到。

（3）5 月 3 日，收到一批原材料，数量 110 吨，材料成本 110 000 元，材料已验收入库，货款已于上月支付。

（4）5 月 4 日，使用银行汇票支付采购材料价款，公司收到开户银行转来的银行汇票多余款收账通知，通知上填写的多余款为 232 元，材料为 100 吨，购入材料为 99 800 元，支付的增值税税额为 12 974 元，原材料已验收入库。

（5）5 月 5 日，基本生产领用 600 吨原材料，车间领用计入产品成本的低值易耗品 50 000 元。

（6）5 月 6 日，向龙华公司销售一批产品，销售价款 300 000 元（不含应收取的增值税），该批产品实际成本 180 000 元（月末结转），产品已发出，价款未收到。

（7）5 月 7 日，公司卖出交易性金融资产（全部为股票投资）25 000 元，收到本金 25 000 元，投资收益 5 000 元，均存入中国工商银行（以下简称工行）。

（8）5 月 8 日，购入 1 台不需安装设备，价款 85 470 元，支付增值税税额 11 111.1 元，支付包装费、运费 1 000 元。价款及包装费、运费均以建行存款支付。设备已交付使用。

（9）5 月 9 日，一项工程完工，交付生产使用，已办理竣工手续，固定资产价值 1 400 000 元。

（10）5 月 10 日，基本生产车间的 1 台机床报废，原价 200 000 元，已计提折旧 180 000 元，清理费用 500 元，残值收入 1 800 元，均通过工行存款收支。该项固定资产清理完毕。

（11）5 月 11 日，归还短期借款本金 150 000 元，当月利息 2 500 元，由工行存款支付。

（12）5 月 13 日，使用工行存款支付工资 500 000 元，其中包括支付给在建工程人员工资 200 000 元（该企业不计提在建工程人员的工资和福利费，直接在发放时计入相关科目）。

（13）5 月 14 日，分配应支付的职工工资 300 000 元（不包括在建工程应负担的工资），其中生产人员工资 275 000 元，车间管理人员工资 10 000 元，行政管理部门人员工资 15 000 元。

（14）5 月 14 日，提取职工福利费 42 000 元（不包括在建工程应负担的福利费 28 000 元），其中生产工人福利费 38 500 元，车间管理人员福利费 1 400 元，行政管理部门福利费 2 100 元。

（15）5 月 15 日，提取应计入本期损益的借款利息 21 500 元。其中，短期借款利息 11 500 元，长期借款利息共 10 000 元。

（16）5 月 16 日，销售一批产品，销售价款 700 000 元，应收的增值税税额 91 000 元，销售产品的实际成本 420 000 元（月末结转），货款经工行已妥收。

（17）5 月 17 日，摊销无形资产 10 000 元。

（18）5 月 18 日，计提固定资产折旧 100 000 元，其中记入制造费用 80 000 元，管理费用 20 000 元。

（19）5 月 19 日，收到龙华公司应收账款 151 000 元，存入工行，并针对本公司的应收账款计提坏账准备 600 元。

（20）5 月 20 日，使用工行存款支付产品展览费 10 000 元。

（21）5 月 31 日，将制造费用结转记入生产成本。

（22）5 月 31 日，计算并结转本期完工产品成本 1 104 900 元。

（23）5 月 31 日，广告费 10 000 元，已用工行存款支付。

（24）5月31日，计提公司本月应缴纳的城市维护建设税 5 958.05 元，教育费附加 2 553.45 元。

（25）5月31日，用工行存款缴纳增值税 8 5114.9 元，城市维护建设税 5 958.05 元，教育费附加 2 553.45 元。

（26）5月31日，结转本期产品销售成本 600 000 元。

（27）5月31日，将各损益类科目结转记入本年利润。

（28）5月31日，计算并结转应交所得税（不考虑纳税调整事项，税率为 25%）。

二、分析

丰源公司 2021 年 5 月的账务处理流程需要分为 6 个步骤，即建账→设置账户→输入期初余额→输入记账凭证→生成总账→生成明细账。

1. 建账

使用 Excel 2010 建立一个工作簿，并在该工作簿中建立若干张工作表，分别用来存放该公司的会计科目及其期初余额、记账凭证，以及根据记账凭证自动生成的总账和明细账。

2. 设置账户

设置账户即建立"2105 会计科目及余额表"工作表。

3. 输入期初余额

在"2105 会计科目及余额表"工作表中输入公司各个会计科目的期初数据，并在数据输入后实现试算平衡。

4. 输入记账凭证

输入记账凭证即建立"2105 凭证"工作表，在此工作表中输入该公司 5 月份所有业务的记账凭证。

5. 生成总账

建立总账表，在此工作表中汇总该公司 5 月份所有记账凭证的数据，并根据记账凭证自动生成总账。

6. 生成明细账

建立明细账表，并在此工作表中利用 Excel 2010 的数据透视表功能自动生成该公司 5 月份的明细账。

任务一　建账

企业在一个会计年度开始时，应根据核算工作的需要设置账簿，即"建账"。账主要是指会计账簿，会计账簿是记录会计核算的载体，建账是会计工作得以开展的基础环节。

在本任务中，需要明确工作簿与工作表的关系，用到的操作技能是新建工作簿与工作表、重命名工作表等。

微课 2-1　建账

一、建立文件夹

在工作盘 E 盘中建立"丰源公司"文件夹，在该文件夹下建立"总账"文件夹。

二、建立工作簿和工作表

建立工作簿和工作表的操作步骤如下。

（1）启动 Excel 2010，在"总账"文件夹下建立总账工作簿"2105 总账.xlsx"。

（2）双击工作表 Sheet 1 标签，输入新的工作表名称"封面"。

（3）在"封面"工作表中输入"单位名称：山东丰源有限责任公司；启用日期：2021 年 5 月 1 日；单位地址：山东省滨海市迎宾路 6 号"，如图 2-1 所示。

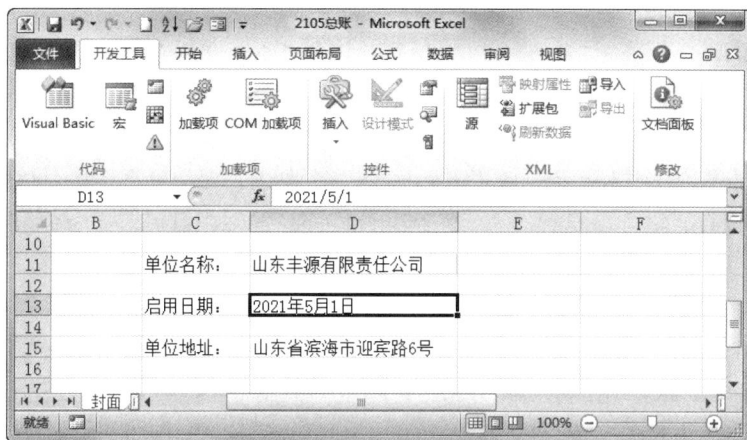

图 2-1　建立总账封面

（4）将 Sheet 2 工作表重命名为"2105 会计科目及余额表"。

（5）将 Sheet 3 工作表重命名为"凭证模板"。

（6）增加工作表 Sheet 4、Sheet 5、Sheet 6，分别重命名为"2105 凭证""2105 总账及试算平衡表"和"2105 明细账"，结果如图 2-2 所示。

图 2-2　建账

任务二　设置账户

设置账户即建立"2105 会计科目及余额表"工作表。会计科目主要有 3 个功能：一是作为会计分录的对象，二是作为记账的标准，三是作为制表的纲目。在日常的会计核算中，会计科目一般分为一级科目、二级科目及明细科目，其中一级科目由国家财政部统一规定。

根据《企业会计准则》相关规定，各企业在不违反会计准则中确认、计量和报告规定的前提下，可以根据本企业的实际情况自行增设、分拆、合并会计科目。企业不存在的交易或者事项，可不设置相关会计科目。对于明细科目，企业可以比照该附录中的规定自行设置。基于此，本任务中使用的会计科目按照新会计准则科目体系设置，可在其下设置子科目，并继承其上级科目的编码。为了提高工作效率，通常以"科目编码"取代"科目名称"作为输入会计科目的依据。随着会计准则的修订，增加或修订了个别会计科目。

微课 2-2 设置账户

本任务用到的操作技能包括设置单元格格式和边框、增加行和列、删除行和列、冻结窗格等。

一、建立会计科目表

会计科目表是指企业按照经济业务内容和经济管理要求，对会计要素的具体内容进行分类核算的会计科目所构成的集合。同时，为了编制会计凭证、查阅账目等，还应为每一个会计科目设定一个固定的科目编码，科目编码能清晰地反映会计科目的所属类别及其位置。建立会计科目表的操作步骤如下。

（1）在"2105 会计科目及余额表"工作表的 A1 单元格中输入"科目编码"，在 B1 单元格中输入"科目名称"。选择 A 列，单击"开始"选项卡下"数字"组中"常规"右侧的下拉按钮 ▾，在下拉列表中选择"文本"数字格式。

（2）在"2105 会计科目及余额表"工作表的 A2:A79 单元格区域中分别输入新会计准则体系的科目编码及相应的子科目编码，在 B2:B79 单元格区域中分别输入新会计准则体系的科目名称及相应的子科目名称。

二、增加和删除会计科目

如果需要增加一个会计科目，则应选择需要插入会计科目位置的下一行，单击鼠标右键，在弹出的快捷菜单中选择"插入"命令，即插入新的一行，在插入的新行中输入新的会计科目。

如果需要删除一个会计科目，则选择需要删除的行，单击鼠标右键，在弹出的快捷菜单中选择"删除"命令即可。

三、美化会计科目表

在 Excel 2010 中，美化表格的操作一般有添加边框、填充背景颜色、更改字体颜色等。下面进行会计科目表的美化操作。

（1）选择 A1 和 B1 单元格，单击"开始"选项卡下"字体"组中的"填充颜色" ▾ 右侧的下拉按钮 ▾，将所选择单元格的颜色填充为青绿色。

（2）选择 A1:B79 单元格区域，单击"开始"选项卡下"字体"组中"边框"右侧的下拉按钮 ▾，在打开的列表中选择"所有框线"选项，为表格添加边框。

（3）选择 C2 单元格，单击"视图"选项卡下"窗口"组中的"冻结窗格"按钮 ▦，在打开的列表中选择"冻结拆分窗格"选项，将 A 列、B 列和第 1 行固定在现有位置，不随行列的翻动而隐藏，效果如图 2-3 所示。

图 2-3 冻结窗格

任务三 输入期初余额并进行试算平衡

输入期初余额，即在"2105 会计科目及余额表"工作表中输入 2021 年 5 月各账户期初数据，并实现试算平衡。在输入期初数据时，需注意总分类科目余额与下级明细科目余额之间的关系：总分类账科目余额=下级明细科目余额之和。

一、输入期初余额

建账并设置账户后，需要在"2105 会计科目及余额表"工作表中输入各科目的期初余额。

（1）选择 C1 单元格，输入"期初借方余额"；选择 D1 单元格，输入"期初贷方余额"。

（2）定义有明细分类科目的总分类科目的计算公式。由于在输入金额时只要求输入最低级明细分类科目的余额，总分类科目的余额会根据设置的公式进行计算，因此总分类科目的单元格数值是通过其他单元格数据加总得出的。

C3=C4+C5

C6=C7+C8

C11=C12+C13+C14

C17=C18+C19

C22=C23+C24

C26=C27

C37=C38+C39

C40=C41+C42

C43=C44+C48+C49+C50+ C51

C54=C55+C56

C58=C59

C60=C61

C65=C66+C67

把 C 列的公式复制到 D 列。

（3）将丰源公司2021年5月会计科目（非总分类科目）的期初余额输入该工作表中。

（4）使用格式刷将 C1:D1 单元格区域设置为与 A1 单元格相同的样式；选择 C1:D76 单元格区域，设置边框类型为"所有框线"。效果如图 2-4 所示。

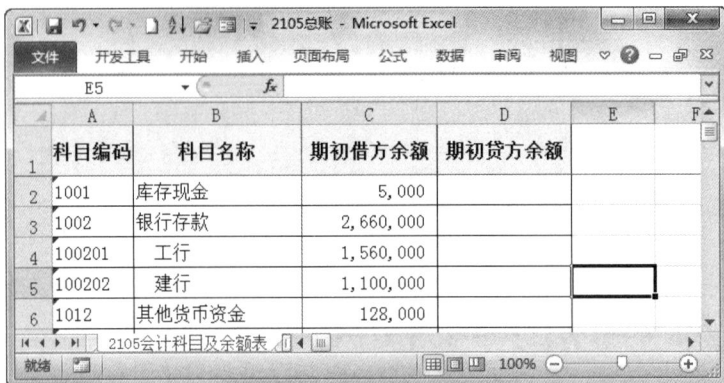

图 2-4　输入期初余额

二、进行试算平衡

试算平衡即通过对公司所有账户的发生额和余额的汇总进行计算和比较，以检查账户记录是否正确的有效方法，运用该方法可以提高账簿记录的准确性，及时发现错误之处。下面进行试算平衡的操作。

（1）选择 A80 单元格，输入"合计"二字。

（2）在 C80 单元格中输入"="，在编辑栏中单击"插入函数"按钮 *fx*，打开"插入函数"对话框，在"选择函数"列表框中选择 SUMIF 选项，单击 确定 按钮。打开"函数参数"对话框，输入参数后单击 确定 按钮，得出借方余额之和为 10 711 050，如图 2-5 所示。

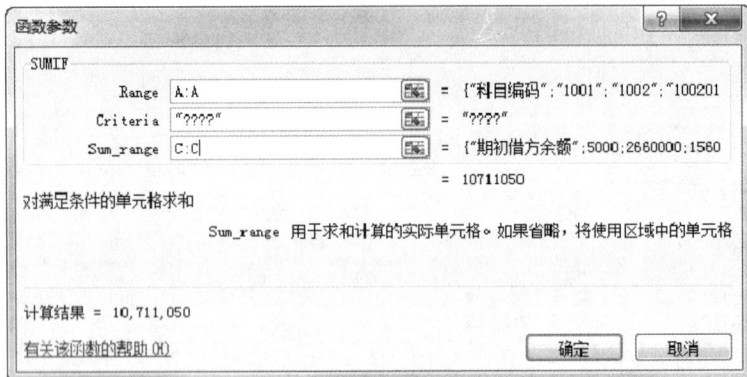

图 2-5　"函数参数"对话框

- SUMIF 函数

【类型】逻辑函数。

【格式】SUMIF(range,criteria,sum_range)。

【功能】根据其他区域中的值，通过使用 SUMIF 函数对工作表区域进行求和。

例如，"C80= SUMIF(A:A,"????",C:C)"含义如下。

搜索范围：A:A，即所有科目。

搜索条件：编码为 4 位的所有科目，即一级科目。

求和范围：C:C，即 C 列。

这里用到了通配符，通配符是指一类键盘字符，有星号（＊）和问号（？）。当查找文件或文件夹时，可以用它代替一个或多个字符。星号（＊）可以代替 0 个或多个字符。

如果正在查找以"AE"开头的一个文件，但不记得文件名其余部分，可以输入"AE＊"，则可以查找以"AE"开头的所有类型的文件，如 AE.txt、AEWU.exe、AEWI.dll 等。若要缩小查找范围，可以输入"AE＊.txt"，查找以"AE"开头的且扩展名为".txt"的所有文件，如 AEWIP.txt、AEWDF.txt 等。问号（？）可以代替任意一个字符，输入"love?"，表示查找以"love"开头的、一个字符结尾的所有类型的文件，如 lovey、lovei 等。若要缩小查找范围，可以输入"love?.docx"，表示查找以"love"开头的、一个字符结尾的且扩展名为".docx"的文件，如 lovey.docx、loveh.docx 等。

（3）选择 C80 单元格，在编辑栏中选择 A:A，按【F4】键，将相对地址切换为绝对地址，按【Enter】键确认。

（4）使用填充柄将 C80 单元格中的公式复制到 D80 单元格中，得到贷方余额之和为 10 711 050。

任务四　输入、审核记账凭证及记账

输入记账凭证即在"2105 凭证"工作表中输入所有业务的记账凭证。记账凭证清单具有记账凭证的所有信息，包括类别编号、凭证日期、附件、摘要、科目编码、总账科目、明细科目、借方金额、贷方金额、制单人、审核人、记账人等字段。此外，在输入过程中要设置一定的数据校验功能，如日期格式、金额格式、科目编码和科目名称的有效性等。

借贷记账法规则：有借必有贷，借贷必相等。

为了体现会计电算化的优势，输入科目编码后由系统自动给出总账科目名称和明细科目名称。

本任务中用到的操作技能：设置单元格格式和边框、设置数据有效性、填充公式，以及使用 VLOOKUP 函数和 LEFT 函数。

一、制作凭证模板

填制记账凭证前，需要准备一个模板，通过在模板中填入相关信息来减少大量重复性的工作，提高工作效率。模板一般包括凭证日期、科目编码、会计科目、借方与贷方的金额、制单人、审核人、记账人等内容，其余内容可根据具体情况进行增减。下面进行制作凭证模板的操作。

微课 2-4　制作凭证模板

（1）打开"凭证模板"工作表，在 A1:L1 单元格区域中分别输入"类别编号""凭证日期""附件""摘要""科目编码""总账科目""明细科目""借方金额""贷方金额""制单人""审核人""记账人"。将 A1:L1 单元格区域填充为青绿色。

（2）为 A1:L3 单元格区域添加边框，在"开始"选项卡下"字体"组中单击"边框"右侧的下拉按钮▼，在打开的列表中选择"其他边框"选项，在打开的"设置单元格格式"对话框中的"样式"列表框中选择第 2 行第 1 个选项，然后在"颜色"下拉列表框中选择"蓝色，强调文字颜色 1"选项，再单击"预置"下方的"内部"按钮，选择"样式"列表中第 7 行第 1 个选项，

02

单击"预置"下方的"外边框"按钮 ⊞，完成后单击 确定 按钮，效果如图2-6所示。

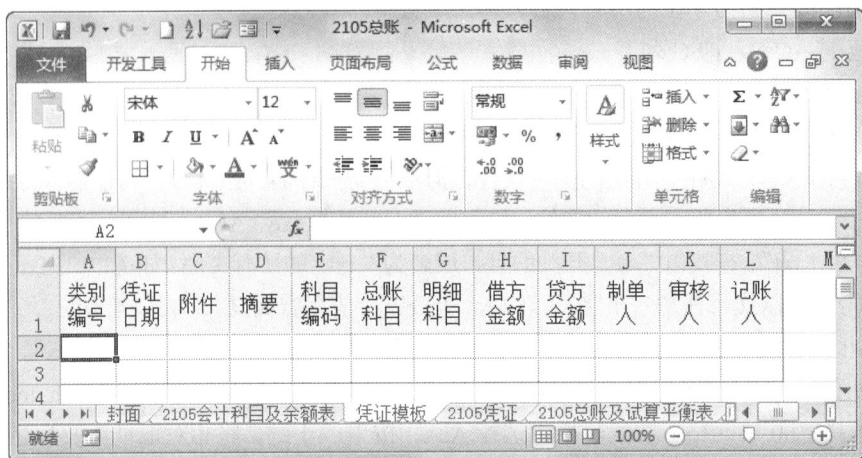

图2-6　凭证模板

（3）设置"凭证日期""附件""摘要""科目编码"等列的数据有效性。现以"凭证日期"列为例，设置其数据有效性。

① 选择 B2 单元格（即"凭证日期"下的第一个单元格），再单击"数据"选项卡下"数据工具"组中的"数据有效性"按钮 ▤，打开"数据有效性"对话框，在"设置"选项卡下设置日期的范围，如图2-7所示。最后使用自动填充法设置本列的其他单元格。

② 单击"输入信息"选项卡，在"输入信息"文本框中输入"请输入日期，格式为 YYYY-MM-DD"，如图2-8所示，单击"确定"按钮完成设置。

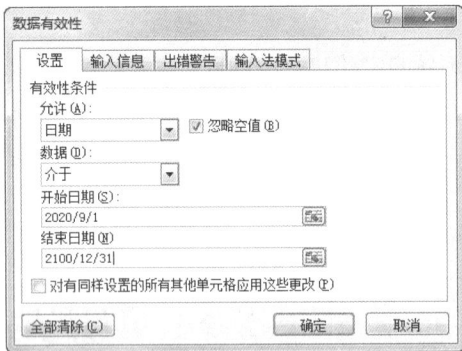

图2-7　设置日期的范围

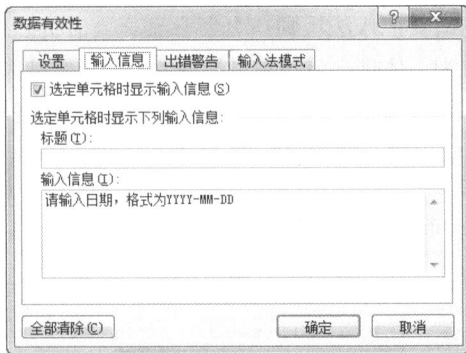

图2-8　设置日期的输入信息

（4）按照"凭证日期"列的数据有效性设置方法，分别为"附件""摘要"等列设置数据有效性。"附件"列只允许输入整数，范围为0~1 000，在"输入信息"文本框中输入"请输入0~1 000的整数!"；"摘要"列只允许输入文本，范围为1~50个字，在"输入信息"文本框中输入"请输入 50 个字以内的摘要!"。

（5）"科目编码"列的数据有效性区别于以上各列的数据有效性，需要先对 A 列区域定义名称，再设置数据有效性。

① 单击"公式"选项卡下"定义的名称"组中的"定义名称"按钮 ▤，在打开的列表中选择"定义名称"选项，定义一个名为"科目编码"的名称，这个名称指定"科目编码"列的取数

区域为"2105 会计科目及余额表"工作表的 A 列区域，即"引用位置"为"'2105 会计科目及余额表'! \$A:\$A"，如图 2-9 所示。这样设置的原因是："2105 会计科目及余额表"工作表的 A 列区域存放的数据就是预设的会计科目。

② 单击"数据"选项卡下"数据工具"组中的"数据有效性"按钮，打开"数据有效性"对话框，在"设置"选项卡下的"允许"下拉列表框中选择"序列"选项，在"来源"文本框中输入"=科目编码"（数据来源就是刚才设置的名称"科目编码"），同时要选中"忽略空值"和"提供下拉箭头"复选框，如图 2-10 所示；单击"输入信息"选项卡，在"输入信息"文本框中输入"输入一级科目左对齐，输入下级科目右对齐!"，以便在输入会计科目时清晰地区分一级科目和下级科目。数据有效性设置好后，当用户输入凭证时，只需单击右侧的下拉按钮 就可以轻松选择会计科目编码，这对于不熟悉科目编码的用户来说会方便很多。

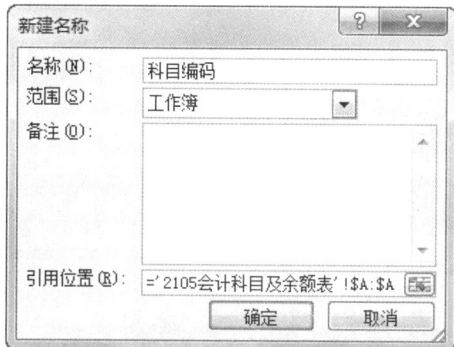

图 2-9　定义科目编码名称　　　　图 2-10　设置科目编码的数据有效性

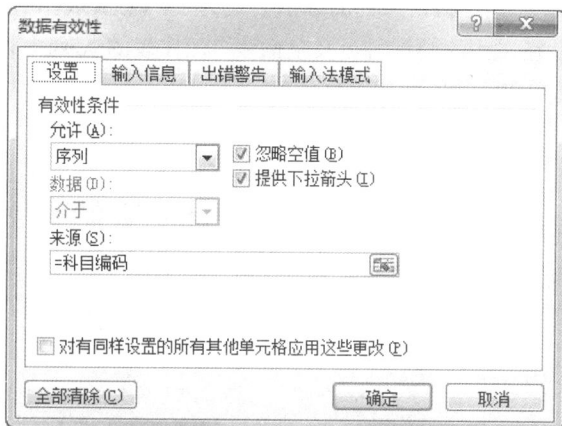

（6）设置"总账科目"列和"明细科目"列的取值公式。为了简化凭证输入时的汉字输入工作，可以设置"总账科目"列和"明细科目"列的取值公式，只要输入会计科目编码，系统即可自动填入相应总账科目和明细科目的名称。在本步骤的操作中，需要用到两个函数：VLOOKUP 函数和 LEFT 函数。下面对这两个函数做简单介绍。

- VLOOKUP 函数

【类型】查找与引用函数。

【格式】VLOOKUP(lookup_value,table_array,col_index_num,range_lookup)。

【功能】在表格或数值数组的首列查找指定的数值，并由此返回表格或数组当前行中指定列处的数值。

lookup_value（查找目标）：需要在数组第 1 列中查找的数值。lookup_value 可以为数值、引用或者文本字符串。

table_array（查找范围）：需要在其中查找数据的数据表，可以使用对区域或区域名称的引用，如数据库或列表。

col_index_num（返回值的列数）：table_array 中待返回匹配值的序列号。col_index_num 为 1，返回 table_array 第 1 列中的数值；col_index_num 为 2，返回 table_array 第 2 列中的数值，以此类推。

range_lookup（精确或模糊查找）：一个逻辑值，指明 VLOOKUP 函数返回时是精确匹配还是近似匹配。

02

- LEFT 函数

【类型】文本函数

【格式】LEFT(text，num_chars)

【功能】基于所指定的子字符数返回其母字符串中从左边数的第 1 个或前几个字符。

text：包含要提取字符的文本字符串。

num_chars：指定要由 LEFT 函数提取的字符数。num_chars 必须大于或等于 0，默认值为 1。

"总账科目"列的取值公式为"=VLOOKUP(LEFT(E2,4),'2105 会计科目及余额表'!A:B,2,0)"。其含义是在"2105 会计科目及余额表"工作表的 A 列中查找 LEFT(E2,4)的值的位置，并给出 A 到 B 列中第 2 列相应位置的单元格的值。其中，LEFT(E2，4)是指从 E2 单元格左边取 4 个字符，公式中右边的 0 表示要求函数给出精确的值。

"明细科目"列的取值公式为"=VLOOKUP(E2,'2105 会计科目及余额表'!A:B,2,0)"。其含义是在"2105 会计科目及余额表"工作表的 A 列中查找 E2 单元格的值位置，并给出 A 到 B 列中第 2 列相应位置的单元格的值。

经过以上设置，就完成了凭证模板的制作，效果如图 2-11 所示。

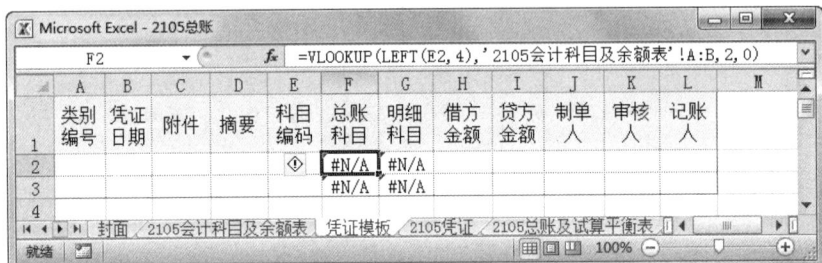

图 2-11 凭证模板

（7）凭证模板制作完成后，还需要对某些单元格的格式进行设置，确保输入的数据不会出现问题，也不会影响其他工作表中的数据。

① 选择 E 列，单击"开始"选项卡下"数字"组中"常规"右侧的下拉按钮 ▾，在打开的列表中选择"文本"选项，将单元格中的数字类型设置为文本。

② 设置"借方金额""贷方金额"的格式。选择 H:I 列，单击"开始"选项卡下"单元格"组中的"格式"按钮，在打开的列表中选择"设置单元格格式"选项，打开"设置单元格格式"对话框，在"数字"选项卡下的"分类"列表下选择"数值"选项，选中"使用千位分隔符"复选框，其他保持默认设置。

二、输入记账凭证

模板制作好之后，就可以根据公司当月发生的具体经济业务填制记账凭证，会计人员在填制记账凭证时应认真、仔细，不可填制未发生的经济业务，也不可以遗漏已发生的经济业务。下面进行输入记账凭证的操作。

（1）根据凭证模板，制作记账凭证。将"凭证模板"工作表中的内容复制到"2105 凭证"工作表中。根据业务需要，如果是一借一贷，可直接使用模板；如果是一借多贷、一贷多借或多借多贷，可直接在模板中插入所需的行数，

微课 2-5 输入
记账凭证

再输入分录。

（2）根据公司发生的业务，输入会计分录。选择 A2 单元格，输入"记 001"；选择 B2 单元格，输入"2021/05/1"；选择 C2 单元格，输入"2"；选择 D2 单元格，输入"支付汇票"；选择 E2 单元格，输入或选择"2201"；选择 H2 单元格，输入"100 000"；选择 J2 单元格，输入"李娜"。采用同样的方式输入贷方项目，如图 2-12 所示。

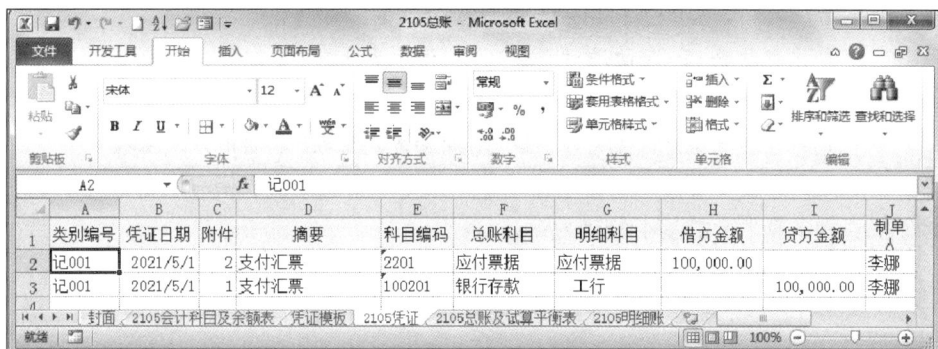

图 2-12　输入凭证

（3）定义平衡检查公式。选择 N2 单元格，输入"借方金额合计数"；选择 O2 单元格，输入"=SUM(H:H)"。选择 N3 单元格，输入"贷方金额合计数"；选择 O3 单元格，输入"=SUM(I:I)"。

三、审核凭证与过账

在进行手工账务处理时，必须根据手工记账凭证登记账簿，使用 Excel 2010 输入凭证的过程就是登记电子账簿的过程。为了确保输入无误，在处理过程中，凭证的审核和记账显得尤为重要。

审核是指由具有审核权限的操作员按照会计制度规定，对制单人填制的记账凭证进行检查。审核凭证的目的是防止错弊，凭证审核后才能进行记账处理。审核凭证时，可直接根据原始凭证核对计算机中的记账凭证，正确无误的记账凭证可通过填充颜色表示已经审核，并在凭证上的审核栏中填入审核人的名字或代码。

Excel 2010 是一个电子表格软件，凭证都放在数据清单中，为了清晰地表明凭证是否审核或是否记账，可以灵活地使用为单元格填充颜色的方法表示是否审核或是记账。例如，无填充颜色表示未审核，蓝色填充表示已经审核，黄色填充表示已经记账。当然，颜色可以根据个人喜好自由选择，目的是区分是否审核或记账。例如，图 2-13 所示的工作表中分别标识了凭证输入、审核和记账 3 种状态。

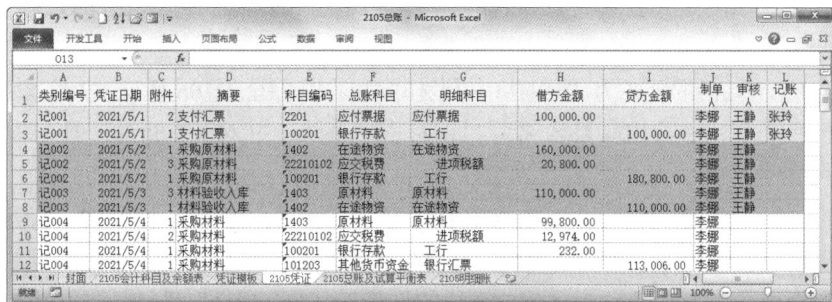

图 2-13　凭证的 3 种状态

02

任务五　生成总账、试算平衡表

　　总账是总分类账的简称，是指根据总分类科目（一级科目）开设账户，用来登记全部经济业务，进行总分类核算，提供总括核算资料的分类账簿。总账所提供的核算资料是编制会计报表的主要依据，任何单位都必须设置总账。其项目包括科目编码、科目名称、期初借贷余额、本期借贷发生额和期末借贷余额。资产类科目余额的计算公式为：

　　　　　　期末借方余额=期初借方余额+本期借方发生额−本期贷方发生额

　　负债及所有者权益类科目余额的计算公式为：

　　　　　　期末贷方余额=期初贷方余额+本期贷方发生额−本期借方发生额

　　试算平衡表是指列有总账中所有账户及余额的简单表格。这份表格有助于检查记录的准确性和编制财务报表。试算平衡的基本公式为：

　　　　　　全部账户的借方期初余额=全部账户的贷方期初余额

　　　　　　全部账户的借方发生额=全部账户的贷方发生额

　　　　　　全部账户的借方期末余额=全部账户的贷方期末余额

　　本任务中用到的操作技能：设置单元格格式和边框，行间计算，列间计算，填充公式，按【F9】键重算工作表，以及 SUM 函数、SUMIF 函数和 IF 函数的使用。

一、制作总账及试算平衡表

　　输入记账凭证并审核记账后，就可以制作总账及试算平衡表了，操作如下。

　　（1）复制"2105 会计科目及余额表"工作表中的 A1:D80 单元格区域。

　　（2）选择"2105 总账及试算平衡表"工作表中的 A1 单元格，单击鼠标右键，在弹出的快捷菜单中选择"选择性粘贴"命令，打开"选择性粘贴"对话框，选中"值和数字格式"单选项后单击 确定 按钮。

　　（3）由于此表的科目均为总分类科目，因此需要删除明细科目所在的行。

　　（4）选择 E1 单元格，输入"本期借方发生额合计"；选择 F1 单元格，输入"本期贷方发生额合计"；选择 G1 单元格，输入"期末借方余额"；选择 H1 单元格，输入"期末贷方余额"。

微课 2-6　制作总账及试算平衡表

　　（5）选择 A1:H1 单元格区域，将其填充为青绿色。

　　（6）选择 A1:H49 单元格区域，设置边框类型为"所有框线"。

　　（7）设置 E2 单元格的公式为"=SUMIF（'2105 凭证'!F:F,B2,'2105 凭证'!H:H）"。其含义是：在"2105 凭证!F:F"范围内查找出科目名称为"库存现金"的行，并对所在行的 H 列（即借方发生额）进行求和。

　　（8）设置 F2 单元格的公式为"=SUMIF（'2105 凭证'!F:F,B2,'2105 凭证'!I:I）"。其含义是：在"2105 凭证!F:F"范围内查找出科目名称为"库存现金"的行，并对所在行的 I 列（即贷方发生额）进行求和。

　　（9）设置 G2 单元格的公式为"=IF((C2−D2)+(E2−F2)>=0,(C2−D2)+(E2−F2),0)"。其含义是：如果"库存现金"科目的借方期初余额减去贷方期初余额与"库存现金"科目的本期借方发生额减去贷方发生额之和大于或等于 0，G2 单元格的值等于"库存现金"科目的借方期初余额减去贷

方期初余额与“库存现金”科目的本期借方发生额减去贷方发生额之和，否则等于 0。

- IF 函数。

【类型】逻辑函数。

【格式】IF(logical_test，value_if_true，value_if_false)。

【功能】执行真假值判断，根据逻辑计算的真假值，返回不同的结果。

“logical_test”：表示计算值为“真”或“假”的任意值或表达式。

“value_if_true”：表示当“logical_test”为“真”时返回的值。

“value_if_false”：表示当“logical_test”为“假”时返回的值。

（10）设置 H2 单元格的公式为“=IF((C2-D2)+(E2-F2)<0,ABS((C2-D2)+(E2-F2)),0)”。其含义是：如果“库存现金”科目的借方期初余额减去贷方期初余额与“库存现金”科目的本期借方发生额减去贷方发生额之和小于 0，则 H2 单元格的值等于“库存现金”科目的借方期初余额减去贷方期初余额与“库存现金”科目的本期借方发生额减去贷方发生额之和的绝对值，否则等于 0。这里的 ABS 函数的作用是求绝对值。

（11）将 E2 单元格的公式纵向填充至 E48 单元格。

（12）将 F2 单元格的公式纵向填充至 F48 单元格。

（13）将 G2 单元格的公式纵向填充至 G48 单元格。

（14）将 H2 单元格的公式纵向填充至 H48 单元格。

（15）选择 E49 单元格，输入“=SUM（E2:E48）”，并将公式横向填充至 H49 单元格。

（16）选择 I2 单元格，单击“视图”选项卡下“窗口”组中的“冻结窗格”按钮 ，将 A1:H1 单元格区域、H 列及内容固定在原来位置，不随行列的翻动而隐藏。

通过以上操作，即完成了“2105 总账及试算平衡表”工作表的制作，最终结果如图 2-14 所示。

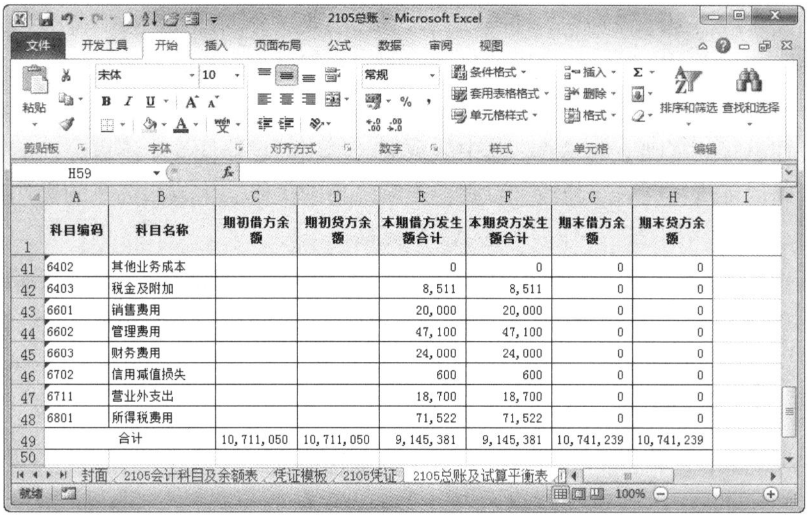

	科目编码	科目名称	期初借方余额	期初贷方余额	本期借方发生额合计	本期贷方发生额合计	期末借方余额	期末贷方余额
41	6402	其他业务成本			0	0	0	0
42	6403	税金及附加			8,511	8,511	0	0
43	6601	销售费用			20,000	20,000	0	0
44	6602	管理费用			47,100	47,100	0	0
45	6603	财务费用			24,000	24,000	0	0
46	6702	信用减值损失			600	600	0	0
47	6711	营业外支出			18,700	18,700	0	0
48	6801	所得税费用			71,522	71,522	0	0
49		合计	10,711,050	10,711,050	9,145,381	9,145,381	10,741,239	10,741,239

图 2-14　2105 总账及试算平衡表

二、重算总账及试算平衡表

根据试算平衡的基本公式可知，全部账户的借方期初余额合计数等于全部账户的贷方期初余额合计数，即 C49=D49；全部账户的本期借方发生额合计数等于全部账户的本期贷方发生额合计数，即 E49=F49；全部账户的借方期末余额合计数等于全部账户的贷方期末余额合计数，即 G49=H49。

"2105 总账及试算平衡表"的结果与"2105 会计科目及余额表"和"2105 凭证"的数据密不可分，为了让所有表重算，可设置 Excel 2010 的手动重算功能，其操作方法为：选择"文件"选项卡下的"选项"命令，打开"Excel 选项"对话框，选择"公式"选项卡，在"计算选项"栏下选中"手动重算"单选项和"保存工作簿前重新计算"复选框，单击 确定 按钮，如图 2-15 所示。设置结束后，可直接按【F9】键重算所有工作表或重算活动工作表。

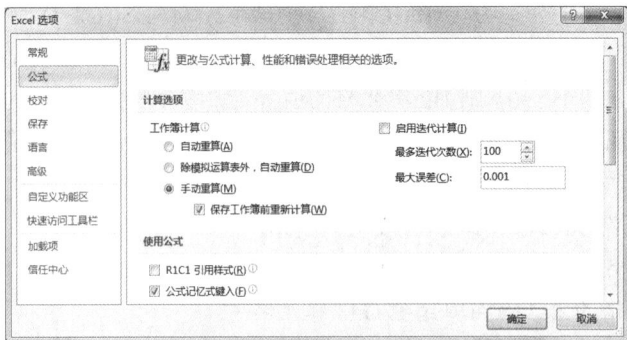

图 2-15 手动重算的设置

任务六 生成各类明细账

明细账是明细分类账的简称，是指根据总分类科目设置的，由其所属的明细分类科目开设的明细分类账户组成，用于记录某一类经济业务明细核算资料的分类账簿，能提供有关经济业务的详细资料。明细账应根据经济业务的种类和经营管理的要求分别设置。按其外表形式，明细账可分为活页式账簿和订本式账簿；按其账页格式，明细账可分为三栏式明细分类账簿、数量金额式明细分类账簿和多栏式明细分类账簿。

明细账是在总账的基础上生成的，其中的数据与填制的记账凭证密不可分，所以在生成明细账前，一定要确保记账凭证的准确性，否则会影响之后的操作。生成明细账的操作如下。

（1）选择"2105 明细账"工作表中的 A3 单元格。

（2）单击"插入"选项卡下"表格"组中的"数据透视表"按钮，打开"创建数据透视表"对话框，如图 2-16 所示。

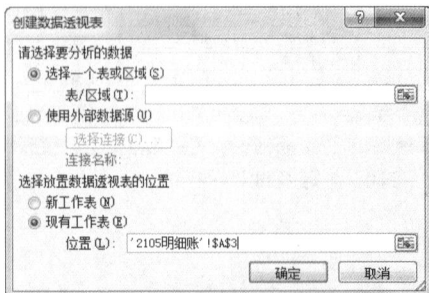

图 2-16 "创建数据透视表"对话框

微课 2-7 生成明细账

（3）在"选择一个表或区域"文本框中输入要汇总的数据区域"2105 凭证'!$A$1:$L$200"，如图 2-17 所示。这里的"$"表示绝对单元格地址的引用，行号设置到 200 的目的是保证以后输入的数据也能使用。

（4）选中　"现有工作表"单选项，引用单元格地址为"'2105 明细账'!$A$3"，如图 2-18 所示。

图 2-17　设置数据透视表数据区域　　　　图 2-18　设置数据透视表的存放位置

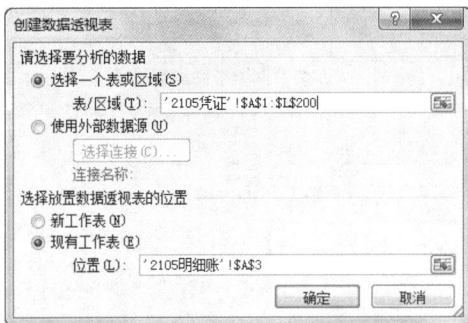

（5）单击 确定 按钮，在打开的"数据透视表字段列表"任务窗格中进行数据透视表的布局设置，如图 2-19 所示。数据透视表的布局包括"报表筛选"区域、"行标签"区域、"列标签"区域和"Σ 数值"区域。数据透视表是交互式二维报表，"报表筛选"是本页报表的过滤条件，"行标签"是本页报表的行记录信息，"列标签"是本页报表的列记录信息，"Σ 数值"是本页报表汇总和统计的数据源。"数据透视表字段列表"中的字段皆来源于"2105 凭证"工作表。

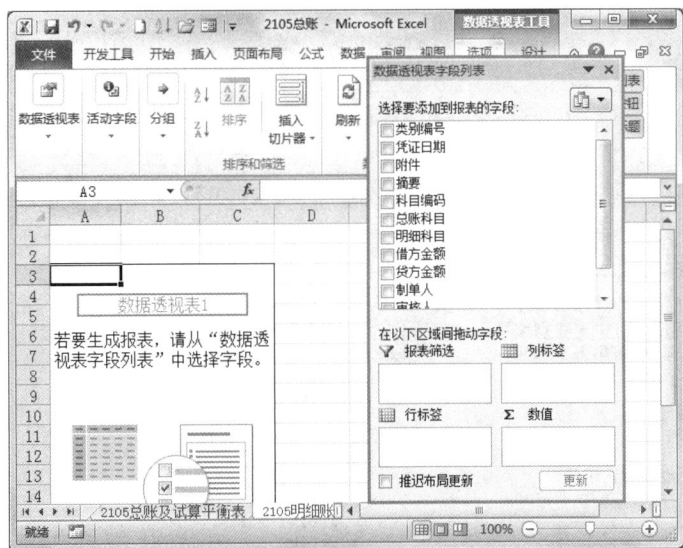

图 2-19　设置数据透视表的布局

（6）将"数据透视表字段列表"任务窗格中的"凭证日期"字段添加到"行标签"区域，或者在"凭证日期"字段处单击鼠标右键，在弹出的快捷菜单中选择"添加到行标签"命令。使用相同的操作方法，将"类别编号""摘要""科目编码""总账科目"这 4 个字段都添加到"行标签"区域（可通过单击各项目名称后面的倒三角符号调整顺序），将"明细科目"字段添加到"报表筛选"区域，将"借方金额"和"贷方金额"两个字段添加到"Σ 数值"区域，如图 2-20 所示。

（7）选择数据透视表中任意一个单元格，单击鼠标右键，在弹出的快捷菜单中选择"数据透视表选项"命令。打开"数据透视表选项"对话框，选择"显示"选项卡，选中"经典数据透视表布局（启用网格中的字段拖放）"复选框，如图 2-21 所示。单击 确定 按钮，效果如图 2-22 所示。

图 2-20 设置数据透视表的各区域字段

图 2-21 "数据透视表选项"对话框

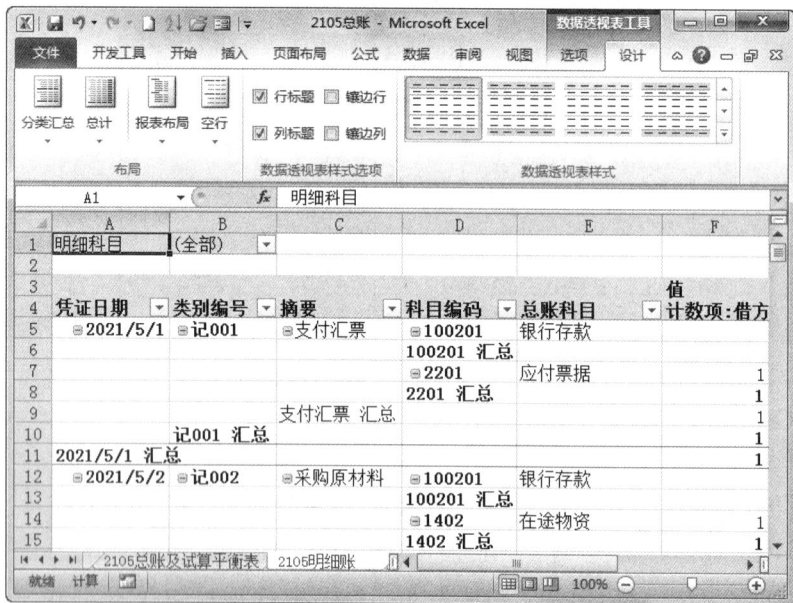

图 2-22 经典数据透视表布局效果

（8）整理数据透视表，使其看起来更直观整洁，需要把分类汇总去掉。方法是：在数据透视表中选择任意一个单元格，单击"数据透视表工具-设计"选项卡下"布局"组中的"分类汇总"按钮，在下拉菜单中选择"不显示分类汇总"选项，效果如图 2-23 所示。

（9）选择 F4 单元格，单击鼠标右键，在弹出的快捷菜单中选择"值汇总依据"命令，在弹出的子菜单中选择"求和"命令，如图 2-24 所示。使用同样方法更改 G4 单元格的汇总方式。

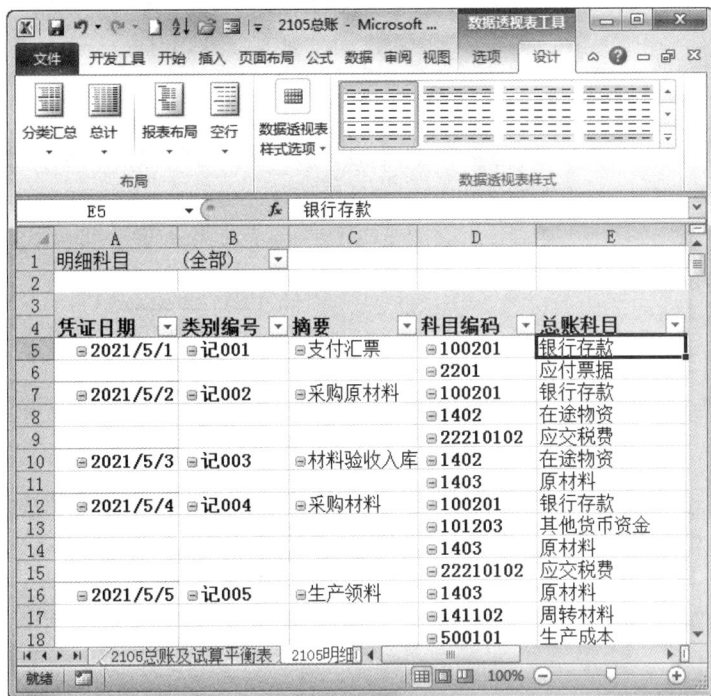

图 2-23　隐藏汇总信息

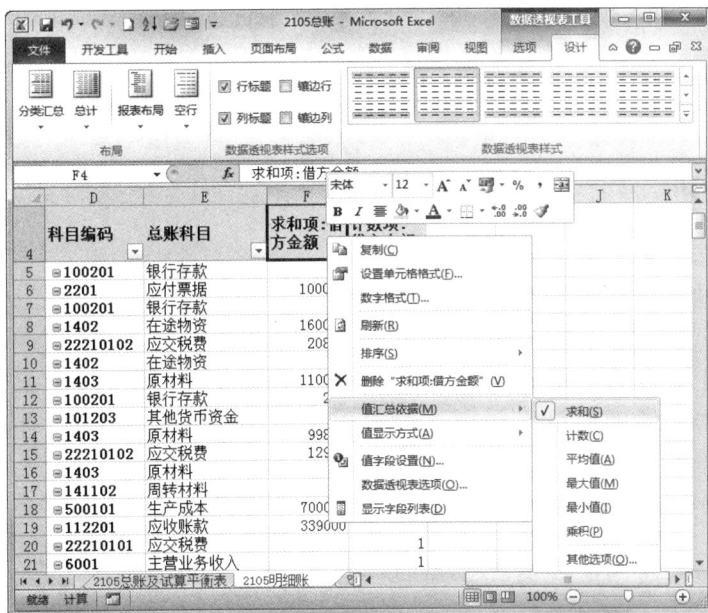

图 2-24　更改汇总方式

完成以上各操作后，只要在 B1 单元格中选择需要显示的明细科目，表格中就会自动显示所选择明细科目对应的明细账，如图 2-25 所示。

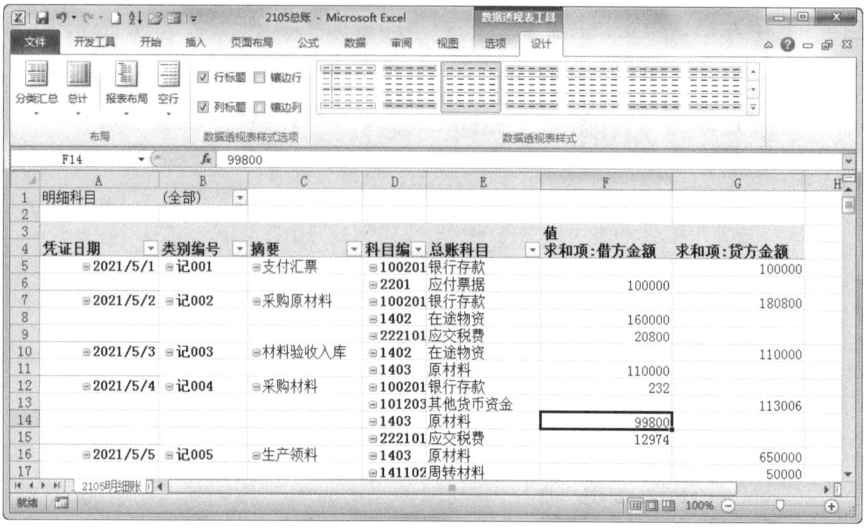

02

图 2-25　生成的明细账

本任务利用 Excel 2010 函数和数据透视表工具，可以简化会计账务处理过程，对于重复性强的工作，如生成总账和明细账等，可以明显提高工作效率。

项目小结

本项目介绍了使用 Excel 实现账务电算化的过程，尚未购买专用财务软件的企业，可以通过运用 Excel 中的公式和函数功能完成建账、设置账户、输入期初余额、输入记账凭证、生成总账和明细账的工作。

项目实训

1. 实训目的

掌握 Excel 2010 的账务处理流程。

2. 实训资料

青岛宏发公司为增值税一般纳税人，增值税税率为 13%，所得税税率为 25%。材料核算采用先进先出法，原材料月初库存量为 500 吨。该公司的坏账准备仅与应收账款有关。青岛宏发公司 2021 年 7 月的具体经济业务如下。

（1）设置的账户及期初余额如表 2-2 所示。

表 2-2　　　　　　　　　　青岛宏发公司 2021 年 7 月账户期初余额　　　　　　　　　　单位：元

科目编码	科目名称	期初借方余额	期初贷方余额
1001	库存现金	4 038.00	
1002	银行存款	672 038.10	
100201	工行	469 668.10	

02

科目编码	科目名称	期初借方余额	期初贷方余额
100202	建行	202 370.00	
1012	其他货币资金	1 000 000.00	
1101	交易性金融资产		
1121	应收票据	292 300.00	
1122	应收账款	1 268 000.00	
112201	北京汽配厂	200 000.00	
112202	南京物资公司	400 000.00	
112203	济南水泥制品厂	668 000.00	
1231	坏账准备		6 340.00
1123	预付账款	180 000.00	
1221	其他应收款	4 400.00	
122101	李强	4 400.00	
1402	在途物资		
1403	原材料	1 414 708.00	
1411	周转材料	43 797.00	
141101	包装物	43 797.00	
1405	库存商品	372 040.00	
1511	长期股权投资	250 000.00	
151101	股票投资	250 000.00	
1601	固定资产	6 686 000.00	
1602	累计折旧		1 952 514.00
1604	在建工程		
1606	固定资产清理		
1701	无形资产	143 000.00	
1702	累计摊销		
1801	长期待摊费用		
2001	短期借款		500 000.00
2201	应付票据		204 750.00
2202	应付账款		1 058 756.00
220201	烟台铁合金厂		45 810.00
220202	北京汽配厂		45 946.00
220203	滨海煤炭公司		26 700.00
220204	北京工具厂		940 300.00
2211	应付职工薪酬		173 323.40
221101	工资		25 000.00
221102	福利费		148 323.40
2221	应交税费		150 387.40
222101	应交增值税		

续表

科目编码	科目名称	期初借方余额	期初贷方余额
22210101	销项税额		
22210102	进项税额		
22210103	已交税金		
222102	未交增值税		53 466.00
222103	应交所得税		90 808.21
222104	应交城建税		3 742.00
222105	应交个人所得税		2 371.19
222108	应交城市维护建设税		
222110	应交教育费附加		
2231	应付利息		
2241	其他应付款		86 454.00
2501	长期借款		860 400.00
250101	本金		700 000.00
250102	应付利息		160 400.00
2502	应付债券		100 000.00
2701	长期应付款		68 695.30
4001	实收资本		6 200 000.00
4002	资本公积		582 701.00
4101	盈余公积		300 000.00
410101	法定盈余公积		300 000.00
4103	本年利润		
4104	利润分配		126 000.00
410401	未分配利润		126 000.00
5001	生产成本	40 000.00	
500101	基本生产成本	40 000.00	
500102	辅助生产成本		
5101	制造费用		
6001	主营业务收入		
6111	投资收益		
6401	主营业务成本		
6402	其他业务成本		
6403	税金及附加		
6601	销售费用		
6602	管理费用		
6603	财务费用		
6711	营业外支出		
6801	所得税费用		
	合计	12 370 321.10	12 370 321.10

（2）2021 年 7 月发生如下经济业务。

① 7 月 2 日，从工行提取备用金 2 000 元。

借：库存现金　　　　　　　　　　　　　　　　　　2 000

　　贷：银行存款——工行　　　　　　　　　　　　　　　　2 000

② 7 月 5 日，购入材料价款 5 000 元，增值税 650 元。

借：原材料　　　　　　　　　　　　　　　　　　5 000

　　应交税费——应交增值税（进项税额）　　　　　650

　　贷：银行存款——工行　　　　　　　　　　　　　　　5 650

③ 7 月 6 日，销售部李强预借差旅费 1 000 元。

借：其他应收款——李强　　　　　　　　　　　　1 000

　　贷：库存现金　　　　　　　　　　　　　　　　　　1 000

④ 7 月 10 日，计提生产工人工资 16 000 元，管理人员工资 9 000 元。

借：生产成本——基本生产成本　　　　　　　　16 000

　　管理费用　　　　　　　　　　　　　　　　　9 000

　　贷：应付职工薪酬——工资　　　　　　　　　　　　25 000

⑤ 7 月 11 日，车间领用材料 2 100 元。

借：生产成本——基本生产成本　　　　　　　　2 100

　　贷：原材料　　　　　　　　　　　　　　　　　　2 100

⑥ 7 月 12 日，销售部销售商品收到 72 320 元。

借：银行存款——建行　　　　　　　　　　　　72 320

　　贷：主营业务收入　　　　　　　　　　　　　　　64 000

　　　　应交税费——应交增值税（销项税额）　　　　8 320

⑦ 7 月 31 日，用工行存款支付本月电话费 400 元。

借：管理费用　　　　　　　　　　　　　　　　400

　　贷：银行存款——工行　　　　　　　　　　　　　　400

⑧ 7 月 31 日，使用建行存款支付本月借款利息 120 元。

借：财务费用　　　　　　　　　　　　　　　　120

　　贷：银行存款——建行　　　　　　　　　　　　　　120

⑨ 7 月 31 日，计提本月固定资产折旧 3 000 元，其中，生产部门计提固定资产折旧 2 000 元，行政部门计提固定资产折旧 1 000 元。

借：生产成本　　　　　　　　　　　　　　　　2 000

　　管理费用　　　　　　　　　　　　　　　　1 000

　　贷：累计折旧　　　　　　　　　　　　　　　　　3 000

⑩ 7 月 31 日，结转本月完工产品成本。

借：库存商品　　　　　　　　　　　　　　　　30 100

　　贷：生产成本——基本生产成本　　　　　　　　30 100

⑪ 7 月 31 日，结转本月销售成本。

借：主营业务成本　　　　　　　　　　　　　　20 100

　　贷：库存商品　　　　　　　　　　　　　　　　20 100

⑫ 7月31日，结转本月损益。

借：主营业务收入   64 000

  贷：本年利润   64 000

借：本年利润   30 620

  贷：主营业务成本   20 100

    管理费用   10 400

    财务费用   120

⑬ 7月31日，计算并结转应交所得税（不考虑纳税调整事项，税率为25%）。

借：所得税费用   8 345

  贷：应交税费——应交所得税   8 345

借：本年利润   8 345

  贷：所得税费用   8 345

⑭ 7月31日，计算本年利润。

借：本年利润   25 035

  贷：利润分配——未分配利润   25 035

3. 实训要求

（1）建账：使用 Excel 2010 建立一个工作簿，并建立若干张工作表，分别用以存放会计科目及其期初余额、记账凭证，以及根据记账凭证自动生成的总账和明细账。

（2）设置账户：建立一个"2107 会计科目及余额表"工作表。

（3）输入期初余额：在"2107 会计科目及余额表"工作表中输入期初数据，并实现试算平衡。

（4）输入记账凭证：在"2107 凭证"工作表中输入所有业务的会计凭证。

（5）生成总账：建立一个总账表，用来汇总所有凭证数据，并根据记账凭证自动生成总账。

（6）生成明细账：建立一个明细账表，利用 Excel 2010 的数据透视表功能自动生成明细账。

项目三

Excel 2010 在报表编制中的应用

知识目标 ↓

1. 掌握会计报表的概念、内容和格式。
2. 掌握会计报表的编制方法。

能力目标 ↓

1. 学会使用 Excel 2010 编制资产负债表的操作。
2. 学会使用 Excel 2010 编制利润表的操作。

素质目标 ↓

1. 遵守会计职业道德，切实履行自身义务。
2. 以严格认真的工作态度规范编制会计报表。

工作情境与分析 ↓

一、情境

李娜在完成使用 Excel 2010 建账的工作之后，开始着手练习使用 Excel 2010 编制会计报表。在项目二中已经生成了丰源公司 2021 年 5 月的总账及试算平衡表，如表 3-1 所示。

表 3-1　　　　　　　　丰源公司 2021 年 5 月的总账及试算平衡表　　　　　　　单位：元

科目编码	科目名称	期初借方余额	期初贷方余额	本期借方发生额合计	本期贷方发生额合计	期末借方余额	期末贷方余额
1001	库存现金	5 000				5 000	
1002	银行存款	2 660 000		974 032	1 145 007	2 489 025	
1012	其他货币资金	128 000			113 006	14 994	
1101	交易性金融资产	25 000			25 000		
1121	应收票据	246 000				246 000	
1122	应收账款	400 000		339 000	151 000	588 000	

续表

科目编码	科目名称	期初借方余额	期初贷方余额	本期借方发生额合计	本期贷方发生额合计	期末借方余额	期末贷方余额
1231	坏账准备		1 200		600		1 800
1123	预付账款	100 000				100 000	
1221	其他应收款	4 000				4 000	
1402	在途物资	245 000		160 000	110 000	295 000	
1403	原材料	550 000		209 800	650 000	109 800	
1411	周转材料	98 050			50 000	48 050	
1405	库存商品	1 700 000		1 104 900	600 000	2 204 900	
1511	长期股权投资	250 000				250 000	
1601	固定资产	2 000 000		1 486 470	200 000	3 286 470	
1602	累计折旧		400 000	180 000	100 000		320 000
1604	在建工程	1 500 000		200 000	1 400 000	300 000	
1606	固定资产清理			20 500	20 500		
1701	无形资产	600 000				600 000	
1702	累计摊销				10 000		10 000
1801	长期待摊费用	200 000				200 000	
2001	短期借款		240 000	150 000			90 000
2201	应付票据		300 000	100 000			200 000
2202	应付账款		916 850				916 850
2211	应付职工薪酬		110 000	300 000	342 000		152 000
2221	应交税费		30 000	138 511	210 034		101 522
2231	应付利息				11 500		11 500
2241	其他应付款		57 600				57 600
2501	长期借款		1 600 000		10 000		1 610 000
4001	实收资本		6 000 000				6 000 000
4002	资本公积		593 000				593 000
4101	盈余公积		250 000				250 000
4103	本年利润			790 434	1 005 000		214 566
4104	利润分配		212 400				212 400
5001	生产成本			1 104 900	1 104 900		
5101	制造费用			91 400	91 400		
6001	主营业务收入			1 000 000	1 000 000		
6111	投资收益			5 000	5 000		
6401	主营业务成本			600 000	600 000		
6402	其他业务成本						
6403	税金及附加			8 511	8 511		
6601	销售费用			20 000	20 000		
6602	管理费用			47 100	47 100		

科目编码	科目名称	期初借方余额	期初贷方余额	本期借方发生额合计	本期贷方发生额合计	期末借方余额	期末贷方余额
6603	财务费用			24 000	24 000		
6702	信用减值损失			600	600		
6711	营业外支出			18 700	18 700		
6801	所得税费用			71 522	71 522		
合计		10 711 050	10 711 050	9 145 381	9 145 381	10 741 239	10 741 239

二、分析

　　财务报告包括会计报表和其他应当在财务报告中披露的相关信息及资料，它是对企业财务状况、经营成果和现金流量的结构性表述。一份完整的会计报表应当包括：①资产负债表；②利润表；③现金流量表；④所有者权益（或股东权益，下同）变动表；⑤附注。

　　编制会计报表的目的是向会计报表使用者提供其在经济决策中的有用信息，包括企业的财务状况、经营成果及现金流量的资料。在本项目中，仅限于介绍 Excel 2010 在资产负债表和利润表编制中的应用。

　　使用 Excel 2010 编制资产负债表和利润表时，可以分成以下 3 项工作任务：编制资产负债表→编制利润表→编排会计报表。

1. 编制资产负债表

　　资产负债表是反映企业在某一特定日期财务状况的会计报表，它反映了企业在某一特定日期内所拥有或控制的经济资源、所承担的现时义务和所有者对净资产的要求权。资产负债表属于静态会计报表，它将企业在某一特定时期的资产、负债、所有者权益等会计科目分为"资产"和"负债及所有者权益"两大部分，便于报表使用者在短时间内了解企业的财务状况。

　　资产负债表的编制原理是"资产=负债+所有者权益"这一会计平衡等式。

2. 编制利润表

　　利润表是反映企业在一定会计期间经营成果的会计报表。利润表的报表结果表现为公司实现的利润或形成的亏损，属于动态会计报表，主要为报表使用者提供企业经营成果方面的信息。

　　根据《企业会计准则》相关规定，企业应当采用多步式列报利润表，对不同性质的收入和费用类别进行对比，从而可以得出一些中间性的利润数据，以便于使用者了解企业经营成果的不同来源。其编制原理是"收入-费用=利润"这一会计平衡等式。

3. 编排会计报表

　　编制完会计报表之后，为了使报表的外形更加美观，数据格式更加符合财务人员的习惯，还应该编排会计报表，如调整列宽、行高、数字格式等。

任务一　编制资产负债表

　　资产负债表分为表头和表体两部分。表头部分包括报表标题、报表编号、编制单位、编制日期及计量单位等，编制日期应为某年某月某日。

表体部分一般为账户式，资产负债表的左侧为资产类科目，右侧为负债及所有者权益科目。编制资产负债表时，项目主要按其流动性大小排列。

一、资产负债表的基本格式和内容

资产负债表的具体格式如表 3-2 所示。

表 3-2 　　　　　　　　　　　　　　资产负债表的具体格式

资产负债表

会企 01 表

编制单位： 　　　　　　　　　　年　　　月　　　日　　　　　　　　　　　　单位：元

行次	资产	期末余额	期初余额	行次	负债及所有者权益	期末余额	期初余额
001	流动资产：			001	流动负债：		
002	货币资金			002	短期借款		
003	交易性金融资产			003	交易性金融负债		
004	衍生金融资产			004	衍生金融负债		
005	应收票据			005	应付票据		
006	应收账款			006	应付账款		
007	应收款项融资			007	预收款项		
008	预付款项			008	合同负债		
009	其他应收款			009	应付职工薪酬		
010	存货			010	应交税费		
011	合同资产			011	其他应付款		
012	持有待售资产			012	持有待售负债		
013	一年内到期的非流动资产			013	一年内到期的非流动负债		
014	其他流动资产			014	其他流动负债		
015	流动资产合计			015	流动负债合计		
016	非流动资产：			016	非流动负债：		
017	债权投资			017	长期借款		
018	其他债权投资			018	应付债券		
019	长期应收款			019	其中：优先股		
020	长期股权投资			020	永续债		
021	其他权益工具投资			021	租赁负债		
022	其他非流动金融资产			022	长期应付款		
023	投资性房地产			023	预计负债		
024	固定资产			024	递延收益		
025	在建工程			025	递延所得税负债		
026	生产性生物资产			026	其他非流动负债		
027	油气资产			027	非流动负债合计		
028	使用权资产			028	负债合计		

行次	资产	期末余额	期初余额	行次	负债及所有者权益	期末余额	期初余额
029	无形资产			029	所有者权益（或股东权益）：		
030	开发支出			030	实收资本（或股本）		
031	商誉			031	其他权益工具		
032	长期待摊费用			032	其中：优先股		
033	递延所得税资产			033	永续债		
034	其他非流动资产			034	资本公积		
035	非流动资产合计			035	减：库存股		
036				036	其他综合收益		
037				037	专项储备		
038				038	盈余公积		
039				039	未分配利润		
040				040	所有者权益（或股东权益）合计		
041	资产总计			041	负债和所有者权益（或股东权益）总计		

二、资产负债表的编制方法

资产负债表主要根据资产账户和负债、所有者权益账户的期末余额和其他有关资料编制而成，具体编制方法如下。

（1）根据总账科目的余额直接填列。资产负债表中的大部分数据都可以根据总账科目直接填列，如"短期借款""应付票据""应付职工薪酬"等项目。

（2）根据总账科目的余额计算填列。例如，"货币资金"项目，需要根据"库存现金""银行存款"和"其他货币资金"3个总账科目的余额合计数填列。

（3）根据有关明细科目的余额计算填列。例如，"应付账款"项目，需要根据"应付账款"和"预付账款"两个科目所属明细科目的期末贷方余额合计数填列。

（4）根据总账科目和明细科目的余额计算填列。例如，"长期借款"项目，需要根据"长期借款"总账科目余额，扣除"长期借款"科目所属的明细科目中将在资产负债表日起一年内到期且企业不能自主地将清偿义务展期的长期借款后的金额填列。

（5）根据总账科目与其备抵科目抵消后的净额填列。例如，资产负债表中的"长期股权投资"项目，需要根据"长期股权投资"科目的期末余额减去"长期股权投资减值准备"科目余额后的金额填列；"固定资产"项目需要根据"固定资产"科目期末余额减去"累计折旧""固定资产减值准备"科目期末余额后的金额填列；"无形资产"项目需要根据"无形资产"科目期末余额减去"累计摊销""无形资产减值准备"科目余额后的金额填列。

（6）综合运用上述填列方法分析填列。例如，"应收账款"科目，需要根据"应收账款"科目的期末借方余额减去"坏账准备"科目中相关坏账准备期末余额后的金额填列；"存货"项目需要根据"材料采购""在途物资""原材料""发出商品""库存商品""周转材料""委托加工物资""生产成本""受托代销商品"等科目的期末余额合计，减去"受托代销商品款""存货跌价准备"

科目期末余额后的金额填列。

三、资产负债表的编制步骤

下面根据丰源公司的"2105 总账及试算平衡表"编制资产负债表。

1．建立表头

为资产负债表建立表头可以为报表打下基本框架，让报表使用者快速理解表格的基本信息。

（1）复制"2105 总账"工作簿，把新工作簿重命名为"2105 总账报表"。打开"2105 总账报表"工作簿，选择"2105 总账及试算平衡表"工作表，选择第一行，插入一行，在 A1 单元格中输入标题"丰源公司 2021 年 5 月总账及试算平衡表"，选择 A1:H1 单元格区域，将标题行的对齐方式设置为"合并后居中"。

（2）在"2105 总账及试算平衡表"工作表后面插入一张新工作表，并重命名为"2105 资产负债表"，在工作表的 A1 单元格中输入标题"资产负债表"。选择 A1:H1 单元格区域，将对齐方式设置为"合并后居中"。

（3）选择 A3:B3 单元格区域，合并该单元格区域后，再将对齐方式设置为"左对齐"。在 A3 单元格中输入"编制单位：丰源公司"；选择 C3:F3 单元格区域，设置单元格的对齐方式为"合并后居中"，在 C3 单元格中输入"2021 年 5 月 31 日"；选择 H2:H3 单元格区域，设置单元格的对齐方式为"居中"，在 H2 单元格中输入"会企 01 表"；在 H3 单元格中输入"单位：元"。

2．"项目"名称栏及"行次"栏的输入

根据表 3-2 资产负债表的具体格式，在 A4:H45 单元格区域中输入项目的名称及行次。

3．美化表格

为了突显资产负债表中的重要信息，还需要对相关单元格进行美化。

（1）选择 A1 单元格，将字体设置为"加粗""12 号"。将 A1、G2、A3、G3 单元格和 A4:H4、A5:B45、E5:F45 单元格区域中的字体颜色设置为"蓝色，文字 2"。

（2）分别选择 A4:H4 单元格区域和 B19、B39、B45、F19、F31、F32、F44、F45 单元格，设置单元格的对齐方式为"居中"。另外，还可在各报表项目对应单元格中的文字前输入 4 个空格，使整个表格看起来更加一目了然。

（3）分别选择 A4:H4、A5:B45、E5:F45 单元格区域，在"开始"选项卡下"字体"组中单击"填充颜色"按钮 右侧的下拉按钮，将填充颜色设置为"白色，背景 1，深色 25%"。

（4）选择 A4:H45 单元格区域，设置表格边框类型为"所有框线"，最终效果如图 3-1 所示。

图 3-1　建立资产负债表框架

4．数据的填充

完成表格文字的输入和格式设置后，下一步工作就是填充表格中的其他数据。资产负债表中的"期末余额"可以以数据链接的方式引用"2105 总账及试算平衡表"工作表中的相关数据。

（1）"货币资金"项目需要根据"库存现金""银行存款""其他货币资金"这 3 个总账科目期末余额的合计数填列，而这 3 项的数据分别对应"2105 总账及试算平衡表"工作表中的 G3、G4、G5 单元格。此时，可在"2105 资产负债表"工作表中"货币资金"期末余额对应的 C6 单元格中输入相应的数据计算公式。其具体的操作步骤如下。

① 单击 C6 单元格后，直接输入"="符号。

② 选择"2105 总账及试算平衡表"工作表。

③ 单击"2105 总账及试算平衡表"工作表中的 G3 单元格，输入"+"符号；再单击该工作表中的 G4 单元格，输入"+"符号；最后单击该工作表中的 G5 单元格；按【Enter】键后，会自动切换至"2105 资产负债表"工作表，并在 C6 单元格中显示出计算结果。此时，在公式编辑栏中会显示 C6 单元格中所采用的计算公式，其公式为"='2105 总账及试算平衡表'!G3+'2105 总账及试算平衡表'!G4+'2105 总账及试算平衡表'!G5"。该公式表明，"2105 资产负债表"工作表 C6 单元格中的数据是"2105 总账及试算平衡表"工作表中 G3、G4、G5 单元格的数据之和，如图 3-2 所示。使用同样的方法填制其他项目的数据。

图 3-2 填充数据

附：资产负债表期末取数公式

C6='2105 总账及试算平衡表'!G3+'2105 总账及试算平衡表'!G4+'2105 总账及试算平衡表'!G5

C7='2105 总账及试算平衡表'!G6

C9 ='2105 总账及试算平衡表'!G7

C10 ='2105 总账及试算平衡表'!G8-'2105 总账及试算平衡表'!H9

C12 ='2105 总账及试算平衡表'!G10

C13 ='2105 总账及试算平衡表'!G11

C14 ='2105 总账及试算平衡表'!G12+'2105 总账及试算平衡表'!G13+'2105 总账及试算平衡表'!G14+'2105 总账及试算平衡表'!G15+'2105 总账及试算平衡表'!G37

C24 ='2105 总账及试算平衡表'!G16

C28 ='2105 总账及试算平衡表'!G17-'2105 总账及试算平衡表'!H18

C29 ='2105 总及试算平衡表'!G19

C33 ='2105 总账及试算平衡表'!G21–'2105 总账及试算平衡表'!H22

C36 ='2105 总账及试算平衡表'!G23

G6 ='2105 总账及试算平衡表'!H24

G9 = '2105 总账及试算平衡表'!H25

G10 ='2105 总账及试算平衡表'!H10+'2105 总账及试算平衡表'!H26

G13 ='2105 总账及试算平衡表'!H27

G14 ='2105 总账及试算平衡表'!H28

G15 ='2105 总账及试算平衡表'!H29+'2105 总账及试算平衡表'!H30

G21 ='2105 总账及试算平衡表'!H31–H17

G34 ='2105 总账及试算平衡表'!H32

G38 ='2105 总账及试算平衡表'!H33

G42 ='2105 总账及试算平衡表'!H34

G43 ='2105 总账及试算平衡表'!H35+'2105 总账及试算平衡表'!H36

（2）"2105 资产负债表"中还有一部分单元格中的数据需要用本工作表中的数据计算得到。

例如，"流动资产合计=货币资金+交易性金融资产+衍生金融资产+应收票据+应收账款+应收款项融资+预付款项+其他应收款+存货+合同资产+持有待售资产+一年内到期的非流动资产+其他流动资产"，可在图 3-3 所示的"2105 资产负债表"工作表 C19 单元格中输入计算公式"=SUM(C6:C18)"，表明 C19 单元格中的数据是 C6:C18 单元格区域数据的求和结果。

图 3-3 输入公式

又如，"非流动负债合计=长期借款+应付债券+租赁债权+长期应付款+预计负债+递延收益+递延所得税负债+其他非流动负债"，可在 G31 单元格中输入计算公式"=SUM(G21:G30)"。在其他需要输入公式的地方，使用同样的方法输入相应的公式。

附："2105 资产负债表"期末余额有关运算公式。

C19 =SUM(C6:C18)

C39 =SUM(C21:C38)

C45 =C19+C39

G19 =SUM(G6:G18)

G31 =SUM(G21:G30)

G32 =G19+G31

G44 =SUM(G34:G43)

G45 =G32+G44

由以上操作可以看出，资产负债表中的数据不需要用键盘输入，只要前期相关的表格资料齐全，均可通过链接得到。参考上述期末余额公式的设置方法，设置期初余额的公式，得出期初余额的数据。编制结果如图 3-4 所示。

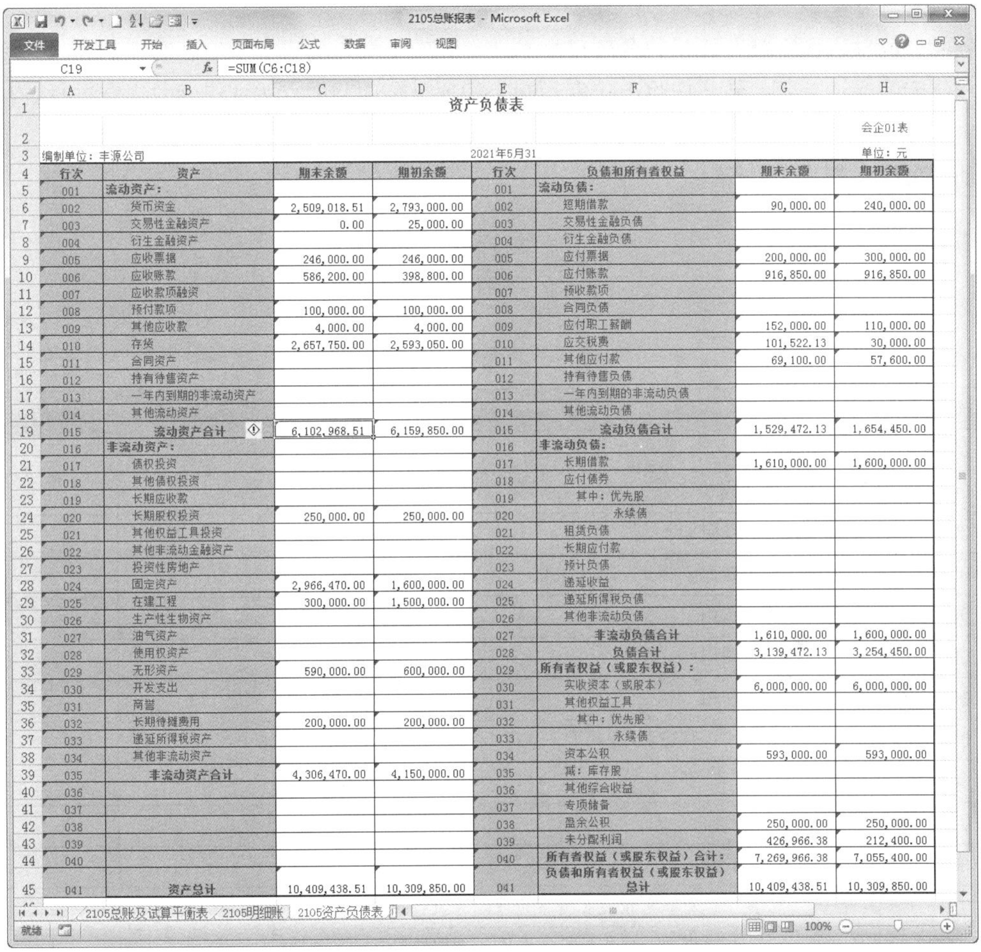

资产负债表

会企01表

编制单位：丰源公司　　2021年5月31　　单位：元

行次	资产	期末余额	期初余额	行次	负债和所有者权益	期末余额	期初余额
001	流动资产：			001	流动负债：		
002	货币资金	2,509,018.51	2,793,000.00	002	短期借款	90,000.00	240,000.00
003	交易性金融资产	0.00	25,000.00	003	交易性金融负债		
004	衍生金融资产			004	衍生金融负债		
005	应收票据	246,000.00	246,000.00	005	应付票据	200,000.00	300,000.00
006	应收账款	586,200.00	398,800.00	006	应付账款	916,850.00	916,850.00
007	应收款项融资			007	预收款项		
008	预付款项	100,000.00	100,000.00	008	合同负债		
009	其他应收款	4,000.00	4,000.00	009	应付职工薪酬	152,000.00	110,000.00
010	存货	2,657,750.00	2,593,050.00	010	应交税费	101,522.13	30,000.00
011	合同资产			011	其他应付款	69,100.00	57,600.00
012	持有待售资产			012	持有待售负债		
013	一年内到期的非流动资产			013	一年内到期的非流动负债		
014	其他流动资产			014	其他流动负债		
015	流动资产合计	6,102,968.51	6,159,850.00	015	流动负债合计	1,529,472.13	1,654,450.00
016	非流动资产：			016	非流动负债：		
017	债权投资			017	长期借款	1,610,000.00	1,600,000.00
018	其他债权投资			018	应付债券		
019	长期应收款			019	其中：优先股		
020	长期股权投资	250,000.00	250,000.00	020	永续债		
021	其他权益工具投资			021	租赁负债		
022	其他非流动金融资产			022	长期应付款		
023	投资性房地产			023	预计负债		
024	固定资产	2,966,470.00	1,600,000.00	024	递延收益		
025	在建工程	300,000.00	1,500,000.00	025	递延所得税负债		
026	生产性生物资产			026	其他非流动负债		
027	油气资产			027	非流动负债合计	1,610,000.00	1,600,000.00
028	使用权资产			028	负债合计	3,139,472.13	3,254,450.00
029	无形资产	590,000.00	600,000.00	029	所有者权益（或股东权益）：		
030	开发支出			030	实收资本（或股本）	6,000,000.00	6,000,000.00
031	商誉			031	其他权益工具		
032	长期待摊费用	200,000.00	200,000.00	032	其中：优先股		
033	递延所得税资产			033	永续债		
034	其他非流动资产			034	资本公积	593,000.00	593,000.00
035	非流动资产合计	4,306,470.00	4,150,000.00	035	减：库存股		
036				036	其他综合收益		
037				037	专项储备		
038				038	盈余公积	250,000.00	250,000.00
039				039	未分配利润	426,966.38	212,400.00
040				040	所有者权益（或股东权益）合计：	7,269,966.38	7,055,400.00
041	资产总计	10,409,438.51	10,309,850.00	041	负债和所有者权益（或股东权益）总计	10,409,438.51	10,309,850.00

图 3-4　资产负债表编制结果

任务二　编制利润表

利润表的结构主要有单步式和多步式两种。在我国，企业利润表多采用多步式结构，即通过对当期的收入、费用、支出项目按性质进行归类，按利润形成的主要环节列示一些中间性利润指标，分步计算当期净损益。

企业可以分 3 个步骤编制利润表。

第一步，以营业收入为基础，减去营业成本、税金及附加、销售费用、管理费用、研发费用、财务费用、信用减值损失、资产减值损失，再加上公允价值变动收益和资产处置收益（减去公允价值变动损失和投资损失），计算出营业利润。

第二步，以营业利润为基础，加上营业外收入，再减去营业外支出，计算出利润总额。

第三步，以利润总额为基础，减去所得税费用，计算出净利润（或净亏损）。

普通股或潜在普通股已公开交易的企业，以及正处于公开发行普通股或潜在普通股过程中的企业，还应在利润表中列示每股收益信息。

一、利润表的基本格式和内容

利润表的"本期金额"栏反映各项目的本期实际发生数。如果上年度利润表的项目名称和内容与本年度的利润表不一致，应将上年度利润表的项目名称和内容按本年度的规定进行调整，填入报表的"上期金额"栏。报表中的各项目主要根据各损益类科目的发生额分析填列。

利润表格式如表3-3所示。

表3-3 利润表格式
利润表

会企02表

编制单位： 年 月 单位：元

行次	科目	本期金额	上期金额
001	一、营业收入		
002	减：营业成本		
003	税金及附加		
004	销售费用		
005	管理费用		
006	研发费用		
007	财务费用		
008	其中：利息费用		
009	利息收入		
010	加：其他收益		
011	投资收益（损失以"-"号填列）		
012	其中：对联营企业和合营企业的投资收益		
013	以摊余成本计量的金融资产终止确认收益（损失以"-"号填列）		
014	净敞口套期收益（损失以"-"号填列）		
015	公允价值变动损益（损失以"-"号填列）		
016	信用减值损失（损失以"-"号填列）		
017	资产减值损失（损失以"-"号填列）		
018	资产处置收益（损失以"-"号填列）		
019	二、营业利润（亏损以"-"号填列）		
020	加：营业外收入		
021	减：营业外支出		

续表

行次	科目	本期金额	上期金额
022	三、利润总额（亏损总额以"-"号填列）		
023	减：所得税费用		
024	四、净利润（净亏损以"-"号填列）		
025	（一）持续经营净利润（净亏损以"-"号填列）		
026	（二）终止经营净利润（净亏损以"-"号填列）		
027	五、其他综合收益的税后净额		
028	（一）不能重分类进损益的其他综合收益		
029	1. 重新计量设定受益计划变动额		
030	2. 权益法下不能转损益的其他综合收益		
031	3. 其他权益工具投资公允价值变动		
032	4. 企业自身信用风险公允价值变动		
033	……		
034	（二）将重分类进损益的其他综合收益		
035	1. 权益法下可转损益的其他综合收益		
036	2. 其他债权投资公允价值变动		
037	3. 金融资产重分类计入其他综合收益的金额		
038	4. 其他债权投资信用减值准备		
039	5. 现金流量套期准备		
040	6. 外币财务报表折算差额		
041	……		
042	六、综合收益总额		
043	七、每股收益		
044	（一）基本每股收益		
045	（二）稀释每股收益		

二、利润表的编制步骤

利润表的编制方法与资产负债表类似，具体操作步骤如下。

打开"2105 总账报表"工作簿，在"2105 资产负债表"工作表后面插入一张新的工作表，并将其重命名为"2105 利润表"。在该工作表中，按照表 3-3 所示的利润表格式，填写报表项目。

与"2105 资产负债表"的编制方法类似，利润表项目的数据需要引用"2105 总账及试算平衡表"工作表中的数据。具体操作步骤不再赘述，取数公式如下。

C5 ='2105 总账及试算平衡表'!E39

C6 ='2105 总账及试算平衡表'!E41+'2105 总账及试算平衡表'!E42

C7 ='2105 总账及试算平衡表'!E43

C8 ='2105 总账及试算平衡表'!E44

C9 ='2105 总账及试算平衡表'!E45

C11 ='2105 总账及试算平衡表'!E46

微课 3-2　编制
利润表

C12 ='2105 总账及试算平衡表'!E46

C15 ='2105 总账及试算平衡表'!E40

C25 ='2105 总账及试算平衡表'!E48

C27 ='2105 总账及试算平衡表'!E49

C23 =C5-C6-C7-C8-C9-C10-C11+C14+C15

C26 =C23+C24-C25

C28 =C26-C27

C46 =C28

利润表的编制结果如图 3-5 所示。

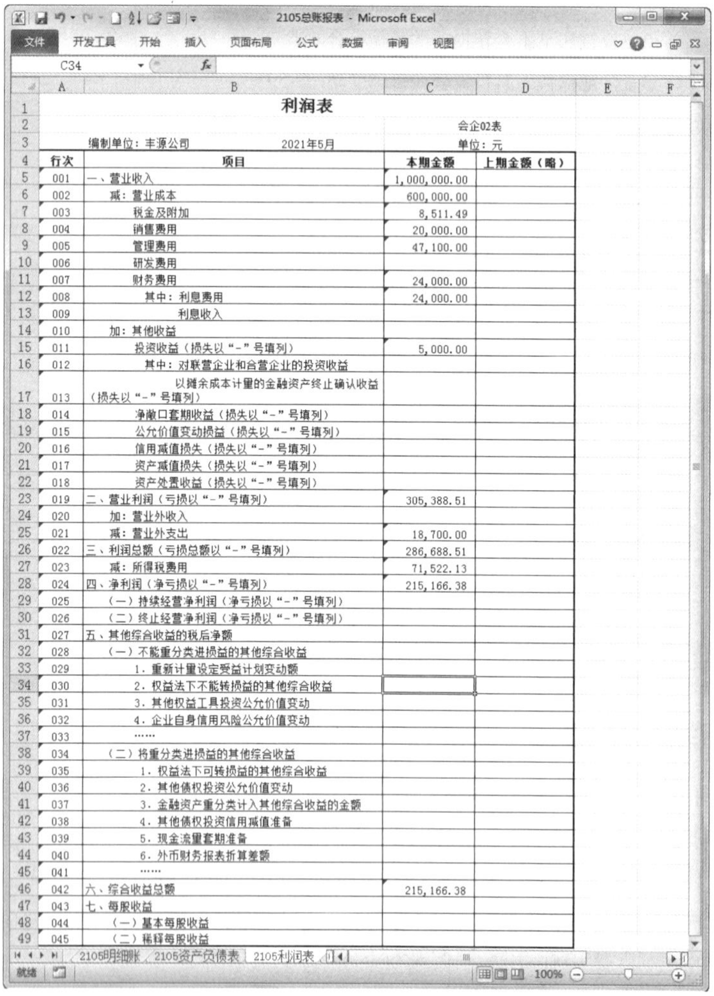

图 3-5　利润表编制结果

任务三　编排会计报表

会计报表编制完成后，还应该进行编排操作，如调整列宽、行高、数字格式等，使报表的外形更加美观，数据格式更加符合财务人员的习惯。

Excel 2010 提供的编排会计报表的工具主要有"开始"选项卡下的各组按钮、"设置单元格格式"对话框等。

1."开始"选项卡下的各组按钮

"开始"选项卡下的各组按钮在项目一中已做详细介绍，在此不再赘述。

2."设置单元格格式"对话框

"设置单元格格式"对话框集中了对单元格进行编辑的命令。该命令下又提供了多种选项卡，如数字、对齐、字体、边框、填充、保护等。

3．使用鼠标拖曳操作

使用鼠标编排会计报表时不需要选择命令，只需将鼠标指针指向要编辑的对象，然后拖曳鼠标就可以完成调整行高、列宽等工作。

4．调整列宽

打开一个新的工作表时，系统产生的标准列宽是 8 个字符，任何工作表的标准列宽都能改变。调整列宽的方法在项目一中已做详细介绍，在此不再赘述。

5．调整行高

打开一个新的工作表时，系统产生的标准行高是根据工作表上默认的字体、字号设置的。需要注意的是，行高是以"磅"为单位的，1 英寸等于 72 磅。调整行高的方法在项目一中已做详细介绍，在此不再赘述。

6．设置对齐方式

Excel 2010 自动把文字的对齐方式设置为左对齐，把数据的对齐方式设置为右对齐。设置单元格对齐方式的方法有如下两种。

（1）单击"开始"选项卡下"对齐方式"组中的文本左对齐、居中、文本右对齐、顶端对齐、垂直居中、底端对齐、方向和自动换行等按钮，可以设置单元格中文字和数据的对齐方式。

（2）单击"开始"选项卡下"单元格"组中的"格式"按钮，在打开的列表中选择"设置单元格格式"选项，打开"设置单元格格式"对话框，在"对齐"选项卡下进行设置。

7．编辑数字

Excel 2010 提供了 3 种数字格式，编辑数字有如下两种方式。

（1）单击"开始"选项卡下"数字"组中的"数字格式"下拉按钮，利用"数字格式"下拉列表，能够按照内置数字格式或自己的习惯格式编排数字。内置数字格式分为 8 类。

① 数值。数值可定义为以下具体格式。

整数：如 365、9、456。

两位小数：如 456.12。

加千位分隔符的整数：如 1,674。

加千位分隔符的小数：如 1,090,456.15。

负数红字：如-389.88 表示为红色的 389.88。

② 会计专用。其为会计专用的数字格式，如 12 565 表示为（￥12 565.00）。

③ 日期。其为日期格式，如 10/12/21 表示 2021 年 10 月 12 日。

④ 时间。其为时间格式，如 3:45 表示 3 时 45 分。

⑤ 百分比。将单元格中的数值乘以 100%，以百分数形式显示。

⑥ 分数。如 0.5 表示为 1/2。

⑦ 科学计数。如 1.23E+04 表示 12 300。

⑧ 货币。在数值前加美元或人民币符号，如$100、¥100 等。

（2）单击"开始"选项卡下"单元格"组中的"格式"按钮，在打开的列表中选择"设置单元格格式"选项，打开"设置单元格格式"对话框，在"数字"选项卡下进行设置。

8. 改变字体

字体是指在屏幕上显示和在打印机上打印的字符样式。每种字体都有一个名字（如宋体、楷体），其有不同的大小（如 12 号）和格式（如粗体、斜体）。改变字体的方法有以下两种。

（1）单击"开始"选项卡下"字体"组中的"字体"按钮。

（2）单击"开始"选项卡下"单元格"组中的"格式"按钮，在打开的列表中选择"设置单元格格式"选项，打开"设置单元格格式"对话框，在"字体"选项卡下进行设置。

9. 改变背景颜色

Excel 2010 提供了多种颜色，供单元格或单元格区域设置背景颜色使用。改变背景颜色的方法有以下两种。

（1）单击"开始"选项卡下"字体"组中的"填充颜色"按钮。

（2）单击"开始"选项卡下"单元格"组中的"格式"按钮，在打开的列表中选择"设置单元格格式"选项，打开"设置单元格格式"对话框，在"填充"选项卡下进行设置。

10. 改变字体颜色

Excel 2010 提供了多种字体颜色，可以改变单元格或单元格区域字体的颜色。改变字体颜色的方法有以下两种。

（1）单击"开始"选项卡下"字体"组中的"字体颜色"按钮。

（2）单击"开始"选项卡下"单元格"组中的"格式"按钮，在打开的列表中选择"设置单元格格式"选项，打开"设置单元格格式"对话框，在"字体"选项卡下"颜色"栏中进行设置。

项目小结

本项目介绍了如何运用 Excel 2010 编制会计报表。首先介绍了会计报表的概念、内容和格式，然后介绍了如何运用 Excel 2010 的各种功能建立资产负债表、利润表。通过学习本项目的内容，学生能够学会使用 Excel 2010 编制资产负债表和利润表。

项目实训

1. 实训目的

学会使用 Excel 2010 编制资产负债表和利润表。

2. 实训资料

根据项目二的项目实训相关资料完成账务处理的流程，生成"2107 总账及试算平衡表"工作表，具体内容如表 3-4 所示。

表 3-4　　　　　　　　青岛宏发公司 2021 年 7 月的总账及试算平衡表　　　　　　　单位：元

科目编码	科目名称	期初借方余额	期初贷方余额	本期借方发生额合计	本期贷方发生额合计	期末借方余额	期末贷方余额
1001	库存现金	4 038.00		2 000.00	1 000.00	5 038.00	0.00
1002	银行存款	672 038.10		72 320.00	8 170.00	736 188.10	0.00
1012	其他货币资金	1 000 000.00		0.00	0.00	1 000 000.00	0.00
1101	交易性金融资产			0.00	0.00	0.00	0.00
1121	应收票据	292 300.00		0.00	0.00	292 300.00	0.00
1122	应收账款	1 268 000.00		0.00	0.00	1 268 000.00	0.00
1231	坏账准备		6 340.00	0.00	0.00	0.00	6 340.00
1123	预付账款	180 000.00		0.00	0.00	180 000.00	0.00
1221	其他应收款	4 400.00		1 000.00	0.00	5 400.00	0.00
1402	在途物资			0.00	0.00	0.00	0.00
1403	原材料	1 414 708.00		5 000.00	2 100.00	1 417 608.00	0.00
1411	周转材料	43 797.00		0.00	0.00	43 797.00	0.00
1405	库存商品	372 040.00		30 100.00	20 100.00	382 040.00	0.00
1511	长期股权投资	250 000.00		0.00	0.00	250 000.00	0.00
1601	固定资产	6 686 000.00		0.00	0.00	6 686 000.00	0.00
1602	累计折旧		1 952 514.00	0.00	3 000.00	0.00	1 955 514.00
1604	在建工程			0.00	0.00	0.00	0.00
1606	固定资产清理			0.00	0.00	0.00	0.00
1701	无形资产	143 000.00		0.00	0.00	143 000.00	0.00
1702	累计摊销			0.00	0.00	0.00	0.00
1801	长期待摊费用			0.00	0.00	0.00	0.00
2001	短期借款		500 000.00	0.00	0.00	0.00	500 000.00
2201	应付票据		204 750.00	0.00	0.00	0.00	204 750.00
2202	应付账款		1 058 756.00			0.00	1 058 756.00
2211	应付职工薪酬		173 323.40	0.00	25 000.00	0.00	198 323.40
2221	应交税费		150 387.40	650.00	16 665.00	0.00	166 402.40
2231	应付利息			0.00	0.00	0.00	0.00
2241	其他应付款		86 454.00	0.00	0.00	0.00	86 454.00
2501	长期借款		860 400.00	0.00	0.00	0.00	860 400.00
2502	应付债券		100 000.00	0.00	0.00	0.00	100 000.00
2701	长期应付款		68 695.30	0.00	0.00	0.00	68 695.30
4001	实收资本		6 200 000.00	0.00	0.00	0.00	6 200 000.00
4002	资本公积		582 701.00	0.00	0.00	0.00	582 701.00
4101	盈余公积		300 000.00	0.00	0.00	0.00	300 000.00
4103	本年利润			64 000.00	64 000.00	0.00	0.00

03

续表

科目编码	科目名称	期初借方余额	期初贷方余额	本期借方发生额合计	本期贷方发生额合计	期末借方余额	期末贷方余额
4104	利润分配		126 000.00	0.00	25 035.00	0.00	151 035.00
5001	生产成本	40 000.00		20 100.00	30 100.00	30 000.00	0.00
5101	制造费用			0.00	0.00	0.00	0.00
6001	主营业务收入			64 000.00	64 000.00	0.00	0.00
6111	投资收益			0.00	0.00	0.00	0.00
6401	主营业务成本			20 100.00	20 100.00	0.00	0.00
6402	其他业务成本			0.00	0.00	0.00	0.00
6403	税金及附加			0.00	0.00	0.00	0.00
6601	销售费用			0.00	0.00	0.00	0.00
6602	管理费用			10 400.00	10 400.00	0.00	0.00
6603	财务费用			120.00	120.00	0.00	0.00
6711	营业外支出			0.00	0.00	0.00	0.00
6801	所得税费用			8 345.00	8 345.00	0.00	0.00
合计		12 370 321.10	12 370 321.10	298 135.00	298 135.00	12 439 371.10	12 439 371.10

3．实训要求

（1）编制青岛宏发公司 2021 年 7 月的资产负债表。

（2）编制青岛宏发公司 2021 年 7 月的利润表。

（3）编排会计报表，使之更符合财务人员的习惯。

项目四

Excel 2010 在工资管理中的应用

知识目标 ↓

1. 掌握工资核算系统的业务处理流程。
2. 掌握工资的计算方法。

能力目标 ↓

1. 学会使用 Excel 2010 设计工资核算系统。
2. 学会运用筛选及数据分析工具进行工资数据的汇总和查询。

素质目标 ↓

1. 树立精益求精、严谨务实的工作作风，严格遵守公司内部章程。
2. 遵守职业道德、依法办事、保守秘密,不随意泄露公司的基本情况及员工工资。

工作情境与分析 ↓

一、情境

李娜使用 Excel 2010 完成了建账、编制会计报表的工作之后，体会到用 Excel 2010 代替手工操作的好处。运用 Excel 2010 不仅能减少重复性工作，提高工作效率，还能够使财务人员从繁重的日常核算工作中解脱出来。于是，她又有了新的想法——尝试用 Excel 2010 设计工资核算系统。

丰源公司主要有 7 个部门，即企划部、财务部、后勤部、组装部、机修部、销售部和供应部；共有 20 名员工，主要有 7 种职工类别，即公司经理、管理人员、部门经理、基本生产人员、辅助生产人员、销售人员和采购人员。每名员工的工资项目包括基本工资、岗位工资、职务津贴、奖金、事假扣款、病假扣款、住房公积金和个人所得税。2021 年 6 月，该公司职工的基本工资信息如表 4-1 所示。

表 4-1 丰源公司职工的基本工资信息

职工代码	职工姓名	性别	年龄	部门	工作岗位	职工类别	事假天数	病假天数	基本工资/元
001	杨丰源	男	42	企划部	公司经理	公司经理	1		5 000
002	李丽	女	35	企划部	职员	管理人员			3 000
003	张静	女	34	财务部	部门经理	部门经理		2	4 000
004	李娜	女	22	财务部	职员	管理人员			3 000
005	刘敏	女	43	后勤部	职员	管理人员			2 500
006	赵辉	男	38	组装部	部门经理	部门经理			4 000
007	李明	男	26	组装部	生产人员	基本生产人员			3 600
008	张永	男	31	组装部	生产人员	基本生产人员			3 000
009	李立强	男	27	组装部	生产人员	基本生产人员			2 600
010	周国庆	男	30	组装部	生产人员	基本生产人员			2 400
011	李佳佳	女	29	组装部	生产人员	基本生产人员	1	2	2 400
012	张路	男	32	机修部	部门经理	部门经理			4 000
013	赵林	男	30	机修部	生产人员	辅助生产人员			3 000
014	李辉	男	26	销售部	部门经理	部门经理			3 500
015	宋涛	男	30	销售部	销售员	销售人员			1 600
016	王亮	男	25	销售部	销售员	销售人员	2		1 600
017	马帅	男	22	销售部	销售员	销售人员			1 600
018	赵伟	女	28	销售部	销售员	销售人员			1 600
019	章小蕙	女	32	供应部	部门经理	部门经理			3 600
020	梁冰	女	25	供应部	职员	采购人员		8	2 200

其他工资项目的发放情况及有关规定如下。

（1）岗位工资根据职工类别进行设置，具体标准如表 4-2 所示。

表 4-2 岗位工资标准

职工类别	岗位工资/元
公司经理	2 000.00
管理人员	1 600.00
部门经理	1 800.00
基本生产人员	1 200.00
辅助生产人员	1 200.00
销售人员	1 200.00
采购人员	1 200.00

（2）职务津贴是基本工资与岗位工资之和的 10%。

（3）奖金根据职工所在部门的不同分别设置，具体规定如表 4-3 所示。

表 4–3　　　　　　　　　　　　　　　　　　　奖金标准　　　　　　　　　　　　　　　　　　　单位：元

部门	奖金
企划部	1 000.00
财务部	800.00
后勤部	800.00
组装部	900.00
机修部	900.00
销售部	600.00
供应部	800.00

（4）请事假按日基本工资扣款。

（5）请病假每天扣款 50 元。

（6）住房公积金为应发工资的 15%。

（7）个人所得税根据应发工资的数额确定，具体规定如表 4-4 所示。

表 4–4　　　　　　　　　　　　　　　个人所得税计算表　　　　　　　　　　　　　　　单位：元

全月应纳税所得额（元）	税率	速算扣除数
≤3 000	3%	0
(3 000,12 000]	10%	210
(12 000,25 000]	20%	1 410
(25 000,35 000]	25%	2 660
(35 000,55 000]	30%	4 410
(55 000,80 000]	35%	7 160
>80 000	45%	15 160

二、分析

职工工资管理是企业财务管理中不可或缺的组成部分。传统的工资核算和记录是依靠手工操作完成的，计算比较复杂，业务量大，常常需要花费大量的人力和时间。利用 Excel 2010 编制和管理职工的工资，不仅能确保工资核算的准确性，还能减少重复性的统计工作，提高工资管理的效率。

做好工资管理工作、正确计算职工工资，如实反映与监督工资资金的使用情况和职工工资的结算情况，是加强工资资金管理、降低工资费用的一个重要手段。工资管理的主要任务是通过工资资金计划反映工资的使用情况，监督企业严格执行国家颁布的有关工资政策和制度；正确计算每名职工应得的工资，反映和监督企业与职工的工资结算情况，贯彻按劳分配的原则；按照工资的用途，合理地分配工资费用，以便正确计算产品的成本。

利用 Excel 2010 进行工资管理的基本工作过程一般为：输入工资数据→设置工资项目→工资数据的查询与统计分析→编制工资费用分配表。

任务一　输入工资数据

输入工资数据即用 Excel 2010 建立工资结算单。工资结算单也称工资单，一般按车间、部门分别填制，每月一张。工资结算单按职工姓名分行填列应发工资、代扣款项和实发工资等。其用途如下。

（1）按职工姓名裁成"工资条"，连同工资发放给职工，以便职工核对。

（2）作为财务部门进行工资统计的依据。

（3）作为工资结算和支付的凭证，并据以进行工资结算的汇总核算。

微课 4-1　输入
工资数据

职工工资数据是进行工资管理的基础，需要建立一个 Excel 2010 工作簿来记录这些数据。输入工资数据有两种方法：直接在工作表中输入数据和"记录单"输入数据。

一、直接在工作表中输入数据

在工作表输入数据的操作步骤如下。

（1）新建一个 Excel 2010 工作簿，并将其命名为"工资核算"。打开"工资核算"工作簿，将 Sheet 1 工作表重命名为"基本工资信息表"，将丰源公司职工的基本工资信息、岗位工资标准、奖金标准、个人所得税计算表和职工信息等相关资料录入，再新建一个工作表，将其重命名为"工资结算单"。

（2）在"工资结算单"工作表的 A1 单元格中输入"工资结算单"，选择 A1:S1 单元格区域，将对齐方式设置为"合并后居中"。在 A3:S3 单元格区域中依次输入职工代码、职工姓名、性别、年龄、部门、工作岗位、职工类别、事假天数、病假天数、基本工资、岗位工资、职务津贴、奖金、事假扣款、病假扣款、应发工资、住房公积金、个人所得税和实发工资，如图 4-1 所示。

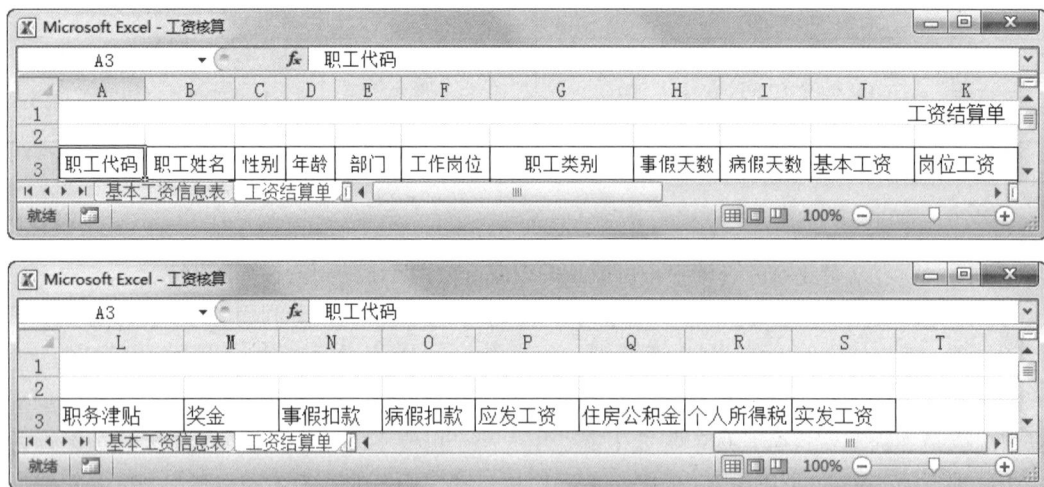

图 4-1　工资初始数据

（3）为了输入方便并防止出错，可对某些数据列设置数据有效性。首先对"性别"列设置数据有效性，选择 C4 单元格，单击"数据"选项卡下"数据工具"组中的"数据有效性"按钮，打开"数据有效性"对话框，在"设置"选项卡下的"允许"下拉列表框中选择"序列"选项，在"来源"文本框中输入"男,女"，然后单击　确定　按钮，即完成对"性别"列数据有效性的设置，如图 4-2 所示。设置完毕，使用填充柄复制功能，将鼠标指针移动到 C4 单元格右下角，当鼠标指针变为黑色十字形状时，按住鼠标左键不放，向下拖曳，即可将 C4 单元格中的数据有效性复制到 C 列的其他单元格中。

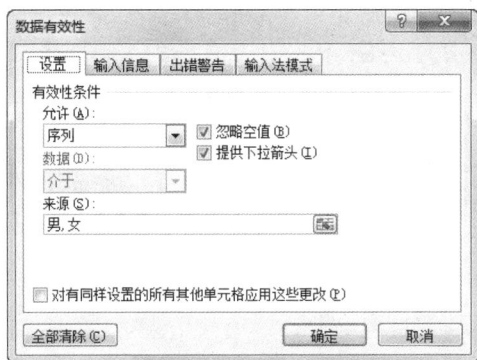

图 4-2 设置数据有效性

（4）采用同样的方法对"部门""工作岗位""职工类别"列进行数据有效性的设置。

（5）根据表 4-1 中所给数据分别输入"职工代码""职工姓名""性别""年龄""部门""工作岗位""职工类别""事假天数""病假天数""基本工资"等列的初始数据，其他数据项的信息暂不输入，部分效果如图 4-3 所示。

04

图 4-3 输入初始数据

二、"记录单"输入数据

在 Excel 2010 中，记录单可以显示为一个完整的记录对话框，用户可以在该对话框中输入、核对、查找及修改数据。利用记录单输入数据，不仅快捷方便，错误率也会降低很多。"记录单"输入数据的操作步骤如下。

（1）选择 A14 单元格，单击自定义快速访问工具栏上的"记录单"按钮 ，打开"工资结算单"对话框，如图 4-4 所示。

（2）单击 新建(W) 按钮，开始输入一条新的记录。输入完毕，单击 新建(W) 按钮，即可再次输入一条新的记录，如图 4-5 所示。单击 下一条(N) 按钮，可查询下一条记录；单击 上一条(P) 按钮，可查询上一条记录。

图 4-4　"工资结算单"对话框　　　　图 4-5　"记录单"输入

三、添加批注

给工作表添加批注，主要是为了说明表格中的公式是如何产生的，是用哪些数据产生图表或报告的，或者用于说明某个部门、某个人员的辅助信息。

根据表 4-5 为职工姓名添加批注。

表 4-5　　　　　　　　　　　　　　　职工信息

部门名称	负责人	内部电话	部门名称	负责人	内部电话
企划部	杨丰源	8000	组装部	赵辉	8201
企划部	李丽	8001	机修部	张路	8202
财务部	张静	8002	销售部	李辉	8301
后勤部	刘敏	8003	供应部	章小蕙	8302

添加批注的操作步骤如下。

（1）选择 B4 单元格，单击鼠标右键，在弹出的快捷菜单中选择"插入批注"命令，打开批注框，此时，该批注框处于编辑状态。

（2）输入批注内容"为法人代表，主管企划部，内部电话：8000。"

（3）添加了批注的单元格右上角会显示批注指示（红色小三角）。若要查看单元格的批注，只需要移动鼠标指针至该单元格上即可，如图 4-6 所示。

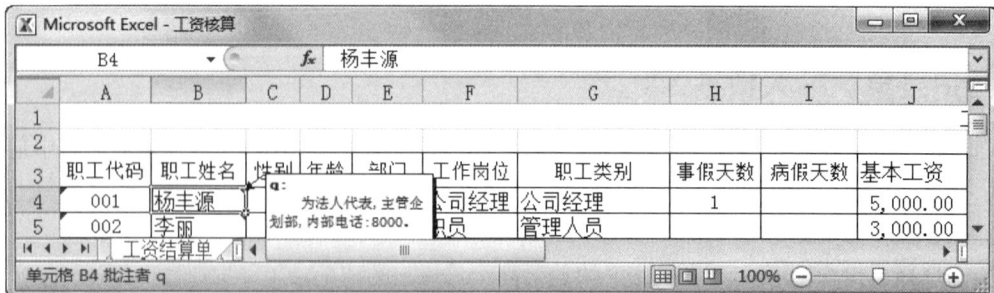

图 4-6　查看批注

（4）在带有批注的单元格上单击鼠标右键，在弹出的快捷菜单中选择"编辑批注""删除批注"和"显示/隐藏批注"命令，可以分别完成编辑批注、删除批注、显示和隐藏批注等操作。

任务二　设置工资项目

工资是指雇主或用人单位根据法律及行业的规定或与员工之间的约定，以货币形式对员工的劳动所支付的报酬，是劳务报酬中的主要形式。

一、设置工资项目分析

工资结算单的构成项目中部分项目是各企业都有的，为必备项目；部分项目是某类企业特有的；部分项目的数据长期不变，属于固定项目；部分项目可能每月都有变动，属于变动项目。因此，可以在 Excel 2010 数据列表中预先设置一些必备的工资项目，如应发工资、病假扣款、实发工资等，其他项目可根据需要自行增删和修改。

二、设置具体项目

因工种、岗位的区别，企业需要选择适合其劳动特点的工资制度，下面根据任务一提供的有关信息为工资结算单设置具体项目。

1. 设置"岗位工资"项目

根据丰源公司的规定，"岗位工资"是根据"职工类别"进行设置的，其操作步骤如下。

（1）选择 K4 单元格，单击编辑栏中的"插入函数"按钮 *fx*，在打开的"函数参数"对话框中选择 IF 函数，单击 确定 按钮。

微课 4-2　设置"岗位工资"项目

（2）输入 IF 函数的各参数，如图 4-7 所示。其含义是：如果 G4 单元格中的值为"公司经理"，则返回的值是 2 000，否则又有 3 种情况，所以在第 3 个参数的文本框中继续单击 IF 函数进行进一步判断。如果 G4 单元格中的值为"管理人员"，则返回的值为 1 600；如果不是，则继续单击 IF 函数进行判断；如果 G4 单元格中的值为"部门经理"，则返回的值为 1 800；如果不是，则 IF 函数的值为 1 200。

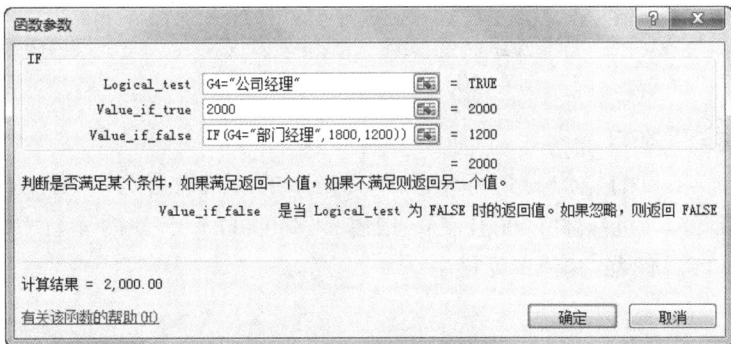

图 4-7　IF 函数参数设置

（3）因为 G4 单元格中的内容为"公司经理"，所以 K4 单元格中返回的值为 2 000，如图 4-8 所示。将 K4 单元格中的公式复制到 K 列的其他单元格中，结果如图 4-9 所示。

2. 设置"职务津贴"项目

根据丰源公司的规定，职务津贴是基本工资与岗位工资之和的 10%，则设置"职务津贴"项目的操作为：将 L4 单元格中的公式设置为"=(J4+K4)*0.1"，如图 4-10 所示，再将 L4 单元格中的公式复制到 L 列的其他单元格中。

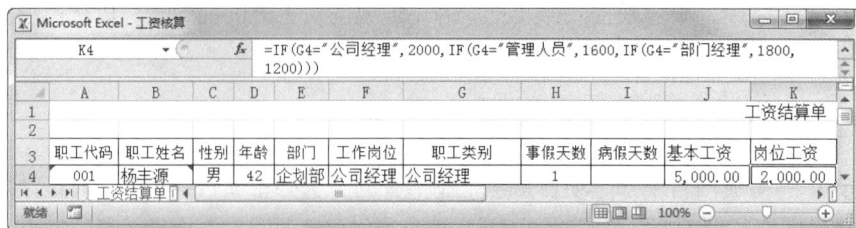

图 4-8　设置公司经理的岗位工资

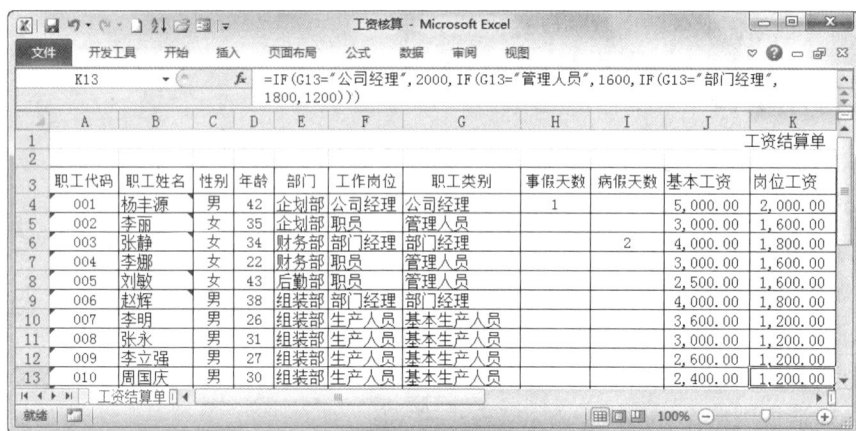

图 4-9　复制公式后的结果

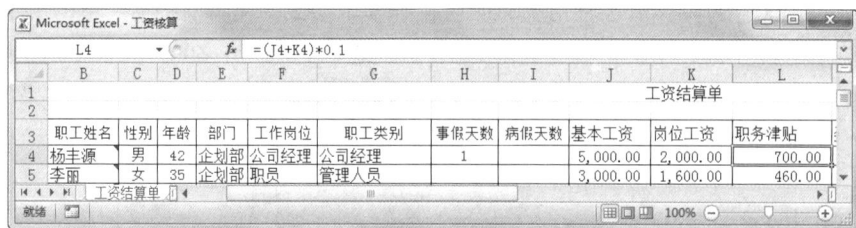

图 4-10　设置"职务津贴"项目

3. 设置"奖金"项目

设置"奖金"项目的操作为：将 M4 单元格中的公式设置为"=IF(E4="企划部",1000,IF(OR(E4="组装部",E4="机修部"),900,IF(E4="销售部",600,800)))"，如图 4-11 所示，再将 M4 单元格中的公式复制到 M 列的其他单元格中。

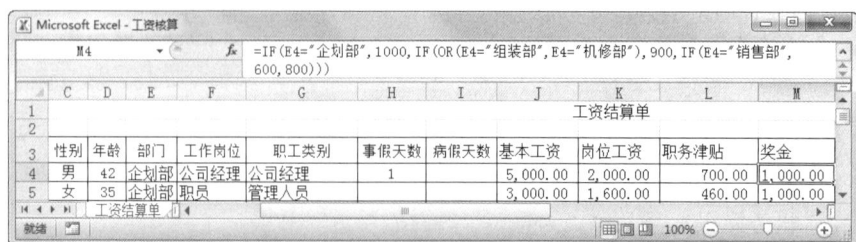

图 4-11　设置"奖金"项目

4. 设置"事假扣款"项目

根据丰源公司的规定，请事假按日基本工资扣款，则设置"事假扣款"项目的操作为：将 N4 单元格中的公式设置为"=ROUND(J4/22*H4,2)"，如图 4-12 所示，再将 N4 单元格中的公式复制到 N 列的其他单元格中。

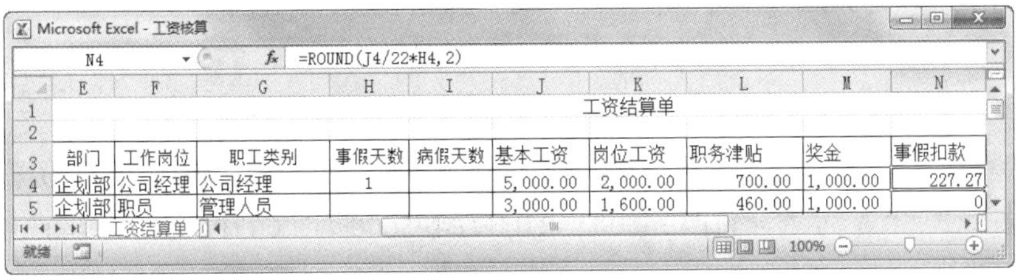

图 4-12　设置"事假扣款"项目

5. 设置"病假扣款"项目

根据丰源公司的规定，请病假每天扣款 50 元，则设置"病假扣款"项目的操作为：将 O4 单元格中的公式设置为"=I4*50"，如图 4-13 所示，再将 O4 单元格中的公式复制到 O 列的其他单元格中。

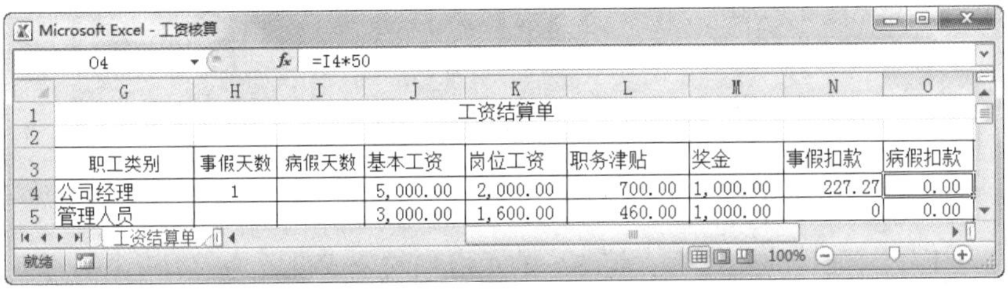

图 4-13　设置"病假扣款"项目

6. 设置"应发工资"项目

应发工资为基本工资、岗位工资、职务津贴与奖金之和减去事假扣款和病假扣款，设置"应发工资"项目的操作为：将 P4 单元格中的公式设置为"=SUM(J4:M4)-N4-O4"，如图 4-14 所示，再将 P4 单元格中的公式复制到 P 列的其他单元格中。

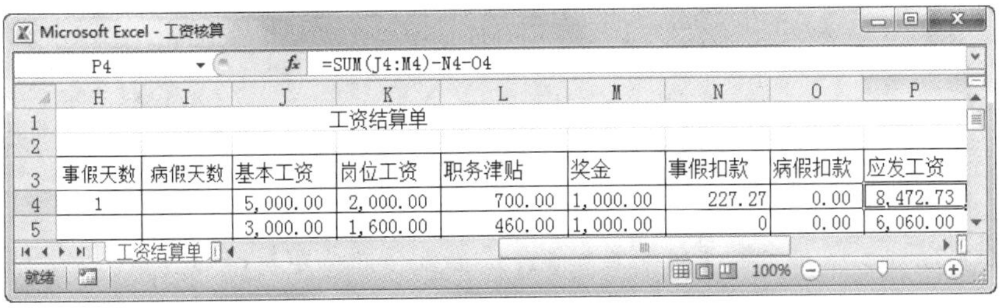

图 4-14　设置"应发工资"项目

7. 设置"住房公积金"项目

根据丰源公司的规定，住房公积金为应发工资的 15%，则设置"住房公积金"项目的操作为：将 Q4 单元格中的公式设置为"=ROUND(P4*0.15,2)"，如图 4-15 所示，再将 Q4 单元格中的公式复制到 Q 列的其他单元格中。

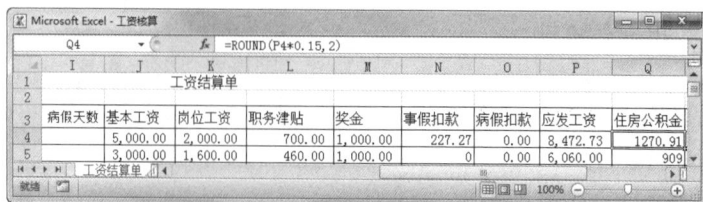

图 4-15　设置"住房公积金"项目

8. 设置"个人所得税"项目

个人所得税应根据应发工资的数额来确定，因此设置"个人所得税"项目的操作为：将 R4 单元格中的公式设置为"=IF(P4−5000<=0,0,IF(P4−5000<=3000,(P4−5000)*0.03,IF(P4−5000<=12000,(P4−5000)*0.1−210,IF(P4−5000<=25000,(P4−5000)*0.2−1410,(P4−5000)*0.25−2660))))"，如图 4-16 所示，再将 R4 单元格中的公式复制到 R 列的其他单元格中。此公式运用了 4 级 IF 函数嵌套。

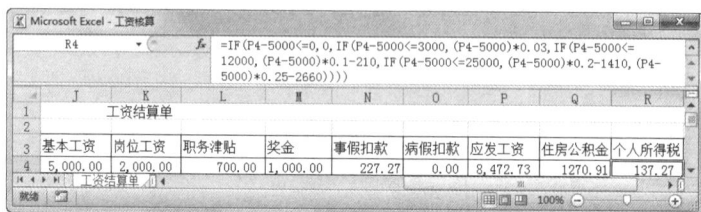

图 4-16　设置"个人所得税"项目

9. 设置"实发工资"项目

设置"实发工资"项目的操作为：将 S4 单元格中的公式设置为"=P4−Q4−R4"，再将 S4 单元格中的公式复制到 S 列的其他单元格中，部分效果如图 4-17 所示。

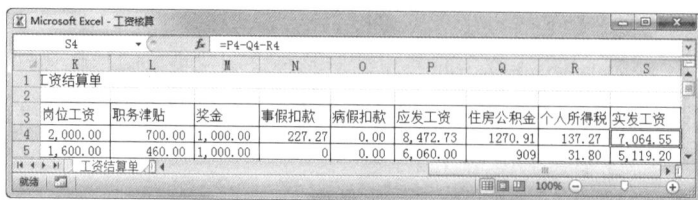

图 4-17　设置"实发工资"项目

任务三　工资数据的查询与统计分析

工作中如果需要了解某个职工的工资情况，还需要按照一定标准对工资数据进行汇总分析。

一、利用筛选功能查询工资数据

如果要利用筛选功能查询工资数据，首先需要进入筛选状态。选择工资数据，单击"数据"选项卡下"排序和筛选"组中的"筛选"按钮，进入筛选状态，这时每个字段右侧会出现一个下拉按钮，如图 4-18 所示。

微课 4-3　工资数据的查询与统计分析

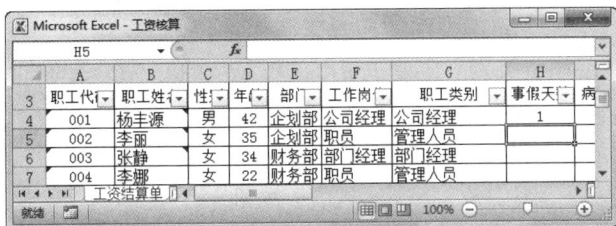

图 4-18　进入筛选状态

1. 以"职工姓名"为依据进行查询

以"职工姓名"为依据查询职工的工资情况，以"李丽"为例，其操作方法为：单击"职工姓名"右侧的下拉按钮 ，打开图 4-19 所示的面板，取消选中"全选"复选框，选中"李丽"复选框，单击 确定 按钮。查询结果如图 4-20 所示。

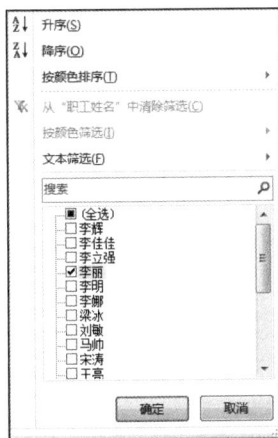

图 4-19　选择查询条件

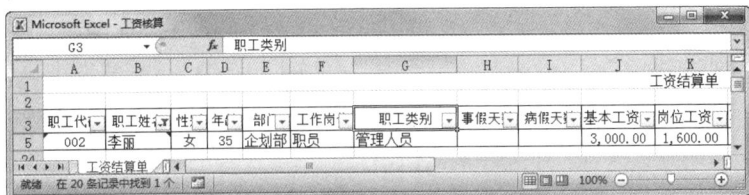

图 4-20　以"职工姓名"为依据的查询结果

2. 以"部门"为依据进行查询

以"部门"为依据查询所有职工的工资情况，以"机修部"为例，其操作方法为：单击"部门"右侧的下拉按钮 ，取消选中"全选"复选框，选中"机修部"复选框，单击 确定 按钮。查询结果如图 4-21 所示。

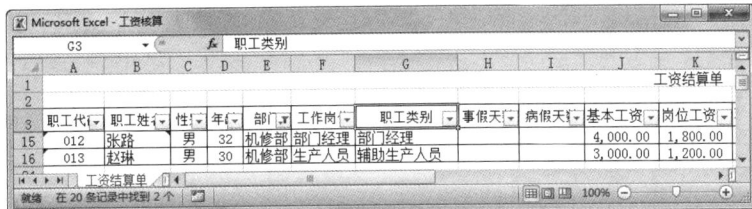

图 4-21　以"部门"为依据的查询结果

如果要退出筛选状态，则再次单击"筛选"按钮 即可。

二、依据部门和职工类别进行统计分析

运用 Excel 2010 对职工工资的基本数据进行处理，可以简便、快捷地对这些数据进行分析，为管理者提供很大的帮助。

1．计算每一部门、每一职工类别"应发工资"的汇总数

计算每一部门、每一职工类别"应发工资"的汇总数的操作步骤如下。

（1）选择带有数据的单元格区域中的任意一个单元格，单击"插入"选项卡下"表格"组中的"数据透视表"按钮 ，打开"创建数据透视表"对话框，如图4-22所示。

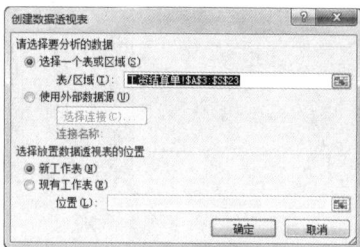

（2）在"选择放置数据透视表的位置"栏下选中"新工作表"单选项，单击 确定 按钮。

图4-22 "创建数据透视表"对话框

完成数据透视表的创建后，将自动在当前工作表左侧添加新的工作表，同时显示"数据透视表字段列表"任务窗格，如图4-23所示。

图4-23 数据透视表的设置

（3）将"部门"字段拖曳至"行标签"区域中，将"职工类别"字段拖曳至"列标签"区域中，将"应发工资"字段拖曳至"数值"区域中，如图4-24所示。新工作表中将显示"应发工资"按部门与职工类别汇总的数据透视表，如图4-25所示。

图4-24 数据透视表的布局

图4-25 数据透视表

（4）选择数据透视表中的任意一个单元格，单击"数据透视表工具—选项"选项卡下"工具"组中的"数据透视图"按钮 ，打开"插入图表"对话框，在左侧列表中选择"柱形图"选项，在右侧选择堆积柱形图，单击 确定 按钮后，则在当前界面生成一张数据透视图，如图 4-26 所示。

（5）选择数据透视图中的任意一个柱形，单击鼠标右键，在弹出的快捷菜单中选择"添加数据标签"命令，即可在数据透视图相应位置处显示数据透视表中相关人员的应发工资总额，如图 4-27 所示。

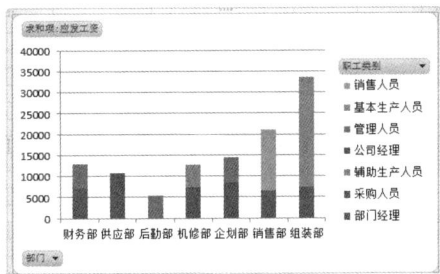

图 4-26　数据透视图

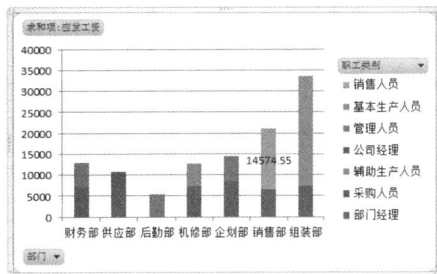

图 4-27　添加数据标签

2. 计算每一部门、每一职工类别"应发工资"的平均数

选择"应发工资"对应的 A3 单元格，单击鼠标右键，在弹出的快捷菜单中选择"值字段设置"命令，打开"值字段设置"对话框，在"值汇总方式"选项卡下选择"平均值"选项，单击 确定 按钮，如图 4-28 所示。汇总结果如图 4-29 所示。

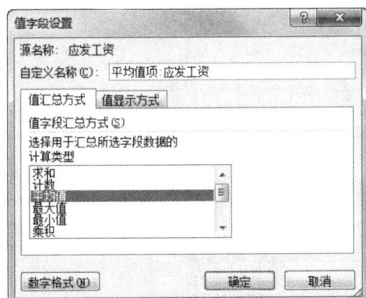

图 4-28　选择"平均值"计算类型

图 4-29　"应发工资"平均值汇总结果

3. 计算每一部门、每一职工类别"应发工资"的汇总数占"应发工资"总和的百分比

打开"值字段设置"对话框，在"值汇总方式"选项卡下选择"求和"选项，在"值显示方式"选项卡下选择"全部汇总百分比"选项，如图 4-30 所示。汇总结果如图 4-31 所示。

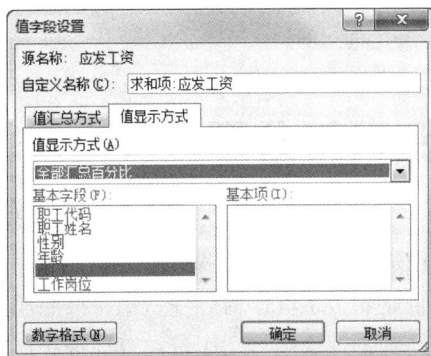

图 4-30　选择"值汇总方式"和"值显示方式"

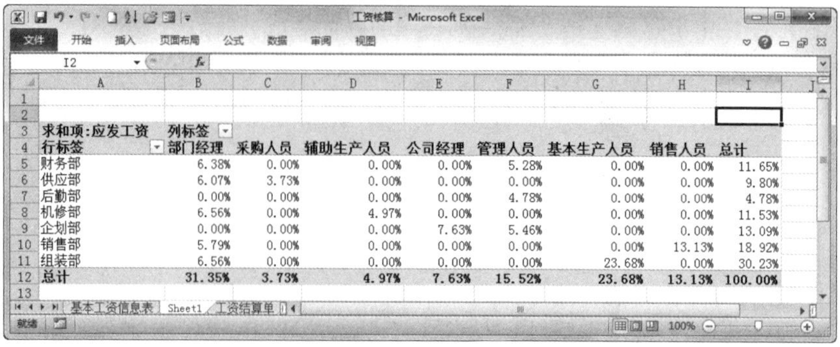

图 4-31　各部门、各职工类别"应发工资"所占的百分比汇总

如果选择"列汇总的百分比"或"行汇总的百分比"选项，还可以计算同一职工类别中不同部门应发工资占比（见图 4-32），或同一部门中不同职工类别应发工资占比（见图 4-33）。

图 4-32　同一职工类别中不同部门应发工资占比

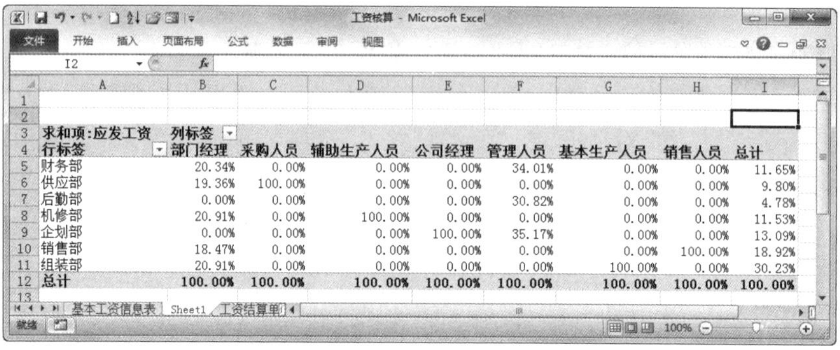

图 4-33　同一部门中不同职工类别应发工资占比

任务四　编制工资费用分配表

工资费用是每一个企业必然要发生的一项重要费用，财务人员应当能够将各部门、各岗位人员的工资费用进行正确的归集和分配。

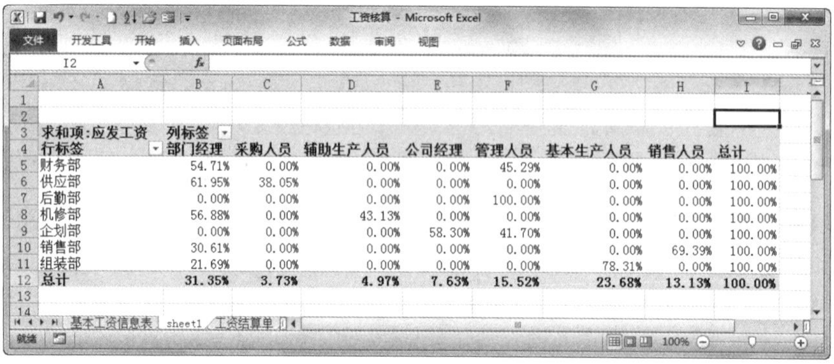

工资费用的分配，是指将企业职工工资作为一项费用，按照职工所在的部门或岗位分别计入产品成本或经营管理费用等。工资结算凭证中所列各车间、部门各种用途的应付工资额，就是分配工资费用的依据。

微课 4-4　设置工资费用分配表格式

一、工资费用分配表的格式设置

工资费用分配表属于企业自制原始凭证,丰源公司设计的工资费用分配表的格式如表4-6所示。

表 4-6　　　　　　　　　　　　　　工资费用分配表

年　月　日　　　　　　　　　　　　　　　　　　　　　　单位:元

部门			分配项目	
			工资总额	职工福利费（14%）
企划部				
财务部				
后勤部				
制造部	基本生产人员	组装部		
	工作人员	机修部		
	部门经理	组装部		
供应部				
销售部				
合计				

使用 Excel 2010 设置工资费用分配表格式的操作步骤如下。

（1）打开"工资核算"工作簿,将 Sheet 2 工作表重命名为"工资费用分配表"。

（2）选择 A1 单元格,输入"工资费用分配表"。

（3）选择 A1:E1 单元格区域,设置对齐方式为"合并后居中"。选择 A3:C4 单元格区域,设置对齐方式为"合并后居中"。

（4）选择 A3 单元格,单击"开始"选项卡下"单元格"组中的"格式"按钮，,在打开的下拉列表中选择"设置单元格格式"选项。打开"设置单元格格式"对话框,单击"边框"选项卡下的按钮,即可在该单元格中添加斜线。在 A3 单元格中输入"分配项目部门"后,在"设置单元格格式"对话框中单击"对齐"选项卡,在"文本对齐方式"栏下的"水平对齐"下拉列表中选择"靠左（缩进）"选项,在"垂直对齐"下拉列表中选择"靠上"选项;在"文本控制"栏下选中"自动换行""合并单元格"复选框,如图 4-34 所示。单击 确定 按钮,双击 A3 单元格或单击编辑栏,在"分配项目部门"前面敲空格,直至单元格内的文字自动换行即可。

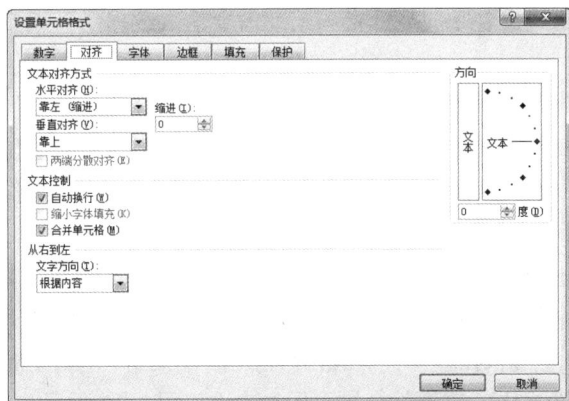

图 4-34　设置"对齐"选项卡

（5）根据表4-6的内容输入工资费用分配表的其他相关项目。

（6）将A8:A10单元格区域合并为一个单元格，并设置自动换行。

（7）选择1～13行，单击鼠标右键，在弹出的快捷菜单中选择"行高"命令，打开"行高"对话框，在"行高"文本框中输入"18"，单击 确定 按钮。

（8）选择A～C列，单击鼠标右键，在弹出的快捷菜单中选择"列宽"命令，打开"列宽"对话框，在"列宽"文本框中输入"12"，单击 确定 按钮。按照相同的方法设置D～E列的列宽为"20"。

（9）选择D5:E13单元格区域，单击"开始"选项卡下"单元格"组中的"格式"按钮，在打开的下拉列表中选择"设置单元格格式"选项，打开"设置单元格格式"对话框，单击"数字"选项卡。在"分类"列表中选择"自定义"选项；在"类型"选项区域下选择"#,##0.00;[红色]-#,##0.00"选项。

（10）选择A1单元格，设置字体格式为"隶书""加粗""20号""深红色"；选择A2单元格，设置字体为"宋体""12号"。

（11）选择A3:E13单元格区域，设置内边框为细线，外边框为粗线。

完成以上操作后的效果如图4-35所示。

图4-35　工资费用分配表格式

二、工资费用分配表的编制步骤

工资费用分配表的格式设置完成后，接下来就需要输入数据了，编制工资费用分配表的具体操作步骤如下。

（1）打开"工资核算"工作簿，将存放数据透视表的"Sheet 1"工作表重命名为"工资总额汇总表"。此时，应将"工资总额汇总表"工作表的值显示方式从"行汇总百分比"更改为"无计算"，否则"工资费用分配表"工作表中的各项数据无法正确显示。

（2）打开"工资费用分配表"工作表，设置"工资总额"计算公式。输入日期2021年6月20日，然后再选择D5单元格，输入"="，切换到"工资总额汇总表"工作表，选择"企划部"对应的合计金额I9单元格，按【Enter】键确认后，"工资总额汇总表"工作表I9单元格中的数据就会被引用过来，如图4-36所示。利用填充柄将D5单元格中的公式复制到D列的其他单元格中。

微课4-5　编制工资费用分配表

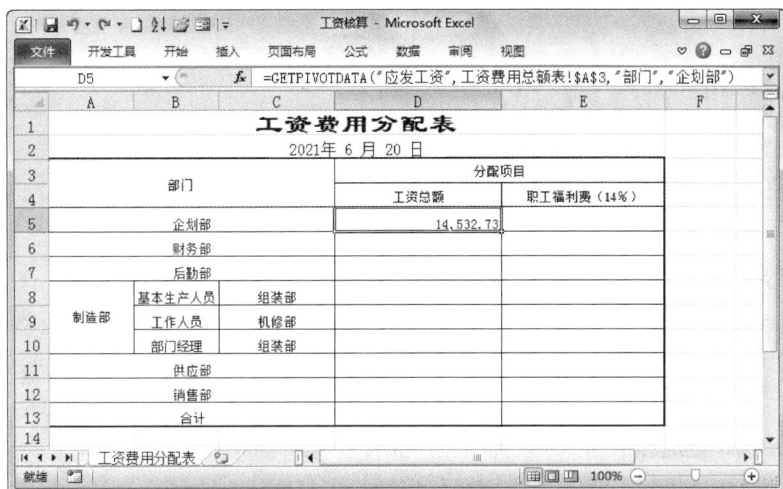

图 4-36　设置"工资总额"计算公式

（3）设置"职工福利费"计算公式。在 E5 单元格中输入"=D5*14%"，按【Enter】键确认。选择 E5 单元格，利用填充柄把公式往下复制到 E12 单元格中。

（4）设置"合计"计算公式。选择 D5:D12 单元格区域，单击"开始"选项卡下"编辑"组中的"自动求和"按钮Σ，完成工资总额求和。得到的计算结果如图 4-37 所示。

图 4-37　工资费用分配表计算结果

项目小结

本项目主要介绍运用 Excel 进行工资管理。首先介绍如何输入工资数据、设置工资项目，接下来介绍如何利用 Excel 的功能进行工资数据的查询与汇总分析，最后介绍如何编制工资费用分配表。通过学习本项目，学生能够学会使用 Excel 2010 设计工资核算系统，学会运用筛选及数据分析工具进行工资数据的汇总和查询。

项目实训

1. 实训目的

（1）学会使用Excel设计工资核算系统。

（2）学会运用筛选及数据分析工具进行工资数据的汇总和查询。

2. 实训资料

SC公司是一家小型工业企业，主要有3个部门——厂部、车间1、车间2，职工人数不多，主要有3种职务类别——管理人员、辅助管理人员、工人。每个职工的工资项目包括基本工资、岗位工资、福利费、副食补贴、奖金、事假扣款、病假扣款。除基本工资因人而异外，其他工资项目将根据职工职务类别和部门来确定，而且随时间的变化而变化。

2021年5月SC公司职工基本工资情况与出勤情况如表4-7所示。

表4-7　　　　　　　　2021年5月SC公司职工基本工资情况与出勤情况

职工代码	职工姓名	部门	性别	职工类别	年龄	基本工资/元	事假天数	病假天数
0001	刘明	厂部	男	管理人员	31	3 500	2	
0002	王娜	厂部	女	管理人员	41	3 000		2
0003	李强	厂部	男	管理人员	26	3 200		
0004	赵慧	车间1	女	工人	33	2 700		
0005	胡伟	车间1	男	工人	29	2 800	16	
0006	齐志	车间1	女	辅助管理人员	34	3 400		6
0007	孙家伟	车间2	女	工人	31	2 900		
0008	袁为民	车间2	男	工人	40	4 000		17
0009	张帅	车间2	男	工人	36	3 000		
0010	杨威	车间2	男	辅助管理人员	24	2 500	5	

其他工资项目的发放情况及有关规定如下。

（1）岗位工资：根据职工类别不同进行发放，工人为1 200元，辅助管理人员为1 500元，管理人员为1 800元。

（2）福利费：厂部职工的福利费为基本工资的50%，车间1工人的福利费为基本工资的20%，车间1辅助管理人员的福利费为基本工资的30%，车间2工人和辅助管理人员的福利费为基本工资的25%。

（3）副食补贴：基本工资大于等于3 000元的职工没有副食补贴，基本工资小于3 000元的职工的副食补贴为基本工资的5%。

（4）奖金：奖金根据部门的效益确定，本月厂部的奖金为500元，车间1的奖金为300元，车间2的奖金为700元。

（5）事假扣款规定：如果事假小于15天，则将基本工资平均分到每天（每月按22天计算），按天扣除；如果事假大于15天，则工人应发工资全部扣除，非工人扣除应发工资的80%。

（6）病假扣款规定：如果病假小于15天，则工人每天扣款40元，非工人每天扣款50元；如果病假大于15天，则工人每天扣款50元，非工人每天扣款60元。

（7）个人所得税计算表如表 4-4 所示。

3. 实训要求

为了满足企业的管理要求，可利用 Excel 2010 对工资情况进行如下汇总分析。

（1）计算每一个部门每一职工类别应发工资汇总数。

（2）计算每一个部门每一职工类别应发工资平均数。

（3）计算每一个部门应发工资数占总工资数的百分比。

（4）计算每一个职工类别应发工资数占总工资数的百分比。

（5）计算每一个部门每一职工类别应发工资数占总工资数的百分比。

04

项目五

Excel 2010 在固定资产管理中的应用

知识目标 ↓

1. 掌握固定资产核算系统的业务处理流程。
2. 掌握固定资产折旧的计算方法。

能力目标 ↓

1. 学会使用 Excel 2010 设计固定资产核算系统。
2. 学会运用筛选及数据分析工具进行固定资产数据的汇总和查询。

素质目标 ↓

1. 严格执行会计法律法规制度，保证会计工作有序进行。
2. 保持严格认真的态度对固定资产进行核算，确保企业的资产安全。

工作情境与分析 ↓

一、情境

李娜在 2021 年 6 月设计了一套 Excel 2010 工资核算系统，解决了手工工资核算工作量大、容易出错等难题，得到了领导的一致认可。于是她决定在 2021 年 7 月开始尝试用 Excel 2010 设计丰源公司的固定资产核算系统。

丰源公司对固定资产的管理流程如下：①固定资产购入后，先由各相关部门进行验收，并出具意见书；②根据购入固定资产的名称、数量、类别等信息填写固定资产入库单，填好后送交财务部；③财务部对购入的固定资产进行编号，填写固定资产卡片，贴上资产封条；④使用人办理固定资产使用手续。

丰源公司有企划部、财务部、后勤部、组装部、机修部、销售部和供应部 7 个部门，固定资产的所属部门在使用固定资产时，还需要负责该固定资产的日常维护。目前，丰源公司拥有的固定资产共 16 项，如表 5-1 所示。根据丰源公司的相关规定，固定资产需要在财务部进行集中管理，每个固定资产都有一张专属卡片，记录其增加方式、使用状况、开始使用日期、固定资产编号、规格型号、类别名称、部门名称、使用年限、原值、累计折旧、净残值、折旧方法、已计提月份、尚可使用月份等信息。

表 5-1　　　　　　　　　　　　　　丰源公司固定资产信息

资产编号	使用部门	固定资产名称	增加方式	使用状况	可使用年限/年	总工作量	开始使用日期	折旧方法	固定资产原值/元
1001	企划部	办公楼	在建工程转入	在用	30		2014/3/1	直线法	1 500 000
1002	组装部	厂房	在建工程转入	在用	30		2014/3/1	直线法	1 200 000
1003	机修部	厂房	在建工程转入	在用	30		2014/3/1	直线法	500 000
1004	组装部	车床	直接购入	在用	10		2014/5/1	直线法	80 000
1005	组装部	铣床	直接购入	在用	10		2014/5/1	直线法	180 000
1006	组装部	钳工平台	直接购入	在用	10		2014/5/1	直线法	70 000
1007	组装部	专用量具	直接购入	在用	10		2014/5/1	直线法	15 000
1008	组装部	磨床	直接购入	在用	10		2014/5/1	直线法	50 000
1009	后勤部	原料库	在建工程转入	在用	30		2014/3/1	直线法	300 000
1010	后勤部	成品库	在建工程转入	在用	30		2014/3/1	直线法	600 000
1011	企划部	复印机	直接购入	在用	3		2018/9/1	直线法	12 000
1012	财务部	计算机	直接购入	在用	3		2018/9/1	直线法	5 000
1013	销售部	计算机	直接购入	在用	3		2018/6/1	直线法	5 000
2001	企划部	汽车	直接购入	在用		400 000 千米	2016/3/1	工作量法	250 000
3001	组装部	吊车	直接购入	在用	10		2016/6/1	双倍余额递减法	150 000
4001	组装部	刨床	直接购入	在用	10		2015/9/1	年数总和法	20 000

表 5-1 所示 4 种折旧方法中，除了工作量法需要根据实际工作量计提折旧，另外 3 种方法都可用可使用年限计提折旧。表 5-1 中，企划部的汽车总里程为 400 000 千米，已累计行驶里程 200 000 千米，当月行驶 3 000 千米。

丰源公司的固定资产分为 4 类——厂房建筑物、机器设备、运输设备和办公设备。类别编号如下：厂房建筑物 011，机器设备 021，运输设备 031，办公设备 041。这 4 类固定资产的净残值率分别为 5%、4%、4% 和 3%。丰源公司现有固定资产卡片样式如表 5-2 所示。

表 5-2　　　　　　　　　　　　　丰源公司现有固定资产卡片样式

卡片编号			日期	
固定资产编号		固定资产名称		
类别编号		类别名称		
规格型号		部门名称		
增加方式		存放地点		
使用状况		使用年限	折旧方法	
开始使用日期		已计提月份	尚可使用月份	
原值		净残值率	净残值	
年份		年折旧额	累计折旧	年末折余价值
0				
1				

丰源公司固定资产日常管理的业务包括固定资产增加、减少、部门间的调拨，每月计提折旧等。

二、分析

固定资产是企业所持有的、使用年限较长、单位价值较高，并且在使用过程中保持其原有实物形态的资产，它是企业进行生产经营活动的物质基础。固定资产作为企业长期使用的财产，是生产能力的重要标志。固定资产在企业的资产总额中占有相当大的比重，日常的核算、管理非常烦琐；而且固定资产针对其在使用过程中造成的损耗需要计提折旧费用，折旧核算的工作量也很大，所以正确核算和计算固定资产对企业的生产经营具有重大的意义。

固定资产的管理涉及企业成立之初固定资产的购建及企业经营过程中固定资产的管理与更新、固定资产的处置等工作。

利用 Excel 2010 进行固定资产管理的基本工作过程为：输入固定资产卡片→固定资产的新增、减少和调拨→计提固定资产折旧→固定资产数据的查询与汇总分析。

任务一　输入固定资产卡片

05

"固定资产卡片"是固定资产管理中基础数据的载体，它是按照每一个独立的固定资产项目而设置的、用以进行固定资产明细核算的账簿。对于新增的每一项固定资产，企业都应根据有关凭证为其建立一张卡片，详细列明固定资产名称、规格型号、生产厂家、原值、折旧率、折旧方法及附属设备等情况；在固定资产使用过程中所发生的改建、扩建或技术改造，以及内部转移、停止使用等情况，都应在固定资产卡片中做相应的记录；固定资产投资转出、出售或报废清理时，应根据有关凭证将卡片注销，另行保管。一般情况下，固定资产卡片一式 3 份，分别由管理部门、使用保管部门和财会部门保管。

一、设计固定资产卡片样式

丰源公司从 2021 年 7 月开始用 Excel 2010 进行固定资产管理。首先要求对企业现有固定资产进行重新核对，按照统一的格式将各项固定资产的有关信息全部输入 Excel 2010 工作表中。设计固定资产卡片样式的操作步骤如下。

（1）新建 Excel 2010 工作簿，命名为"固定资产卡片"。打开"固定资产卡片"工作簿，将 Sheet 1 工作表重命名为"固定资产初始资料"，输入丰源公司的固定资产信息，便于后期资料的查找。再新建一个工作表，将其重命名为"固定资产卡片样式"。

微课 5-1　设计固定资产卡片样式

（2）在"固定资产卡片样式"工作表中输入表 5-2 所示的固定资产卡片项目。

（3）合并单元格。分别合并 A1:F1、B2:D2、D3:F3、D4:F4、D5:F5、D6:F6、B10:D10、B11:D11、B12:D12 等单元格区域。

（4）设置单元格格式。将 A1、A2:A10、B10、C3:C10、E2、E7:E10、F10 等单元格及单元格区域的数据设置为文本类型，居中；将 A11:A12 单元格区域的数据设置为常规类型，居中；将 B2、B3:B7、D3:D6、F7 等单元格的数据设置为文本类型，左对齐；将 F2、B8 单元格的数据设

置为日期型，选择格式为"2001/3/14"；将 B9、F9、B11:F12 等单元格设置为数值型，小数位数为 2，使用千位分隔符，设置"负数"格式为"-1,234.10"，并设置右对齐；将 D7:D8、F8 等单元格设置为数值型，小数位数为 0，使用千位分隔符，设置"负数"格式为"-1,234"，并设置右对齐；将 D9 单元格设置为百分比类型、小数位为 2，并设置右对齐。

（5）添加表格线。选择 A2:F12 单元格区域，先设置成所有框线，再把外边框设置成粗框线。

完成以上操作步骤后的结果如图 5-1 所示。

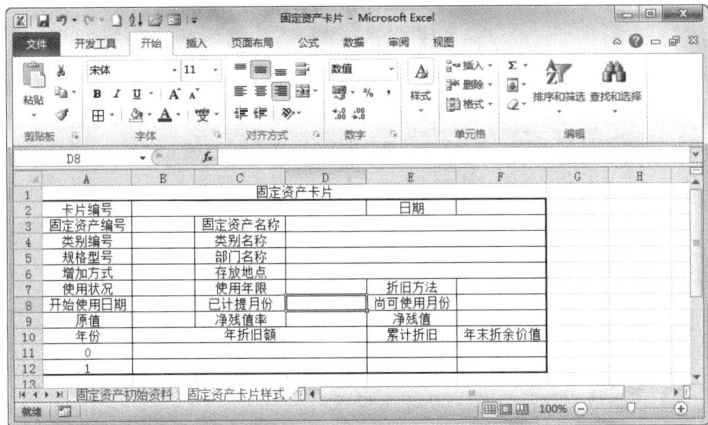

图 5-1　设置固定资产卡片样式

二、定义固定资产的折旧期限

无论采用哪种折旧方法，固定资产的"已计提月份""尚可使用月份"和"净残值"公式都是一样的，可以运用函数设置它们的公式。

（1）选择 D8 单元格，输入公式"=IF(((YEAR(TODAY())-YEAR(B8))*12+(MONTH(TODAY())-MONTH(B8))-1)>0,(YEAR(TODAY())-YEAR(B8))*12+(MONTH(TODAY())-MONTH(B8))-1,0)"，其中，TODAY()为计算机系统时间，如图 5-2 所示。

● DAY 函数、MONTH 函数、YEAR 函数

【类型】日期函数。

【格式】DAY(<日期型表达式>), MONTH(<日期型表达式>),YEAR(<日期型表达式>)。

【功能】对日期型表达式求值，从中分别抽取出日、月、年的序号。该日、月、年的序号以数字表示。

例如，"=DAY(DATE(2021,7,5))"，返回值：5。

● TODAY 函数

【类型】日期函数

【格式】TODAY()

【功能】按指定的格式返回系统的当前日期。

例如，求系统日期的方法如下（若系统当前日期为 2021 年 7 月 5 日）。

输入"=TODAY()"，返回值：2021/7/5。

输入"=MONTH(TODAY())"，返回值：7。

输入"=YEAR(TODAY())"，返回值：2021。

在 D8 单元格的公式中，(YEAR(TODAY())–YEAR(B8))*12 表示的是当前日期（计算机系统日期）对应的年份减去开始使用日期对应的年份后的结果所换算的月份数，而(MONTH(TODAY())–MONTH(B8))–1 表示当前日期对应的月份减去开始使用日期对应的月份再减 1（当月新增的固定资产下月再计提折旧）。D8 单元格的公式的含义是：如果(YEAR(TODAY())–YEAR(B8))*12+(MONTH(TODAY())–MONTH(B8))–1 的结果大于 0，则返回该结果，否则返回数值 0。

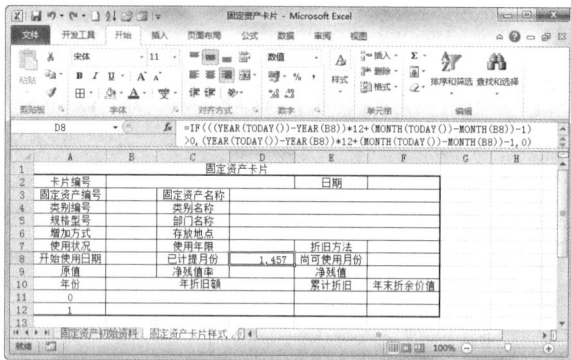

图 5-2　"已计提月份"计算公式

（2）在 F8 单元格中输入公式"=$D$7*12-$D$8"。

（3）在 F9 单元格中输入公式"=$B$9*$D$9"。

三、定义直线法下的固定资产卡片样式

直线法是指按固定资产的使用年限平均计提折旧的一种方法，它也是 4 种折旧方法中较为简单、普遍的一种。定义直线法下的固定资产卡片样式的操作步骤如下。

微课 5-2　定义直线法下的固定资产卡片样式

（1）在"固定资产卡片"工作簿中打开"固定资产卡片样式"工作表。复制该工作表，并将其重命名为"固定资产卡片样式 P"。

（2）在 F7 单元格中输入"直线法"。

（3）选择 B12 单元格，单击编辑栏左侧的"插入函数"按钮 *fx*，打开"插入函数"对话框。

（4）在"或选择类别"下拉列表中选择"财务"选项，在"选择函数"列表中选择"SLN"选项，单击 确定 按钮，打开"函数参数"对话框。

（5）在原始价值"Cost"数值框中输入"$B$9"，在净残值"Salvage"数值框中输入"$F$9"，在折旧周期"Life"数值框中输入"$D$7"，如图 5-3 所示。

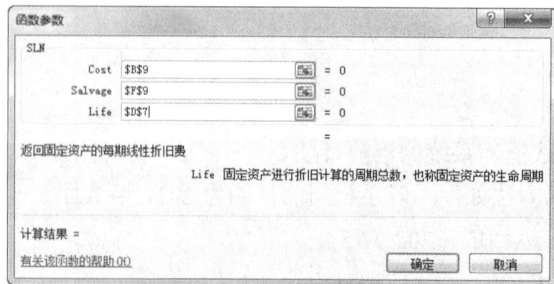

图 5-3　设置直线法计算公式

- SLN()函数为求直线法下年折旧额的函数。

【类型】财务函数。

【格式】SLN(cost,salvage,life)。

【功能】返回某项固定资产某一年的直线折旧额。

参数 cost、salvage、life 分别表示固定资产的原始价值、净残值和固定资产的折旧周期。

（6）单击 确定 按钮，在 B12 单元格中出现的计算结果为"#DIV/0!"。这个错误提示表示除数为 0、原因是 D7 单元格中目前无值。

（7）在 F11 单元格中输入公式"=$B$9"，在 E12 单元格中输入公式"=E11+B12"，在 F12 单元格中输入公式"=$F$11-E12"。

完成以上操作步骤后的结果如图 5-4 所示。

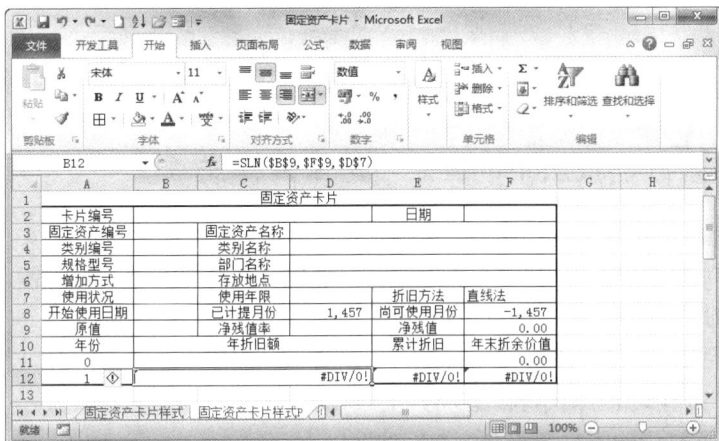

图 5-4　直线法下的固定资产卡片样式

四、定义工作量法下的固定资产卡片样式

工作量法是指以固定资产所提供的工作量为单位来计算折旧额的方法，可以是汽车的总行驶里程，也可以是机器设备的总工作小时等。工作量法的固定资产卡片样式与其他 3 种折旧方法的卡片样式略有不同，因此还需要修改卡片中的某些项目。

（1）在"固定资产卡片"工作簿中打开"固定资产卡片样式 P"工作表。复制"固定资产卡片样式 P"工作表，并将其重命名为"固定资产卡片样式 G"。

微课 5-3　定义工作量法下的固定资产卡片样式

（2）修改某些单元格的内容。清除 A11:A12 单元格区域中的数值，在 C7 单元格中输入"总工作量"，在 F7 单元格中输入"工作量法"，在 C8 单元格中输入"已完成工作量"，在 E8 单元格中输入"尚可完成工作量"，在 A10 单元格中输入"工作量"，在 B10 单元格中输入"单位折旧额"，在 F10 单元格中输入"折余价值"，在 G10 单元格中输入"本月折旧"。

（3）对计算公式进行修改。将 D8 单元格中的公式修改为"=SUM($A$11:$A$12)"，将 F8 单元格中的公式修改为"=$D$7-$D$8"，将 B12 单元格中的公式修改为"=($B$9-$F$9)/$D$7"，将 E12 单元格中的公式修改为"=E11+B12*A12"，在 G12 单元格中输入公式"=A12*B12"。

完成以上操作步骤后的结果如图 5-5 所示。

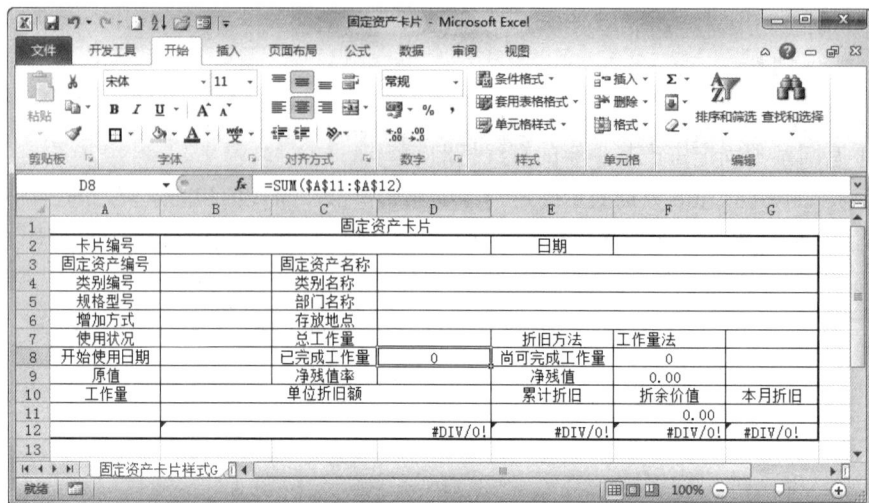

图 5-5　工作量法下的固定资产卡片样式

五、定义双倍余额递减法下的固定资产卡片样式

双倍余额递减法是指在不考虑固定资产预计残值的情况下，将每期固定资产的期初账面净值乘以折旧，从而计算折旧额的一种加速折旧的方法。定义双倍余额递减法下的固定资产卡片样式的操作步骤如下。

（1）在"固定资产卡片"工作簿中打开"固定资产卡片样式 P"工作表。复制"固定资产卡片样式 P"工作表，并将其重命名为"固定资产卡片样式 S"。

（2）在 F7 单元格中输入"双倍余额递减法"。

（3）选择 B12 单元格，单击编辑栏左侧的"插入函数"按钮 *fx*，打开"插入函数"对话框。

（4）在"或选择类别"下拉列表中选择"财务"选项，在"选择函数"列表中选择"DDB"选项，单击 确定 按钮，打开"函数参数"对话框。

（5）在原始价值"Cost"数值框中输入"$B$9"，在净残值"Salvage"数值框中输入"$F$9"，在折旧周期"Life"数值框中输入"$D$7"，在折旧计算的期次"Period"数值框中输入"A12"。输入结果如图 5-6 所示。

微课5-4　定义双倍余额递减法下的固定资产卡片样式

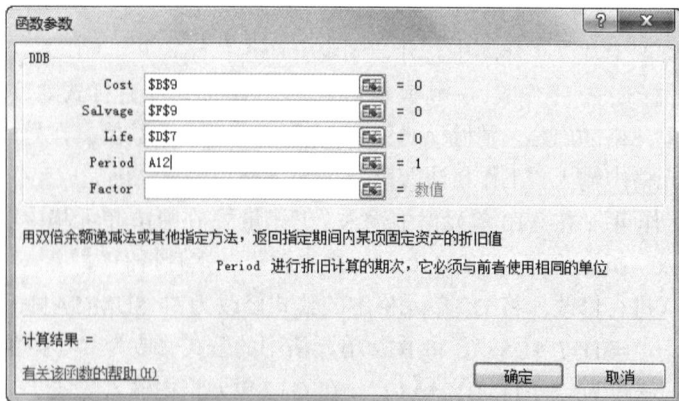

图 5-6　设置双倍余额递减法计算公式

- DDB()函数为双倍余额递减法下计提折旧的函数。

【类型】财务函数。

【格式】DDB(cost,salvage,life,period,factor)。

【功能】根据双倍余额递减法或其他方法，返回某项固定资产指定期间的折旧额。

参数 cost、salvage、life 分别表示固定资产的原始价值、净残值和固定资产折旧周期；参数 period 表示进行折旧计算的期次，它必须和参数 life 的单位保持一致；参数 factor 表示"折旧的加速因子"，是可选项，默认值为 2，代表双倍余额递减，如果取值为 3，代表 3 倍余额递减。

（6）单击 确定 按钮，在 B12、E12、F12 单元格中会出现计算结果"#NUM!"，原因是函数中引用的单元格无值。完成后的结果如图 5-7 所示。

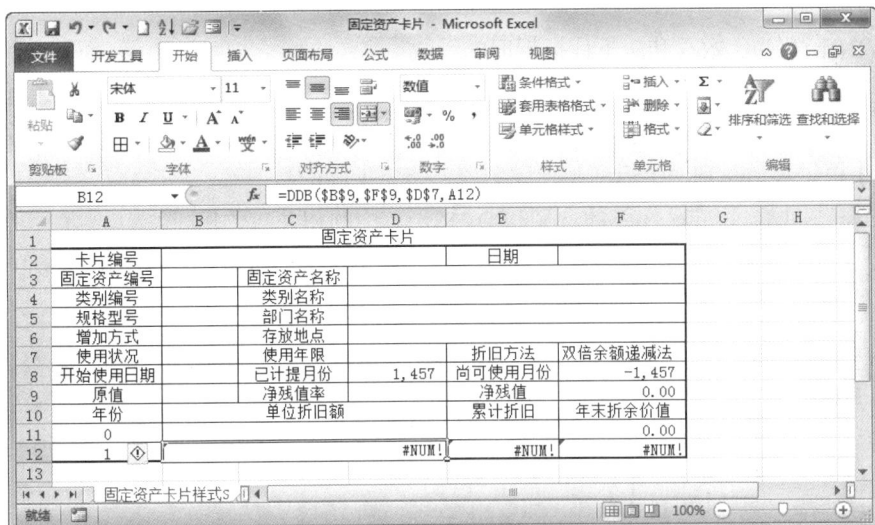

图 5-7　双倍余额递减法下的固定资产卡片样式

六、定义年数总和法下的固定资产卡片样式

年数总和法是指用固定资产原值减去预计净残值后的金额，再乘以固定资产的折旧率，以此来计算折旧额的一种加速折旧的方法。定义年数总和法下的固定资产卡片样式的操作步骤如下。

（1）在"固定资产卡片"工作簿中，打开"固定资产卡片样式 P"工作表。复制"固定资产卡片样式 P"工作表，并将其重命名为"固定资产卡片样式 N"。

（2）在 F7 单元格中输入"年数总和法"。

（3）选择 B12 单元格，单击编辑栏左侧的"插入函数"按钮 fx，打开"插入函数"对话框。

（4）在"或选择类别"下拉列表中选择"财务"选项，在"选择函数"列表中选择"SYD"选项，单击 确定 按钮，打开"函数参数"对话框。

（5）在原始价值"Cost"数值框中输入"$B$9"，在净残值"Salvage"数值框中输入"$F$9"，在折旧周期"Life"数值框中输入"$D$7"，在折旧计算期次"Per"数值框中输入"A12"，如图 5-8 所示。

微课 5-5　定义年数总和法下的固定资产卡片样式

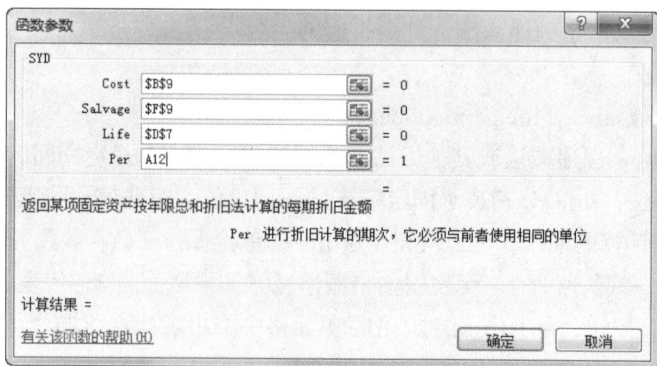

图 5-8　设置年数总和法计算公式

- SYD()函数为年数总和法下计提折旧的函数。

【类型】财务函数。

【格式】SYD(cost,salvage,life,per)。

【功能】根据年数总和法，返回某项固定资产指定期间的折旧额。

参数 cost、salvage、life、per 的含义和 DDB 函数中的相关参数相同。

（6）单击 确定 按钮，显示计算结果为 "#NUM!"，原因是该函数中引用的单元格无值。完成以上操作步骤后的结果如图 5-9 所示。

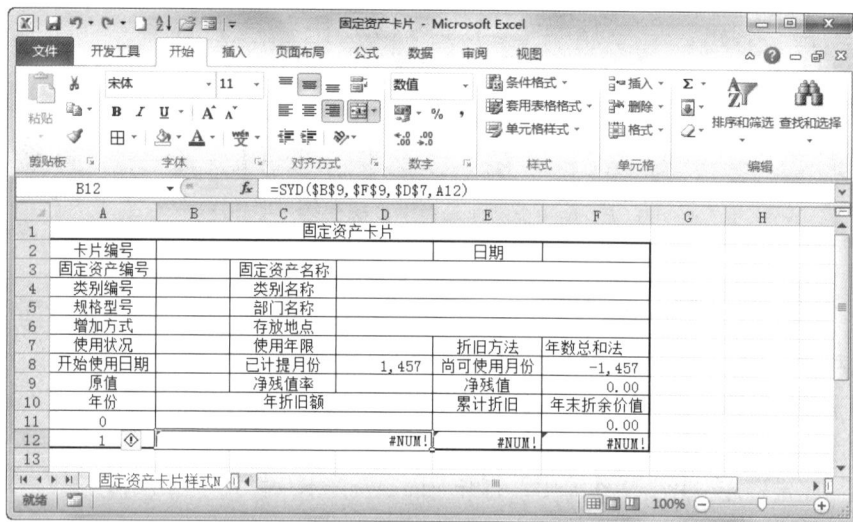

图 5-9　年数总和法下的固定资产卡片样式

七、输入固定资产编号为 1001 至 1013 的固定资产卡片

直线法下的固定资产卡片样式设置好以后，接下来需要输入折旧方法为直线法的固定资产的相关信息，具体操作步骤如下。

（1）在"固定资产卡片"工作簿中打开"固定资产卡片样式 P"工作表。复制"固定资产卡片样式 P"工作表，并将其重命名为"卡片 P001"。

（2）在"卡片 P001"工作表中输入固定资产编号为"1001"的固定资产

微课5-6　输入固定资产编号为 1001 至 1013 的固定资产卡片

信息，即可生成第一张固定资产卡片。

（3）由于该固定资产的使用年限为 30 年，每年都要计提折旧，因此还需将信息补充完整。选择 A12:F12 单元格区域，将鼠标指针移至 F12 单元格右下角，当鼠标指针变为"+"形状时，按住鼠标左键向下拖曳至 A41 单元格，如图 5-10 所示。

图 5-10　卡片编号为 P001 的固定资产卡片

（4）重复以上操作，完成资产编号 1002 至 1013 固定资产卡片信息的输入。

八、输入固定资产编号为 2001 的固定资产卡片

输入固定资产编号为 2001 的固定资产的操作步骤如下。

（1）在"固定资产卡片"工作簿中打开"固定资产卡片样式 G"工作表。复制"固定资产卡片样式 G"工作表，并将其重命名为"卡片 G001"。

（2）在"卡片 G001"工作表中输入固定资产编号为"2001"的固定资产信息。

微课 5-7　输入固定资产编号为 2001 的固定资产卡片

（3）该汽车总里程为 400 000 千米，本月之前已累计行驶 200 000 千米，本月行驶 3 000 千米，共计行驶 203 000 千米，所以应将 D8 单元格中的公式修改为=SUM($A$11:$A$13)。

（4）复制 G12 单元格中的公式，然后将其粘贴至 G13 单元格中，则 G13 单元格的公式为"=A13*B13"，如图 5-11 所示。

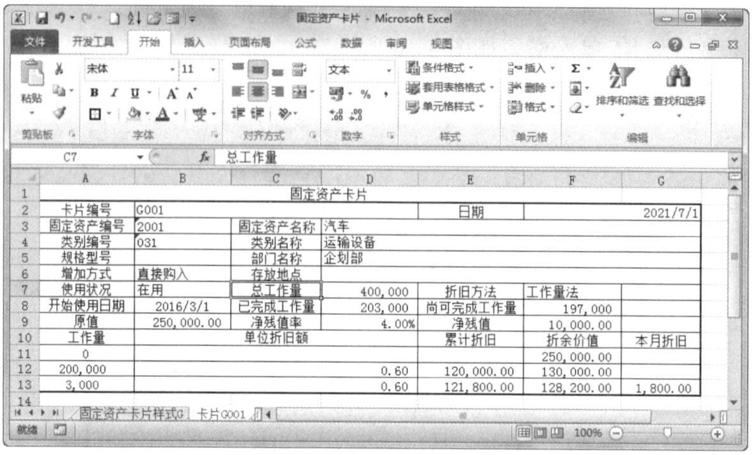

图 5-11　卡片编号为 G001 的固定资产卡片

九、输入固定资产编号为 3001 的固定资产卡片

输入固定资产编号为 3001 的固定资产的操作步骤如下。

（1）在"固定资产卡片"工作簿中打开"固定资产卡片样式 S"工作表。复制"固定资产卡片样式 S"工作表，并将其重命名为"卡片 S001"。

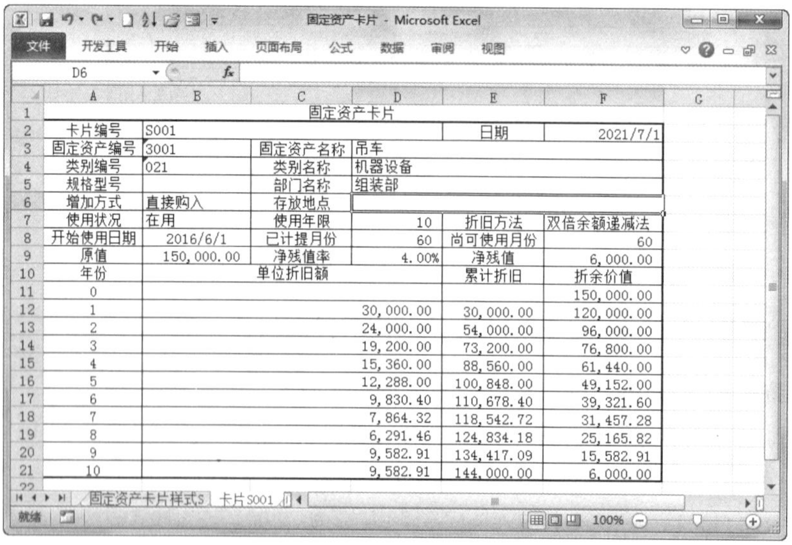

（2）在"卡片 S001"工作表中输入固定资产编号为"3001"的固定资产信息，如图 5-12 所示。

微课 5-8　输入固定资产编号为 3001 的固定资产卡片

图 5-12　卡片编号为 S001 的固定资产卡片

（3）采用双倍余额递减法计算固定资产折旧额时，应在折旧期限的最后两年将固定资产的账面折余价值平均分摊。所以，在第 9 年、第 10 年时应将折旧计提公式修改为直线法折旧计提公式，即选择 B20 单元格，输入公式"=($F$19-$F$9)/2"。

（4）将 B20:F20 单元格区域中的公式复制到 B21:F21 单元格区域中。

十、输入固定资产编号为 4001 的固定资产卡片

输入固定资产编号为 4001 的固定资产的操作步骤如下。

（1）在"固定资产卡片"工作簿中打开"固定资产卡片样式 N"工作表。复制"固定资产卡片样式 N"工作表，并将其重命名为"卡片 N001"。

（2）在"卡片 N001"工作表中输入固定资产编号为"4001"的固定资产信息，如图 5-13 所示。

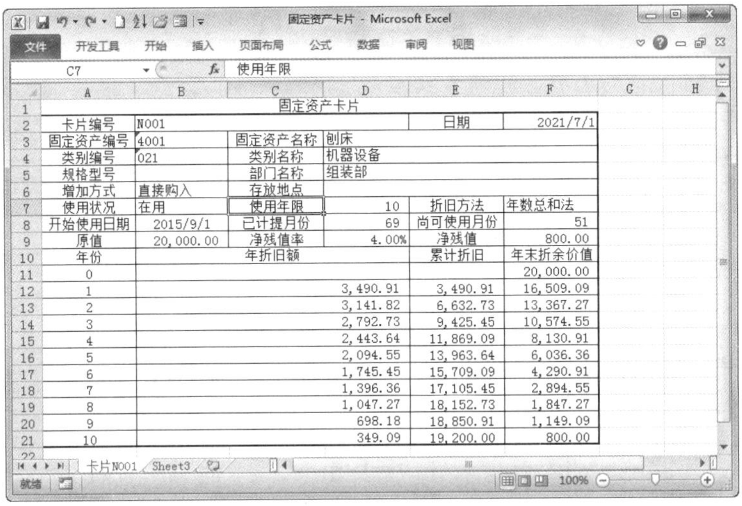

图 5-13　卡片编号为 N001 的固定资产卡片

十一、填制固定资产清单

固定资产卡片制作完成之后，还要根据卡片内容填制固定资产清单，清单中的某些项目可以以数据链接的方法填列。

（1）新建 Excel 工作簿，命名为"固定资产核算"。打开"固定资产核算"工作簿，将 Sheet1 工作表重命名为"固定资产清单"。

（2）在"固定资产清单"工作表的 A1 单元格中输入"固定资产清单"，并设置单元格格式为"合并后居中"，在 A3:K3 单元格区域中输入图 5-14 所示的字段名。

（3）打开"固定资产卡片"工作簿，选择"固定资产核算"工作簿的"固定资产清单"工作表中的 A4 单元格，输入"="，切换到"固定资产卡片"工作簿的"卡片 P001"工作表，选择 B3 单元格，按【Enter】键确认，即可完成资产编号数据的链接，结果如图 5-15 所示。

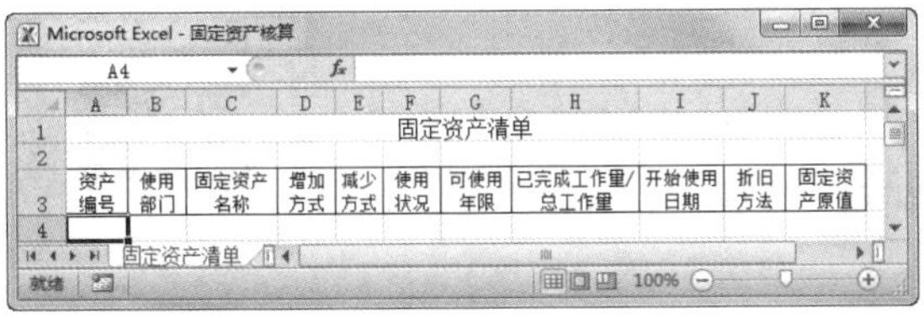

图 5-14　建立固定资产清单

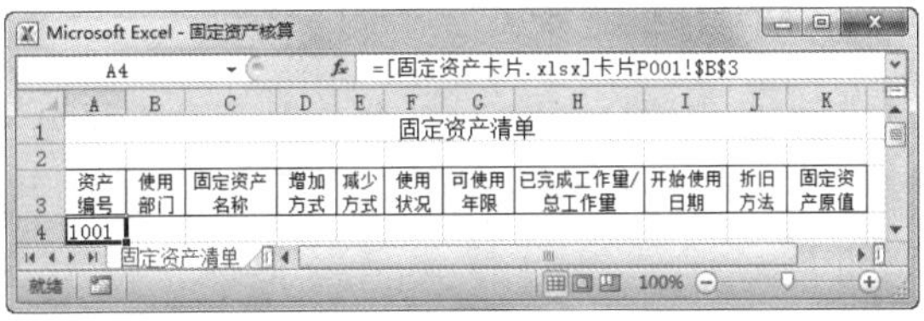

图 5-15　填制固定资产清单

（4）重复第（3）步，完成固定资产编号 1001 其他数据的链接。

（5）第 5 行至第 19 行中的数据是由“卡片 P002”“卡片 P003”……“卡片 N001”得到的，重复第（3）步，完成全部 16 项固定资产数据的链接，生成固定资产清单。

（6）在 H17 单元格中输入公式“=[固定资产卡片.xlsx]卡片 G001!$D$8/[固定资产卡片.xlsx]卡片 G001!$D$7”，表示已完成工作量占总工作量的比值，为后续修正折旧额做好准备。

（7）选择 A3:K19 单元格区域，设置边框类型为“所有边框”，结果如图 5-16 所示。

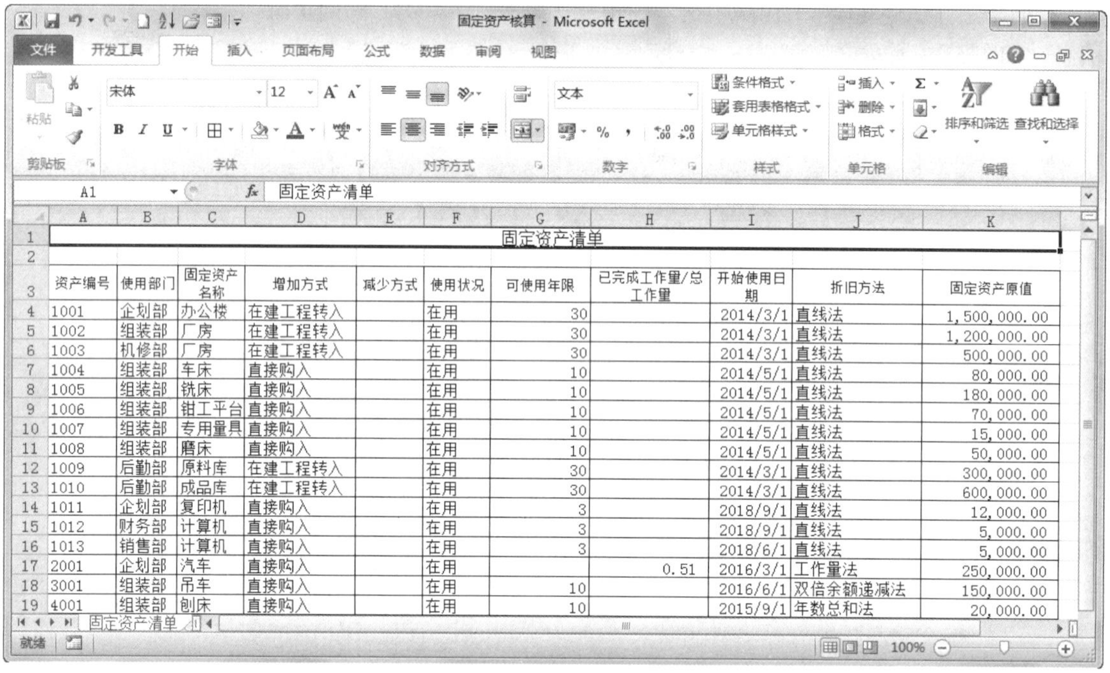

固定资产清单

资产编号	使用部门	固定资产名称	增加方式	减少方式	使用状况	可使用年限	已完成工作量/总工作量	开始使用日期	折旧方法	固定资产原值
1001	企划部	办公楼	在建工程转入		在用	30		2014/3/1	直线法	1,500,000.00
1002	组装部	厂房	在建工程转入		在用	30		2014/3/1	直线法	1,200,000.00
1003	机修部	厂房	在建工程转入		在用	30		2014/3/1	直线法	500,000.00
1004	组装部	车床	直接购入		在用	10		2014/5/1	直线法	80,000.00
1005	组装部	铣床	直接购入		在用	10		2014/5/1	直线法	180,000.00
1006	组装部	钳工平台	直接购入		在用	10		2014/5/1	直线法	70,000.00
1007	组装部	专用量具	直接购入		在用	10		2014/5/1	直线法	15,000.00
1008	组装部	磨床	直接购入		在用	10		2014/5/1	直线法	50,000.00
1009	后勤部	原料库	在建工程转入		在用	30		2014/3/1	直线法	300,000.00
1010	后勤部	成品库	在建工程转入		在用	30		2014/3/1	直线法	600,000.00
1011	企划部	复印机	直接购入		在用	3		2018/9/1	直线法	12,000.00
1012	财务部	计算机	直接购入		在用	3		2018/9/1	直线法	5,000.00
1013	销售部	计算机	直接购入		在用	3		2018/6/1	直线法	5,000.00
2001	企划部	汽车	直接购入		在用		0.51	2016/3/1	工作量法	250,000.00
3001	组装部	吊车	直接购入		在用	10		2016/6/1	双倍余额递减法	150,000.00
4001	组装部	刨床	直接购入		在用	10		2015/9/1	年数总和法	20,000.00

图 5-16 生成的固定资产清单

任务二 固定资产的新增、减少和调拨

固定资产新增是指企业通过自建、投资者投入、接受捐赠、直接购买、部门调拨等途径增加固定资产存量。

由于固定资产因使用年限到期或其他原因而无法再使用时，企业需要对固定资产进行清理，并注明其减少的方式。另外，企业还可以通过对外投资、出售等途径减少固定资产。

固定资产在部门间的调拨是资源在企业内部进行优化配置的过程。固定资产调拨可以提高固定资产的使用效率，最大限度地发挥其使用价值。

一、新增固定资产

例如，丰源公司在 2021 年 7 月为财务部购入了一台价值为 3 600 元的联想计算机，预计使用年限为 5 年，采用直线法计提折旧。新增固定资产的操作步骤如下。

微课 5-11 新增固定资产

（1）在“固定资产卡片”工作簿中打开“固定资产卡片样式 P”工作表。

复制“固定资产卡片样式 P”工作表到“卡片 P013”工作表的后面，并将其重命名为“卡片 P014”。

（2）在“卡片 P014”工作表中输入固定资产编号为“1014”的固定资产信息，即可生成一张新的固定资产卡片，如图 5-17 所示。

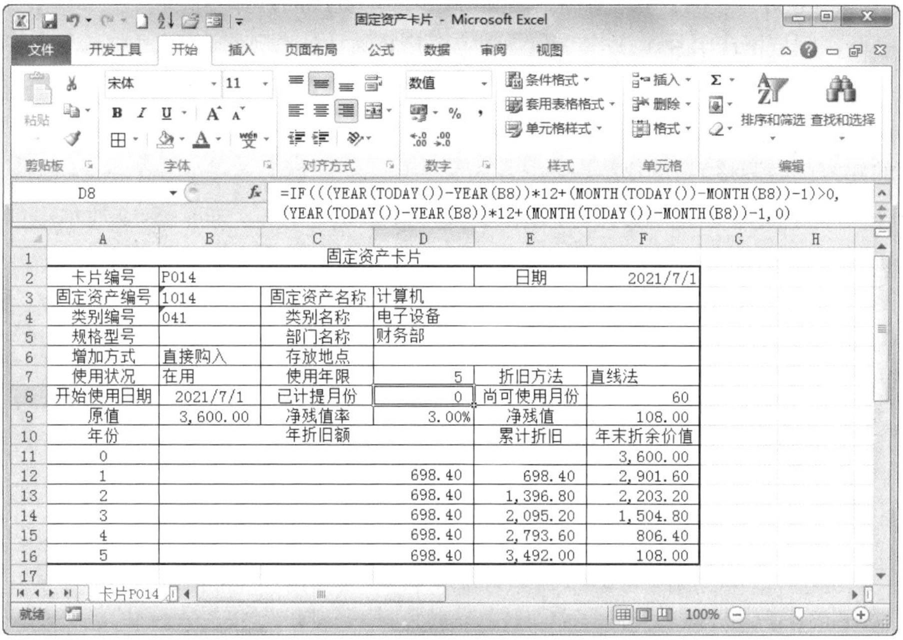

固定资产卡片					
卡片编号	P014			日期	2021/7/1
固定资产编号	1014	固定资产名称	计算机		
类别编号	041	类别名称	电子设备		
规格型号		部门名称	财务部		
增加方式	直接购入	存放地点			
使用状况	在用	使用年限	5	折旧方法	直线法
开始使用日期	2021/7/1	已计提月份	0	尚可使用月份	60
原值	3,600.00	净残值率	3.00%	净残值	108.00
年份	年折旧额			累计折旧	年末折余价值
0					3,600.00
1			698.40	698.40	2,901.60
2			698.40	1,396.80	2,203.20
3			698.40	2,095.20	1,504.80
4			698.40	2,793.60	806.40
5			698.40	3,492.00	108.00

图 5-17　新增固定资产卡片

（3）将新增固定资产卡片的数据链接到“固定资产核算”工作簿中。链接后的“固定资产清单”如图 5-18 所示。

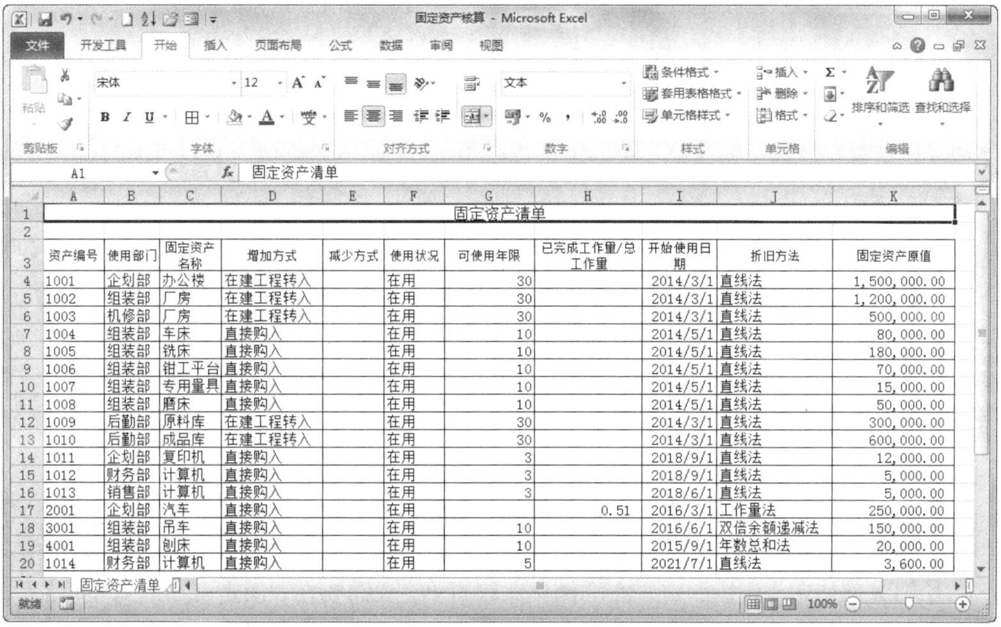

固定资产清单										
资产编号	使用部门	固定资产名称	增加方式	减少方式	使用状况	可使用年限	已完成工作量/总工作量	开始使用日期	折旧方法	固定资产原值
1001	企划部	办公楼	在建工程转入		在用	30		2014/3/1	直线法	1,500,000.00
1002	组装部	厂房	在建工程转入		在用	30		2014/3/1	直线法	1,200,000.00
1003	机修部	厂房	在建工程转入		在用	30		2014/3/1	直线法	500,000.00
1004	组装部	车床	直接购入		在用	10		2014/5/1	直线法	80,000.00
1005	组装部	铣床	直接购入		在用	10		2014/5/1	直线法	180,000.00
1006	组装部	钳工平台	直接购入		在用	10		2014/5/1	直线法	70,000.00
1007	组装部	专用量具	直接购入		在用	10		2014/5/1	直线法	15,000.00
1008	组装部	磨床	直接购入		在用	10		2014/5/1	直线法	50,000.00
1009	后勤部	原料库	在建工程转入		在用	30		2014/3/1	直线法	300,000.00
1010	后勤部	成品库	在建工程转入		在用	30		2014/3/1	直线法	600,000.00
1011	企划部	复印机	直接购入		在用	3		2018/9/1	直线法	12,000.00
1012	财务部	计算机	直接购入		在用	3		2018/9/1	直线法	5,000.00
1013	销售部	计算机	直接购入		在用	3		2018/6/1	直线法	5,000.00
2001	企划部	汽车	直接购入		在用		0.51	2016/3/1	工作量法	250,000.00
3001	组装部	吊车	直接购入		在用	10		2016/6/1	双倍余额递减法	150,000.00
4001	组装部	刨床	直接购入		在用	10		2015/9/1	年数总和法	20,000.00
1014	财务部	计算机	直接购入		在用	5		2021/7/1	直线法	3,600.00

图 5-18　链接后的固定资产清单

二、减少固定资产

例如，丰源公司 2018 年 9 月 1 日购入的编号为 1012 的计算机因主板烧毁而无法使用，公司决定于 2021 年 7 月将其变卖。减少固定资产的操作步骤如下。

（1）打开"固定资产卡片"工作簿和"固定资产核算"工作簿，找到"卡片 P012"工作表，把 B7 单元格中的内容修改为"报废"，按【Enter】键确认。再打开"固定资产核算"工作簿中的"固定资产清单"工作表，可以看到 F15 单元格中的内容已经调整为"报废"。

（2）在"固定资产清单"工作表的 E15 单元格中输入"出售"，如图 5-19 所示。

微课 5-12　减少固定资产

图 5-19　出售固定资产后的固定资产清单

> **注意**
>
> 2021 年 8 月 1 日，需要新建一个"报废固定资产卡片"工作簿并打开，选择"卡片 P012"工作表标签，单击鼠标右键，在弹出的快捷菜单中选择"移动或复制"命令，打开"移动或复制工作表"对话框，在"将选定工作表移至"下拉列表中选择"报废固定资产卡片.xlsx"选项，单击 确定 按钮，即可将"卡片 P012"工作表移动到"报废固定资产卡片"工作簿中，同时将"固定资产核算"工作簿中资产编号为 1012 的记录删除，下方的行依次上移。

三、调拨固定资产

例如，丰源公司在 2021 年 7 月 5 日决定将资产编号为 1011 的复印机由企划部调拨给财务部使用。调拨固定资产的操作比较简单，只需要在"固定资产核算"工作簿中打开"固定资产清单"工作表，查询资产编号为 1011 的记录，在其减少方式对应的 E14 单元格中输入"部门调拨"，如图 5-20 所示。

微课 5-13　调拨固定资产

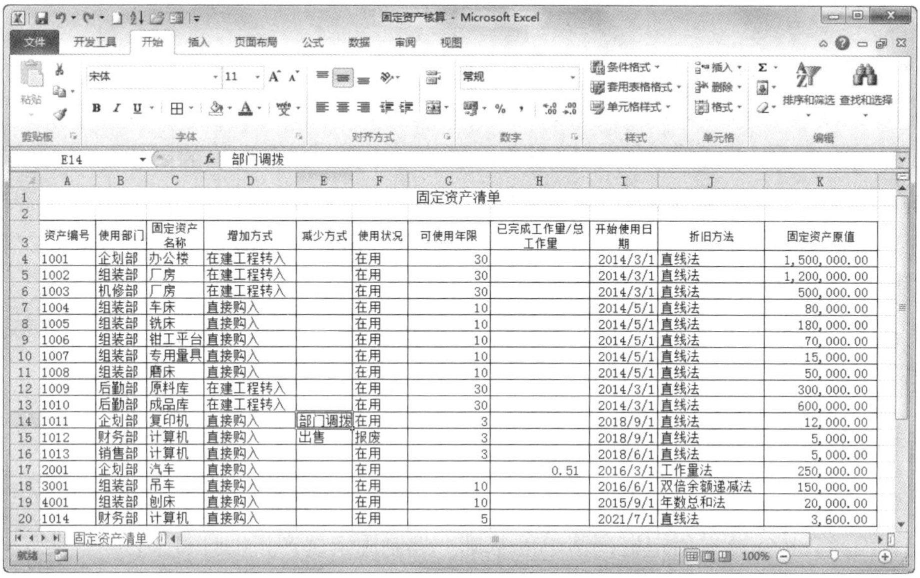

资产编号	使用部门	固定资产名称	增加方式	减少方式	使用状况	可使用年限	已完成工作量/总工作量	开始使用日期	折旧方法	固定资产原值
1001	企划部	办公楼	在建工程转入		在用	30		2014/3/1	直线法	1,500,000.00
1002	组装部	厂房	在建工程转入		在用	30		2014/3/1	直线法	1,200,000.00
1003	机修部	厂房	在建工程转入		在用	30		2014/3/1	直线法	500,000.00
1004	组装部	车床	直接购入		在用	10		2014/5/1	直线法	80,000.00
1005	组装部	铣床	直接购入		在用	10		2014/5/1	直线法	180,000.00
1006	组装部	钳工平台	直接购入		在用	10		2014/5/1	直线法	70,000.00
1007	组装部	专用量具	直接购入		在用	10		2014/5/1	直线法	15,000.00
1008	组装部	磨床	直接购入		在用	10		2014/5/1	直线法	50,000.00
1009	后勤部	原料库	在建工程转入		在用	30		2014/3/1	直线法	300,000.00
1010	后勤部	成品库	在建工程转入		在用	30		2014/3/1	直线法	600,000.00
1011	企划部	复印机	直接购入	部门调拨	在用	3		2018/9/1	直线法	12,000.00
1012	财务部	计算机	直接购入	出售	报废	3		2018/9/1	直线法	5,000.00
1013	销售部	计算机	直接购入		在用	3		2018/6/1	直线法	5,000.00
2001	企划部	汽车	直接购入		在用		0.51	2016/3/1	工作量法	250,000.00
3001	组装部	吊车	直接购入		在用	10		2016/6/1	双倍余额递减法	150,000.00
4001	组装部	刨床	直接购入		在用	10		2015/9/1	年数总和法	20,000.00
1014	财务部	计算机	直接购入		在用	5		2021/7/1	直线法	3,600.00

图 5-20　部门调拨固定资产

注意

同样地，2021 年 8 月 1 日，需要将“固定资产卡片”工作簿中的“卡片 P011”工作表 B6 单元格中的内容修改为“部门调拨”，将 D5 单元格中的内容修改为“财务部”，按【Enter】键确认，“固定资产核算”工作簿中“固定资产清单”工作表的 B14 和 D14 单元格会做出相应的调整，如图 5-21 所示。同时将“固定资产核算”工作簿中的“固定资产清单”工作表的 E14 单元格修改为空。

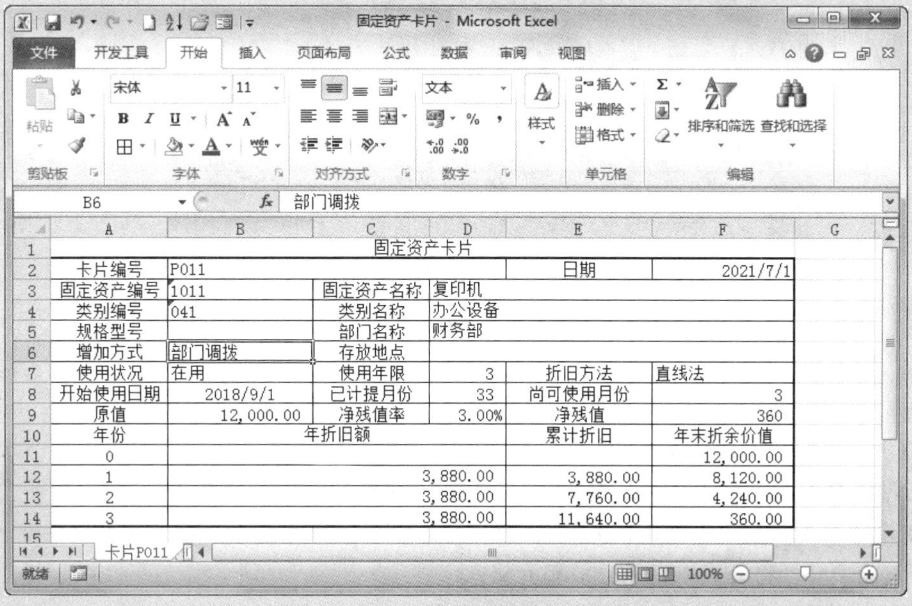

卡片编号	P011			日期	2021/7/1
固定资产编号	1011	固定资产名称	复印机		
类别编号	041	类别名称	办公设备		
规格型号		部门名称	财务部		
增加方式	部门调拨	存放地点			
使用状况	在用	使用年限	3	折旧方法	直线法
开始使用日期	2018/9/1	已计提月份	33	尚可使用月份	3
原值	12,000.00	净残值率	3.00%	净残值	360
年份	年折旧额			累计折旧	年末折余价值
0					12,000.00
1			3,880.00	3,880.00	8,120.00
2			3,880.00	7,760.00	4,240.00
3			3,880.00	11,640.00	360.00

图 5-21　修改固定资产卡片

任务三　计提固定资产折旧

企业应当对所有的固定资产计提折旧，一般按月计提。当月增加的固定资产当月不计提折旧，而是从下个月开始计提折旧；当月减少的固定资产当月计提折旧，从下个月开始不再计提折旧。固定资产提足折旧后，无论是否继续使用，都不再计提折旧；提前报废的固定资产也不再补提折旧。

为了方便、正确地计算每一项固定资产的折旧额，首先要编制固定资产折旧计算表，计算每一项固定资产的预计净残值和已使用月数。

一、编制固定资产折旧计算表

固定资产清单中只能反映固定资产的基础信息，不能体现出该固定资产的具体折旧，因此，还需要在固定资产清单的基础上编制固定资产折旧计算表。

（1）在"固定资产核算"工作簿中打开"固定资产清单"工作表，复制"固定资产清单"工作表，并将其重命名为"固定资产折旧计算表"。

（2）选择I列，插入一列，在I3单元格中输入"当前日期"，在I4单元格中输入"2021/7/1"；选择I4:I20单元格区域，单击"开始"选项卡下"编辑"组中的"填充"按钮，在打开的下拉列表中选择"向下"选项，如图5-22所示，完成I4:I20单元格区域数据的输入。

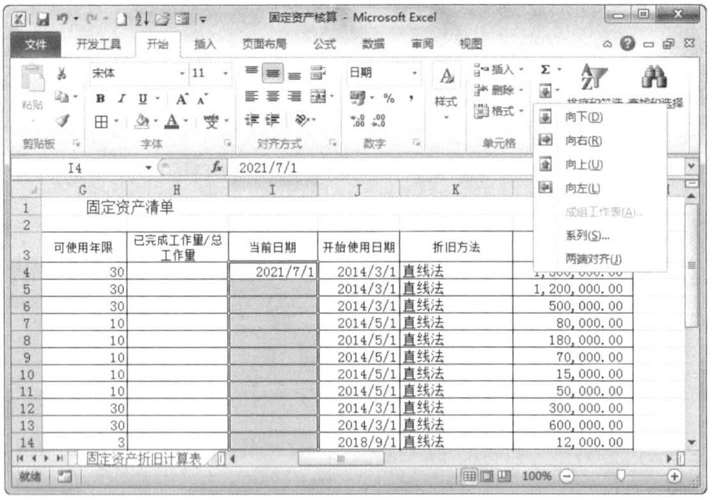

微课 5-14　编制固定资产折旧计算表

图 5-22　填充当前日期

（3）选择K列，插入一列，在K3单元格中输入"已提月份"，在K4单元格中输入公式"=IF(((YEAR(TODAY())-YEAR(J4))*12+(MONTH(TODAY())-MONTH(J4))-1)>0,(YEAR(TODAY())-YEAR(J4))*12+(MONTH(TODAY())-MONTH(J4))-1,0)"，用填充柄将公式填充至K20单元格。

（4）选择L列，插入一列，在L3单元格中输入"已使用年份"，在L4单元格中输入"=INT(K4/12)"，用填充柄将公式填充至L20单元格。

- INT 函数

【类型】数学函数。

【格式】INT(number)。

【功能】将数字向下舍入到最接近的整数。

（5）选择 M 列，插入一列，在 M3 单元格中输入“净残值率”；在 M4:M20 单元格区域中输入相应的净残值率数值，如图 5-23 所示。

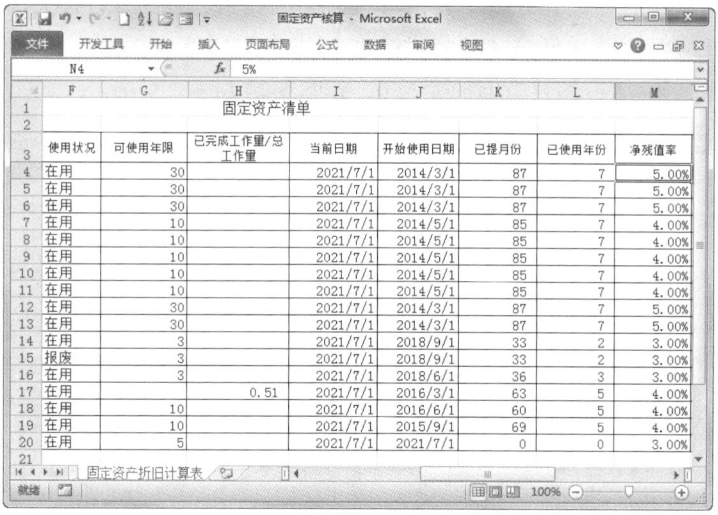

	F	G	H	I	J	K	L	M
1	固定资产清单							
2								
3	使用状况	可使用年限	已完成工作量/总工作量	当前日期	开始使用日期	已提月份	已使用年份	净残值率
4	在用	30		2021/7/1	2014/3/1	87	7	5.00%
5	在用	30		2021/7/1	2014/3/1	87	7	5.00%
6	在用	30		2021/7/1	2014/3/1	87	7	5.00%
7	在用	10		2021/7/1	2014/5/1	85	7	4.00%
8	在用	10		2021/7/1	2014/5/1	85	7	4.00%
9	在用	10		2021/7/1	2014/5/1	85	7	4.00%
10	在用	10		2021/7/1	2014/5/1	85	7	4.00%
11	在用	10		2021/7/1	2014/5/1	85	7	4.00%
12	在用	30		2021/7/1	2014/3/1	87	7	5.00%
13	在用	30		2021/7/1	2014/3/1	87	7	5.00%
14	在用	3		2021/7/1	2018/9/1	33	2	3.00%
15	报废	3		2021/7/1	2018/9/1	33	2	3.00%
16	在用	3		2021/7/1	2018/6/1	36	3	3.00%
17	在用		0.51	2021/7/1	2016/3/1	63	5	4.00%
18	在用	10		2021/7/1	2016/6/1	60	5	4.00%
19	在用	10		2021/7/1	2015/9/1	69	5	4.00%
20	在用	5		2021/7/1	2021/7/1	0	0	3.00%

图 5-23　编辑固定资产折旧计算表

（6）选择 P3 单元格，输入“月折旧额”。使用函数和数据链接的方式在 P4:P20 单元格区域中输入公式，如下所示。

P4：“=ROUND([固定资产卡片.xlsx]卡片 P001!$B$19/12,2)”。

P5：“=ROUND([固定资产卡片.xlsx]卡片 P002!$B$19/12,2)”。

P6：“=ROUND([固定资产卡片.xlsx]卡片 P003!$B$19/12,2)”。

P7：“=ROUND([固定资产卡片.xlsx]卡片 P004!$B$19/12,2)”。

P8：“=ROUND([固定资产卡片.xlsx]卡片 P005!$B$19/12,2)”。

P9：“=ROUND([固定资产卡片.xlsx]卡片 P006!$B$19/12,2)”。

P10：“=ROUND([固定资产卡片.xlsx]卡片 P007!$B$19/12,2)”。

P11：“=ROUND([固定资产卡片.xlsx]卡片 P008!$B$19/12,2)”。

P12：“=ROUND([固定资产卡片.xlsx]卡片 P009!$B$19/12,2)”。

P13：“=ROUND([固定资产卡片.xlsx]卡片 P010!$B$19/12,2)”。

P14：“=ROUND([固定资产卡片.xlsx]卡片 P011!$B$14/12,2)”。

P15：“=ROUND([固定资产卡片.xlsx]卡片 P012!$B$14/12,2)”。

P16：“=ROUND([固定资产卡片.xlsx]卡片 P013!$B$14/12,2)”。

P17：“=ROUND([固定资产卡片.xlsx]卡片 G001!$G$13,2)”。

P18：“=ROUND([固定资产卡片.xlsx]卡片 S001!$B$17/12,2)”。

P19：“=ROUND([固定资产卡片.xlsx]卡片 N001!$B$17/12,2)”。

P20：“=ROUND([固定资产卡片.xlsx]卡片 P014!$B$12/12,2)”。

（7）从图 5-23 中可以看出，第 16 行中的固定资产折旧已计提完毕，但仍在继续使用，以后的月份不应该再计提折旧。考虑到这种情况，应将 P 列的折旧公式在 Q 列进行修正。选择 Q3 单元格，输入“修正的月折旧额 1”，将 Q4 单元格中的公式设置为“=IF(G4>L4,P4,0)”，并将其复制到 Q 列的其他单元格中。这个公式的含义是如果可使用年限大于已使用年限，则固定资产折旧额为公式中计算的折旧额，否则为 0。

（8）由于汽车采用的折旧方法为工作量法，要判断其是否已计提完毕，依靠的是已完成工作量与总工作量之间的比值（对应 H17 单元格），若比值小于 1，则尚未计提完毕；若比值大于 1，则计提完毕，因此应将 Q17 单元格中的公式修改为“=IF(H17<1,P17,0)”。

经过修正以后，第 16 行的月折旧额变为 0，如图 5-24 所示。

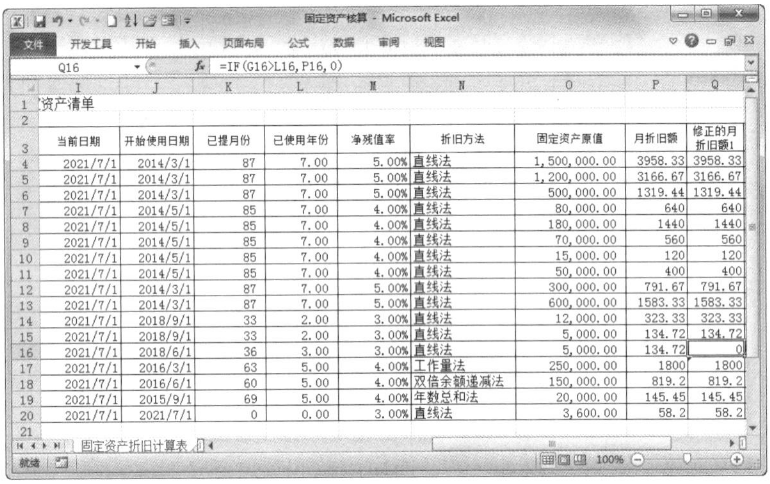

当前日期	开始使用日期	已提月份	已使用年份	净残值率	折旧方法	固定资产原值	月折旧额	修正的月折旧额1
2021/7/1	2014/3/1	87	7.00	5.00%	直线法	1,500,000.00	3958.33	3958.33
2021/7/1	2014/3/1	87	7.00	5.00%	直线法	1,200,000.00	3166.67	3166.67
2021/7/1	2014/3/1	87	7.00	5.00%	直线法	500,000.00	1319.44	1319.44
2021/7/1	2014/5/1	85	7.00	4.00%	直线法	80,000.00	640	640
2021/7/1	2014/5/1	85	7.00	4.00%	直线法	180,000.00	1440	1440
2021/7/1	2014/5/1	85	7.00	4.00%	直线法	70,000.00	560	560
2021/7/1	2014/5/1	85	7.00	4.00%	直线法	15,000.00	120	120
2021/7/1	2014/5/1	85	7.00	4.00%	直线法	50,000.00	400	400
2021/7/1	2014/3/1	87	7.00	5.00%	直线法	300,000.00	791.67	791.67
2021/7/1	2014/3/1	87	7.00	5.00%	直线法	600,000.00	1583.33	1583.33
2021/7/1	2018/9/1	33	2.00	3.00%	直线法	12,000.00	323.33	323.33
2021/7/1	2018/9/1	33	2.00	3.00%	直线法	5,000.00	134.72	134.72
2021/7/1	2018/6/1	36	3.00	3.00%	直线法	5,000.00	134.72	0
2021/7/1	2016/3/1	63	5.00	4.00%	工作量法	250,000.00	1800	1800
2021/7/1	2016/6/1	60	5.00	4.00%	双倍余额递减法	150,000.00	819.2	819.2
2021/7/1	2015/9/1	69	5.00	4.00%	年数总和法	20,000.00	145.45	145.45
2021/7/1	2021/7/1	0	0.00	3.00%	直线法	3,600.00	58.2	58.2

图 5-24　固定资产折旧额修正（1）

（9）从图 5-24 中可以看出，第 20 行的计算机是本月新增固定资产，本月不应该计提折旧。考虑到这种情况，将 Q 列的折旧公式在 R 列进行修正。选择 R3 单元格，输入“修正的月折旧额 2”，将 R4 单元格中的公式设置为“=IF(K4<=0,0,Q4)”，并将此公式复制到 R 列的其他单元格中。此公式的含义是：如果已计提折旧月份<=0（即为当月新增固定资产），则固定资产月折旧额为 0，否则为已修正过的月折旧额。

经过修正以后，从图 5-25 中可以看出新增固定资产的折旧额已经为 0。

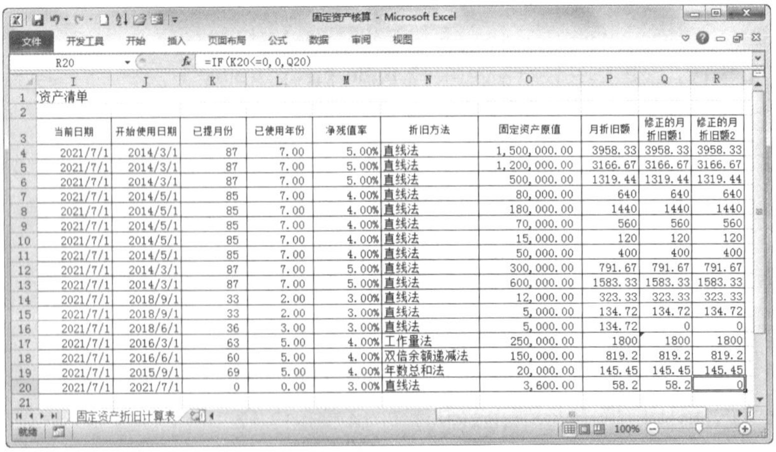

当前日期	开始使用日期	已提月份	已使用年份	净残值率	折旧方法	固定资产原值	月折旧额	修正的月折旧额1	修正的月折旧额2
2021/7/1	2014/3/1	87	7.00	5.00%	直线法	1,500,000.00	3958.33	3958.33	3958.33
2021/7/1	2014/3/1	87	7.00	5.00%	直线法	1,200,000.00	3166.67	3166.67	3166.67
2021/7/1	2014/3/1	87	7.00	5.00%	直线法	500,000.00	1319.44	1319.44	1319.44
2021/7/1	2014/5/1	85	7.00	4.00%	直线法	80,000.00	640	640	640
2021/7/1	2014/5/1	85	7.00	4.00%	直线法	180,000.00	1440	1440	1440
2021/7/1	2014/5/1	85	7.00	4.00%	直线法	70,000.00	560	560	560
2021/7/1	2014/5/1	85	7.00	4.00%	直线法	15,000.00	120	120	120
2021/7/1	2014/5/1	85	7.00	4.00%	直线法	50,000.00	400	400	400
2021/7/1	2014/3/1	87	7.00	5.00%	直线法	300,000.00	791.67	791.67	791.67
2021/7/1	2014/3/1	87	7.00	5.00%	直线法	600,000.00	1583.33	1583.33	1583.33
2021/7/1	2018/9/1	33	2.00	3.00%	直线法	12,000.00	323.33	323.33	323.33
2021/7/1	2018/9/1	33	2.00	3.00%	直线法	5,000.00	134.72	134.72	134.72
2021/7/1	2018/6/1	36	3.00	3.00%	直线法	5,000.00	134.72	0	0
2021/7/1	2016/3/1	63	5.00	4.00%	工作量法	250,000.00	1800	1800	1800
2021/7/1	2016/6/1	60	5.00	4.00%	双倍余额递减法	150,000.00	819.2	819.2	819.2
2021/7/1	2015/9/1	69	5.00	4.00%	年数总和法	20,000.00	145.45	145.45	145.45
2021/7/1	2021/7/1	0	0.00	3.00%	直线法	3,600.00	58.2	58.2	0

图 5-25　固定资产折旧额修正（2）

二、编制固定资产折旧费用分配表

固定资产折旧计算表制作好之后，还要根据此表中的内容使用 Excel 2010 的数据透视表功能，编制固定资产折旧费用分配表。编制固定资产折旧费用分配表的操作步骤如下。

（1）在"固定资产核算"工作簿中打开"固定资产折旧计算表"工作表，并在带有数据的单元格区域中选择任意一个单元格。

（2）单击"插入"选项卡下"表格"组中的"数据透视表"按钮，打开"创建数据透视表"对话框。被选择数据区域的地址将会显示在"选择一个表或区域"文本框中。确认数据区域正确后，在"选择放置数据透视表的位置"栏中选中"新工作表"单选项，单击 确定 按钮即可。

微课 5-15　编制固定资产折旧费用分配表

（3）进行数据透视表的布局设置。在"数据透视表字段列表"任务窗格中将"使用部门""固定资产名称"字段拖曳到"行标签"区域，将"固定资产原值"和"修正的月折旧额 2"两个字段添加到"数值"区域。完成初步设置后，将工作表重命名为"固定资产折旧费用分配表"，如图 5-26 所示。

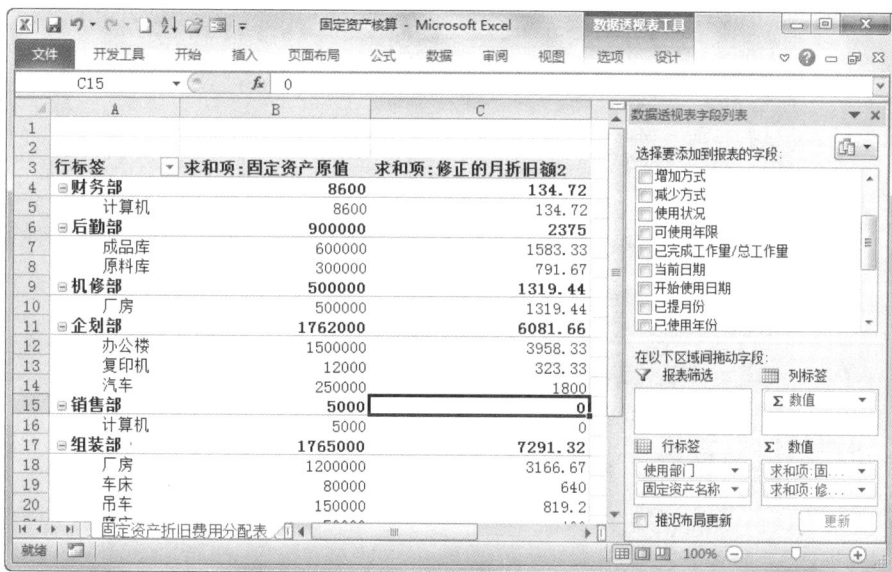

图 5-26　重命名工作表

（4）选择数据透视表中任意一个单元格，单击鼠标右键，在弹出的快捷菜单中选择"数据透视表选项"命令，打开"数据透视表选项"对话框。单击"显示"选项卡，选中"经典数据透视表布局（启用网格中的字段拖放）"复选框，单击 确定 按钮，布局效果如图 5-27 所示。

整理数据透视表，让表格看起来更加直观整洁。在数据透视表中单击任意单元格，单击"数据透视表工具—设计"选项卡下"布局"组中的"报表布局"按钮，在下拉列表中选择"以大纲形式显示"选项，效果如图 5-28 所示。

（5）选择数据透视表中任意一个单元格，在"数据透视表工具—设计"选项卡下"数据透视表样式"组中的下拉列表下选择"浅蓝，数据透视表样式中等深浅 2"选项，效果如图 5-29 所示。

（6）在设置样式后的固定资产折旧费用分配表中选择 A 列，插入一列，并输入以下内容。

选择 A1 单元格，输入“固定资产折旧费用分配表”，设置字体为“加粗”“12 号”。
选择 A2 单元格，输入“2021 年 7 月 31 日”。
选择 A4 单元格，输入“对应科目名称”。
选择 A5、A7、A12 单元格，输入“管理费用”。
选择 A10 单元格，输入“辅助生产成本”。
选择 A16 单元格，输入“销售费用”。
选择 A18 单元格，输入“制造费用”。
选择 A1:E1 单元格区域，将该单元格区域的对其方式设置为“合并后居中”。
选择 A2:E2 单元格区域，将该单元格区域的对其方式设置为“合并后居中”。
完成以上操作后得到的结果如图 5-30 所示。

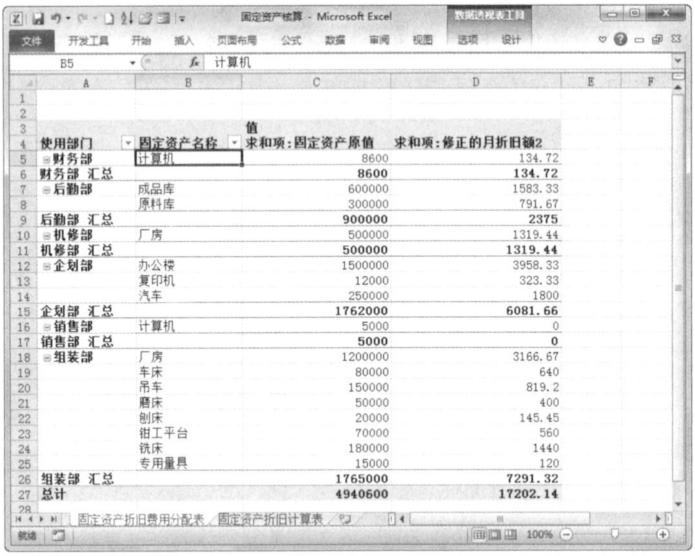

使用部门	固定资产名称	求和项:固定资产原值	求和项:修正的月折旧额2
财务部	计算机	8600	134.72
财务部 汇总		8600	134.72
后勤部	成品库	600000	1583.33
	原料库	300000	791.67
后勤部 汇总		900000	2375
机修部	厂房	500000	1319.44
机修部 汇总		500000	1319.44
企划部	办公楼	1500000	3958.33
	复印机	12000	323.33
	汽车	250000	1800
企划部 汇总		1762000	6081.66
销售部	计算机	5000	0
销售部 汇总		5000	0
组装部	厂房	1200000	3166.67
	车床	80000	640
	吊车	150000	819.2
	磨床	50000	400
	刨床	20000	145.45
	钳工平台	70000	560
	铣床	180000	1440
	专用量具	15000	120
组装部 汇总		1765000	7291.32
总计		4940600	17202.14

图 5-27 经典数据透视表布局

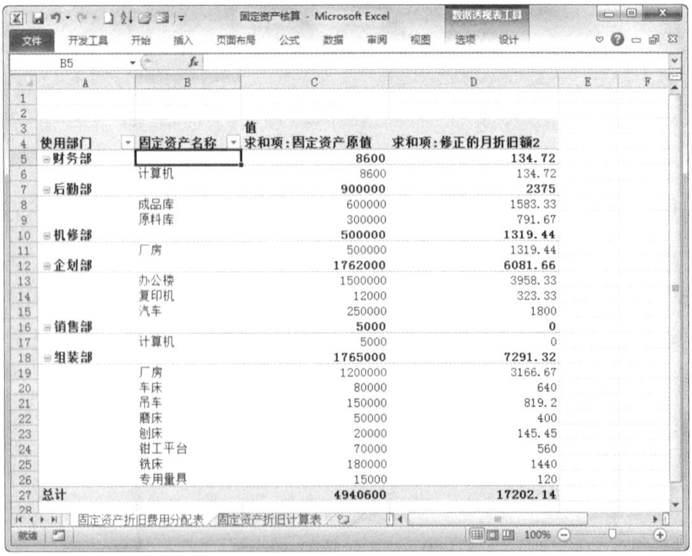

使用部门	固定资产名称	求和项:固定资产原值	求和项:修正的月折旧额2
财务部		8600	134.72
	计算机	8600	134.72
后勤部		900000	2375
	成品库	600000	1583.33
	原料库	300000	791.67
机修部		500000	1319.44
	厂房	500000	1319.44
企划部		1762000	6081.66
	办公楼	1500000	3958.33
	复印机	12000	323.33
	汽车	250000	1800
销售部		5000	0
	计算机	5000	0
组装部		1765000	7291.32
	厂房	1200000	3166.67
	车床	80000	640
	吊车	150000	819.2
	磨床	50000	400
	刨床	20000	145.45
	钳工平台	70000	560
	铣床	180000	1440
	专用量具	15000	120
总计		4940600	17202.14

图 5-28 以大纲形式显示

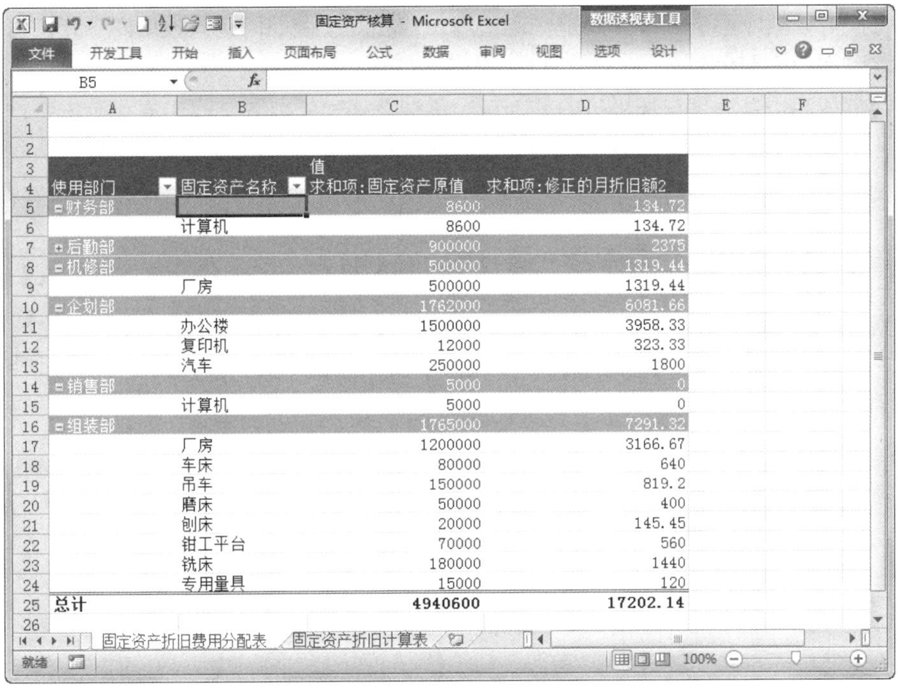

使用部门	固定资产名称	求和项:固定资产原值	求和项:修正的月折旧额2
财务部		8600	134.72
	计算机	8600	134.72
后勤部		900000	2375
机修部		500000	1319.44
	厂房	500000	1319.44
企划部		1762000	6081.66
	办公楼	1500000	3958.33
	复印机	12000	323.33
	汽车	250000	1800
销售部		5000	0
	计算机	5000	0
组装部		1765000	7291.32
	厂房	1200000	3166.67
	车床	80000	640
	吊车	150000	819.2
	磨床	50000	400
	刨床	20000	145.45
	钳工平台	70000	560
	铣床	180000	1440
	专用量具	15000	120
总计		4940600	17202.14

图 5-29　设置样式后的数据透视表

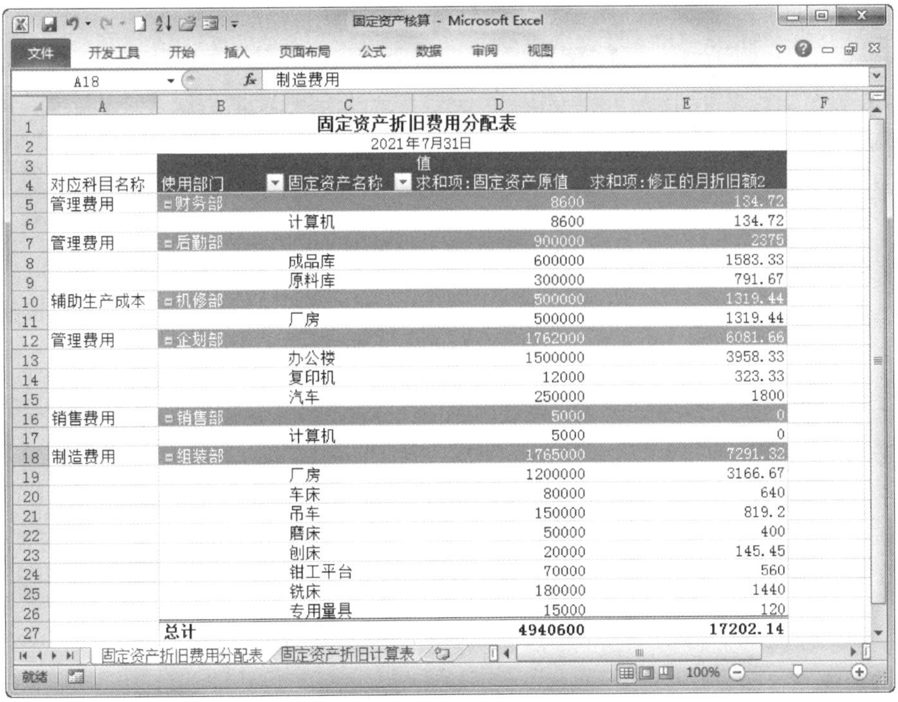

固定资产折旧费用分配表

2021年7月31日

对应科目名称	使用部门	固定资产名称	求和项:固定资产原值	求和项:修正的月折旧额2
管理费用	财务部		8600	134.72
		计算机	8600	134.72
管理费用	后勤部		900000	2375
		成品库	600000	1583.33
		原料库	300000	791.67
辅助生产成本	机修部		500000	1319.44
		厂房	500000	1319.44
管理费用	企划部		1762000	6081.66
		办公楼	1500000	3958.33
		复印机	12000	323.33
		汽车	250000	1800
销售费用	销售部		5000	0
		计算机	5000	0
制造费用	组装部		1765000	7291.32
		厂房	1200000	3166.67
		车床	80000	640
		吊车	150000	819.2
		磨床	50000	400
		刨床	20000	145.45
		钳工平台	70000	560
		铣床	180000	1440
		专用量具	15000	120
	总计		4940600	17202.14

图 5-30　固定资产折旧费用分配表最终效果

任务四　固定资产数据的查询与汇总分析

通过前面的操作，企业已建立了基本的固定资产数据库，并按月对每项固定资产进行了折旧处理。要将这一数据库用于日常的固定资产管理，首先要掌握如何在该数据库中查询特定的固定资产。固定资产的查询主要运用 Excel 2010 的筛选功能。

每月对每项固定资产进行计提折旧处理后，丰源公司要求财务部提供有关固定资产折旧数据按照部门、类别分别进行汇总的分析报告，这时就需要用到"数据透视表"功能。

微课 5-16　固定资产数据的查询与汇总分析

一、利用筛选功能进行固定资产数据的查询

在"固定资产核算"工作簿中，打开"固定资产清单"工作表，单击"数据"选项下"排序和筛选"组中的"筛选"按钮 ▼，工作表便会进入筛选状态，如图 5-31 所示。

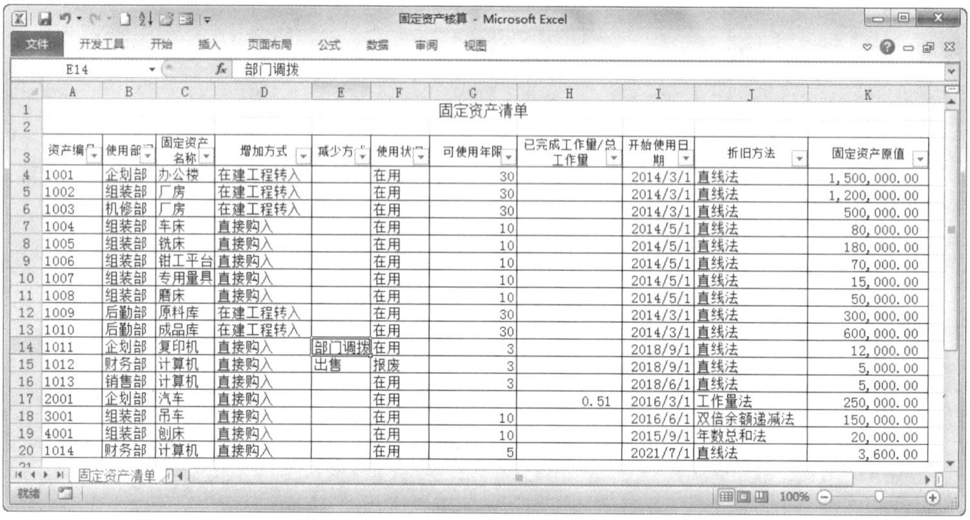

图 5-31　进入筛选状态

例如，查询 2021 年新增的固定资产的方法为：单击"开始使用日期"列的下拉按钮 ▼，取消选中"全选"复选框，选中"2021"复选框，筛选结果如图 5-32 所示。

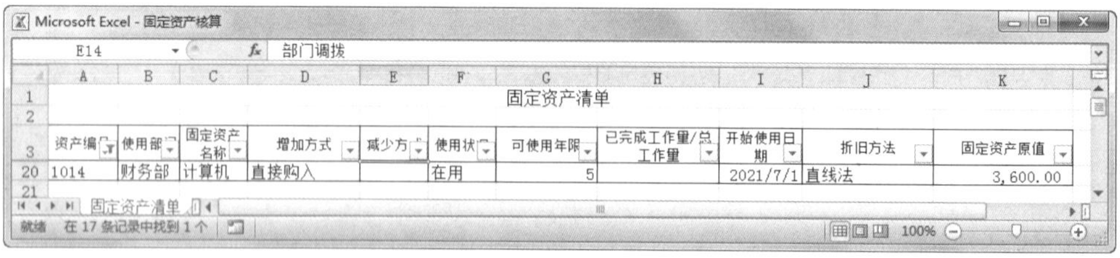

图 5-32　筛选结果（1）

例如，查询"企划部""在用"的固定资产的方法如下。

（1）单击"使用部门"列的下拉按钮 ▼，取消选中"全选"复选框，选中"企划部"复选框，单击 确定 按钮，如图 5-33 所示。

（2）单击"使用状况"列的下拉按钮 ▼，取消选中"全选"复选框，选中"在用"复选框，筛选结果如图 5-34 所示。

图 5-33 选择"企划部"

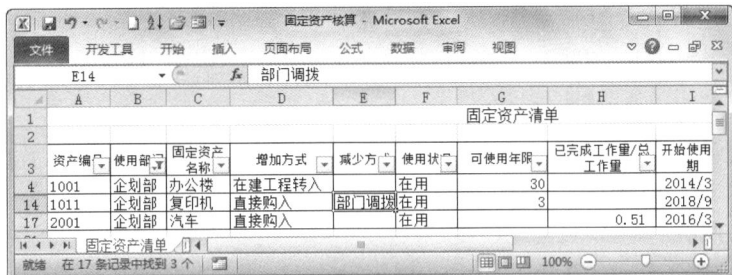

图 5-34 筛选结果（2）

二、固定资产折旧数据的汇总分析

固定资产折旧数据的汇总分析操作步骤如下。

（1）在"固定资产核算"工作簿中打开"固定资产折旧计算表"工作表，选择 D 列，插入一列，选择 D3 单元格，输入"类别"。在 D4:D20 单元格区域中输入相应的类别名称，如图 5-35 所示。

（2）选择数据列表中任意一个单元格，单击"插入"选项卡下"表格"组中的"数据透视表"按钮，打开"创建数据透视表"对话框，单击[确定]按钮即可。打开"数据透视表字段列表"任务窗格，将"当前日期"字段拖曳至"报表筛选"区域，将"类别"字段拖曳至"列标签"区域，将"使用部门"字段拖曳至"行标签"区域，将"修正的月折旧额 2"字段拖曳至"数值"区域，如图 5-36 所示。

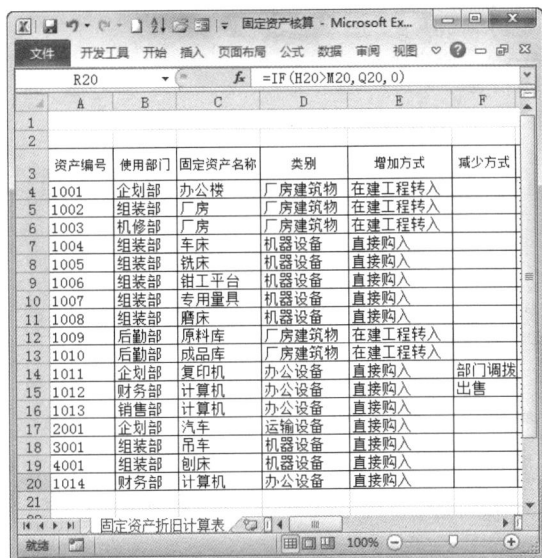

图 5-35 输入类别名称

图 5-36 拖曳字段

（3）生成的数据透视表如图 5-37 所示。

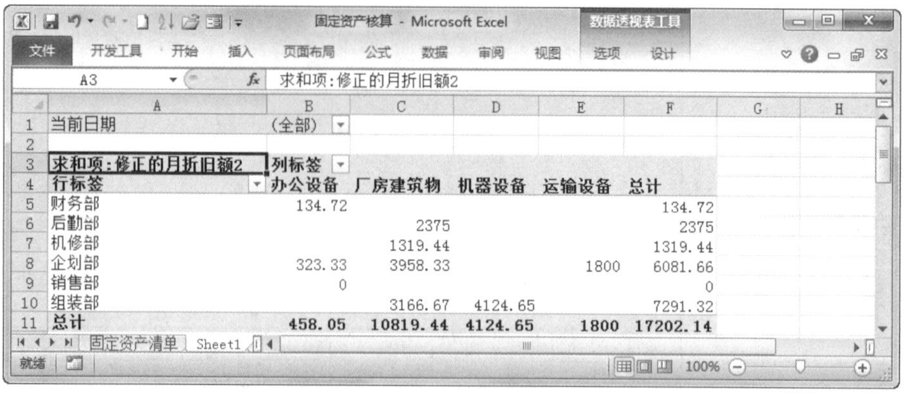

行标签	办公设备	厂房建筑物	机器设备	运输设备	总计
财务部	134.72				134.72
后勤部		2375			2375
机修部		1319.44			1319.44
企划部	323.33	3958.33		1800	6081.66
销售部	0				0
组装部		3166.67	4124.65		7291.32
总计	458.05	10819.44	4124.65	1800	17202.14

图 5-37　生成的数据透视表

（4）图 5-37 中显示的是求和结果，可以设置数据的其他显示方式。单击图 5-37 中的“求和项：修正的月折旧额 2”区域，单击鼠标右键，在弹出的快捷菜单中分别选择“值显示方式”中的“总计的百分比”“行汇总的百分比”“列汇总的百分比”命令，可分别得到不同的结果。图 5-38 显示的是各类固定资产折旧额占总和的百分比，图 5-39 显示的是各类固定资产折旧额占同行数据总和的百分比，图 5-40 显示的是各类固定资产折旧额占同列数据总和的百分比。

05

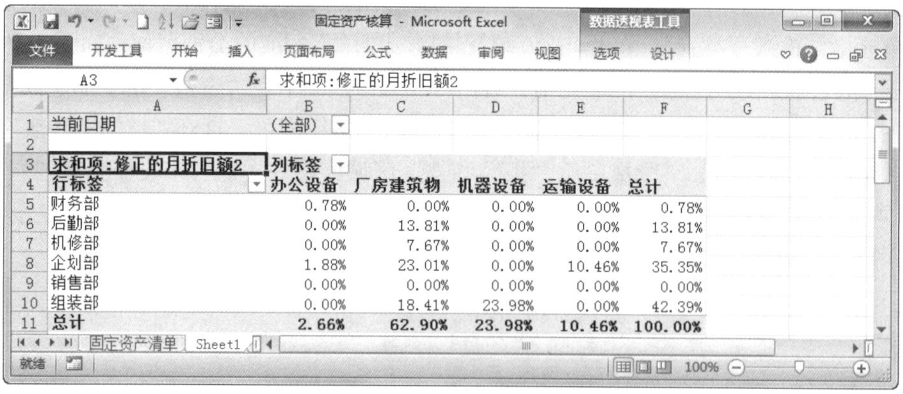

行标签	办公设备	厂房建筑物	机器设备	运输设备	总计
财务部	0.78%	0.00%	0.00%	0.00%	0.78%
后勤部	0.00%	13.81%	0.00%	0.00%	13.81%
机修部	0.00%	7.67%	0.00%	0.00%	7.67%
企划部	1.88%	23.01%	0.00%	10.46%	35.35%
销售部	0.00%	0.00%	0.00%	0.00%	0.00%
组装部	0.00%	18.41%	23.98%	0.00%	42.39%
总计	2.66%	62.90%	23.98%	10.46%	100.00%

图 5-38　各类固定资产折旧额占总和的百分比

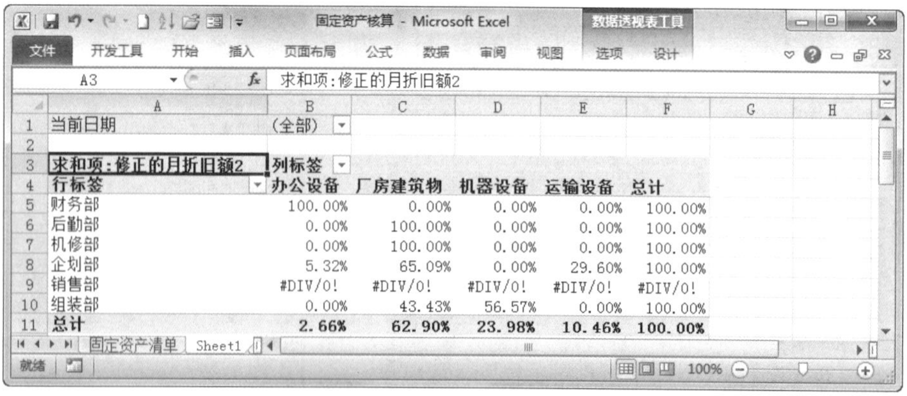

行标签	办公设备	厂房建筑物	机器设备	运输设备	总计
财务部	100.00%	0.00%	0.00%	0.00%	100.00%
后勤部	0.00%	100.00%	0.00%	0.00%	100.00%
机修部	0.00%	100.00%	0.00%	0.00%	100.00%
企划部	5.32%	65.09%	0.00%	29.60%	100.00%
销售部	#DIV/0!	#DIV/0!	#DIV/0!	#DIV/0!	#DIV/0!
组装部	0.00%	43.43%	56.57%	0.00%	100.00%
总计	2.66%	62.90%	23.98%	10.46%	100.00%

图 5-39　各类固定资产折旧额占同行数据总和的百分比

（5）选择图 5-38 所示的数据透视表区域中任意一个单元格，单击“数据透视表工具—选项”选项卡下“工具”组中的“数据透视图”按钮，打开“插入图表”对话框，在左侧列表中选择“柱形图"选项,在右侧选择"簇状柱形图"选项,单击 [确定] 按钮后,就会在当前界面生成一张数据透视图,如图 5-41 所示。

图 5-40 各类固定资产折旧额占同列数据总和的百分比

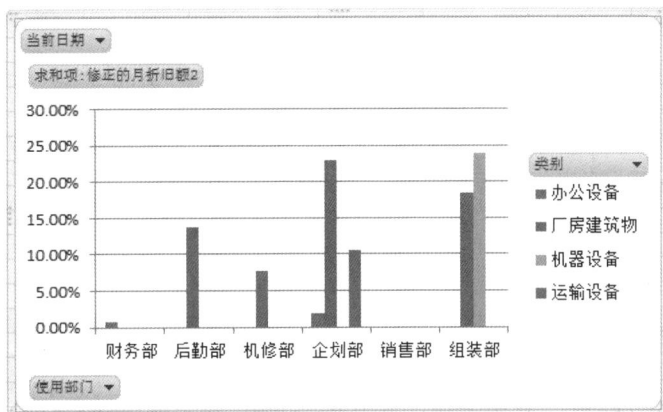

图 5-41 固定资产折旧汇总数据透视图

项目小结

本项目介绍了如何运用 Excel 2010 对固定资产进行管理。首先介绍了固定资产的概念,然后介绍了固定资产管理的流程,最后完成了运用 Excel 2010 输入固定资产卡片,进行固定资产新增、减少和调拨,计提固定资产折旧,对固定资产数据进行查询和汇总分析等各项管理工作。通过学习本项目内容,学生能够学会使用 Excel 2010 设计固定资产核算系统,运用筛选及数据分析工具进行固定资产数据的汇总和查询。

项目实训

1. 实训目的

(1)学会使用 Excel 2010 设计固定资产核算系统。

(2)学会运用筛选及数据分析工具进行固定资产数据的汇总和查询。

2. 实训资料

SD 公司是一家生产机械设备的企业。该企业规模虽然不大，但固定资产较多，价值较高，因此，固定资产管理对于该公司来说相当重要。SD 公司设有厂部、财务部、人事部、采购部、销售部、金工车间、机装车间等部门。固定资产的所属部门在使用固定资产时，还需要负责该固定资产的日常维护。

目前，SD 公司已有 11 台各类固定资产，固定资产的集中管理由财务处负责，每个固定资产都有一张卡片，用于记录其增加方式、开始使用日期、固定资产编码、规格、种类、所属部门、原始价值、累计价值、净值、折旧方法等信息。固定资产日常管理业务有固定资产新增、减少，部门间的调拨，月折旧额的计提，折旧数据的汇总分析。

SD 公司的固定资产分为房屋建筑类、机械设备类、运输工具类、办公设备类，它们的编码分别为 02、03、05、06，净残值率分别为 5%、4%、4%和 3%。005 号固定资产的预计总工作量为 400 000 千米，本月之前的工作量为 200 000 千米，本月工作量为 2 000 千米。

该公司从 2021 年 6 月起使用 Excel 2010 核算固定资产。固定资产详细情况如表 5-3 所示。

表 5-3　　　　　　　　　　　　　固定资产详细情况

卡片编号	固定资产编号	固定资产名称	资产类别	增加方式	使用部门	使用状态	开始使用日期	预计使用年限/年	总工作量/千米	原值/元	折旧方法
001	101001	办公楼	02	自建	厂部	在用	2011/12/1	20		1 000 000	直线法
002	101002	金工车间	02	自建	金工车间	在用	2016/12/1	20		800 000	直线法
003	101003	机装车间	02	自建	机装车间	在用	2016/12/1	20		500 000	直线法
004	101004	仓库	02	自建	采购部	在用	2014/12/1	20		200 000	直线法
005	201001	客车	05	直接购入	采购部	在用	2015/12/1		400 000	100 000	工作量法
006	301001	计算机	06	直接购入	人事部	在用	2017/12/1	5		6 000	直线法
007	201002	吊车	03	投资者投入	机装车间	在用	2017/12/1	10		130 000	双倍余额递减法
008	000008	会议桌	06	直接购入	厂部	在用	2017/12/1	5		2 000	直线法
009	301002	计算机	06	部门调拨	销售部	在用	2017/12/1	5		6 000	直线法
010	301003	打印机	06	部门调拨	财务部	在用	2017/12/1	5		2 000	直线法
011	301004	计算机	06	直接购入	财务部	在用	2015/6/1	5		12 000	直线法

3. 实训要求

（1）设计固定资产卡片样式，输入固定资产卡片的初始数据。

（2）固定资产折旧计提。

（3）固定资产查询。

（4）固定资产折旧数据的汇总分析。

项目六

Excel 2010 在进销存管理中的应用

1. 掌握进销存管理相关的业务处理流程。
2. 了解进销存管理中数据之间的关系。

1. 学会使用 Excel 2010 设计进销存管理系统。
2. 掌握工作表数据之间的操作。

1. 认真履行岗位职责,强化业务技能。
2. 及时、准确地开展进销存管理,做到一丝不苟、精益求精。

一、情境

李娜在 2021 年 7 月为丰源公司设计了一套 Excel 2010 固定资产核算系统,不仅简化了固定资产计提折旧等烦琐的工作,而且还利用 Excel 2010 对不同部门的不同类别的折旧数额进行了分析,并对固定资产管理提出了具有针对性的建议,深得领导的赏识。她备受鼓舞,决定从 2021 年 8 月开始尝试使用 Excel 2010 设计该公司的进销存管理系统。

丰源公司主要从事生产、销售小型设备等业务活动。该公司的供应商资料和客户资料如表 6-1、表 6-2 所示。假设丰源公司采用月末一次加权平均法进行存货发出核算,截至 2021 年 8 月,该公司与各供应商、客户间的往来货款已结清。

表 6-1   供应商资料

供应商编号	供应商名称	开户银行	账号	纳税人登记号
1	成都机械公司	建行人民路支行	546713356732178	510100987654321

续表

供应商编号	供应商名称	开户银行	账号	纳税人登记号
2	西安红岭工贸公司	农行丰庆路支行	657435865290858	610100123456789
3	天津物资供应公司	农行红星路分理处	243543267898765	120100657894321

表6-2　　　　　　　　　　客户资料

客户编号	客户名称	开户银行	账号	纳税人登记号
1	石家庄五金公司	建行红旗大街分理处	845739021895476	130100987654321
2	黄河机械厂	农行迎宾路支行	432657189346028	370500387291045
3	大连明达机械公司	农行建设路分理处	327896574910347	210200321654987
4	河北清河纺织公司	工行胜利分理处	876936352173480	130683123456789

该公司的库存材料和库存商品信息如表6-3、表6-4所示。

表6-3　　　　　　　　　　库存材料信息

明细账户		单位	数量	单价/元	金额/元
主要材料	X材料	吨	400	40	16 000
	Y材料	吨	400	35	14 000
	Z材料	吨	20	28	560
辅助材料	配件A	件	100	20	2 000
	配件B	件	400	3	1 200
合计					33 760

表6-4　　　　　　　　　　库存商品信息

明细账户	单位	数量	借贷	单价/元	金额/元
甲设备	件	20	借	1 032	20 640
乙设备	件	25	借	512	12 800
合计					33 440

2021年8月，丰源公司的进销存业务如下。

（1）1日，从西安红岭工贸公司购入200吨X材料，单价40元。采购发票号为501211。

（2）3日，向石家庄五金公司销售10台甲设备，单价2 000元，货款未收。

（3）5日，从成都机械公司购入30吨Z材料，单价30元，材料验收入库，款项已电汇。结算单据为1205，采购发票号为301202。

（4）8日，从天津物资供应公司采购100件配件A，单价21元。货款未付，采购发票号为201801。

（5）9日，销售5台乙设备给黄河机械厂，单价1 000元，货款未收。

（6）11日，车间领用材料，包括300吨X材料，单价40元；300吨Y材料，单价35元；10吨Z材料，单价28元。

（7）15日，从成都机械公司购入200件配件B，单价3元；购入200吨Y材料，单价35元。采购发票号为301215。

（8）18日，从西安红岭工贸公司购入300吨X材料，单价40元。采购发票号为501235。

（9）26日，车间领用辅助材料，包括100件配件A，单价20元；300件配件B，单价3元。

（10）27 日，收到销售给石家庄五金公司甲设备的价款 20 000 元。结算票据号为 23124。

（11）结转完工产品成本。

二、分析

进销存管理是企业内部管理的重要环节。采购是企业实现价值的开始，采购成本直接影响企业的利润，因此采购管理是企业管理的重点；销售是企业实现价值的主要手段，是企业进销存管理系统的重要组成部分；存货是企业会计核算和管理的重要环节，存货的管理会直接影响企业的采购、生产和销售业务的进行。利用 Excel 2010 进行进销存管理可以提高工作效率，并间接提高企业的经济效益。

丰源公司的进货流程：采购员接到缺货信息后，分析其是否合理，再将订单下达给供应商；材料送达后，实物入库，财务人员根据入库单登记库存账；对于未付款的业务，转入未付款供应商单独处理。

丰源公司的产品销售流程：接收客户订单，签订销售合同，向客户发货并收款，对形成应收账款的业务进行单独管理。每笔销售业务发生时都要及时更新库存，登记各种产品的库存明细账。

丰源公司的库存管理流程：材料采购入库、产品完工入库、领料退货等业务均涉及库存的变化，丰源公司实行一料一账制度，每收发一次货就需要盘点一次，当天的所有材料和产品进出都要记录，当天全部处理完毕，如有异常，应及时处理。

根据以上信息分析，丰源公司利用 Excel 2010 进行进销存管理时，可以分成 5 项工作任务：输入期初数据→处理采购与付款业务→处理销售与收款业务→建立库存管理表→登记材料和商品明细账。

06

任务一　输入期初数据

丰源公司若要利用 Excel 2010 管理进销存业务，首先要把库存商品和库存材料的期初数据输入工作簿中，作为手工账和新进销存管理系统的衔接。

通过整理存货手工账及对公司业务的分析发现，丰源公司存货期初数据应包含如下内容：商品/材料编码、商品/材料名称、型号规格、单位、期初库存、期初单位成本和期初余额等。

新建一个工作簿，命名为“进销存管理”，打开“进销存管理”工作簿，将 Sheet 1 工作表重命名为“存货列表及期初数据”，再输入表 6-3 和表 6-4 中的相关数据。选择 A1:G1、A6:G6 单元格区域，将“字体”设置为“加粗”“居中”、单元格背景颜色设置为青绿色。选择 A1:G3、A6:G11 单元格区域，设置表格边框类型为“所有框线”，完成后的效果如图 6-1 所示。

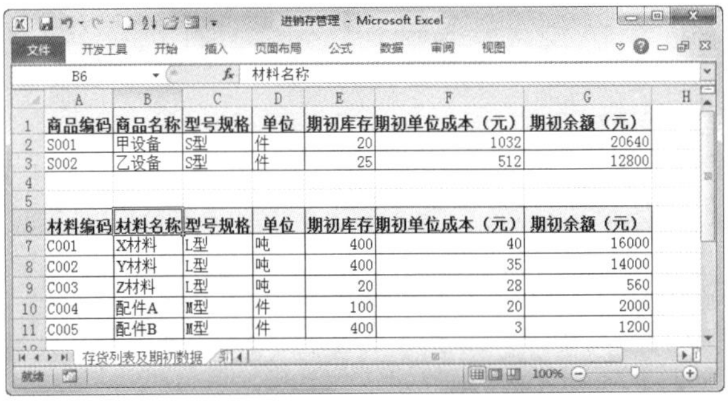

商品编码	商品名称	型号规格	单位	期初库存	期初单位成本（元）	期初余额（元）
S001	甲设备	S型	件	20	1032	20640
S002	乙设备	S型	件	25	512	12800

材料编码	材料名称	型号规格	单位	期初库存	期初单位成本（元）	期初余额（元）
C001	X材料	L型	吨	400	40	16000
C002	Y材料	L型	吨	400	35	14000
C003	Z材料	L型	吨	20	28	560
C004	配件A	M型	件	100	20	2000
C005	配件B	M型	件	400	3	1200

图 6-1　存货列表及期初数据

微课 6-1　输入期初数据

任务二　处理采购与付款业务

处理采购与付款业务时，企业需要了解存货购入的基本信息和付款的相关信息。企业要同供货商建立良好的合作关系，根据采购计划请购，经过审批后，签订采购合同并实施采购。订购的存货到达后，经验收合格后，仓库管理人员在收款单上签字，财务人员根据采购发票和签过字的入库凭证（收货单或请购单）确定付款方式，完成付款业务。利用 Excel 2010 进行采购与付款业务管理，需要建立采购业务和付款业务的数据清单。

由于丰源公司的采购业务涉及材料和配件的采购，所以需要建立两个工作表——"采购业务表"和"付款业务表"，分别由采购部门和财务部门记录。"采购业务表"是记录材料和配件采购相关信息的数据清单，"付款业务表"是记录付款相关信息的数据清单。

一、编制采购业务表

采购是指企业为满足自身的需求或保证生产经营活动的正常进行而从资源市场获取资产的过程，企业可以根据所发生的采购业务编制采购业务表，详细记录采购的日期、商品名称、规格型号、单价、数量、金额以及供应商等信息。

微课 6-2　编制采购业务表

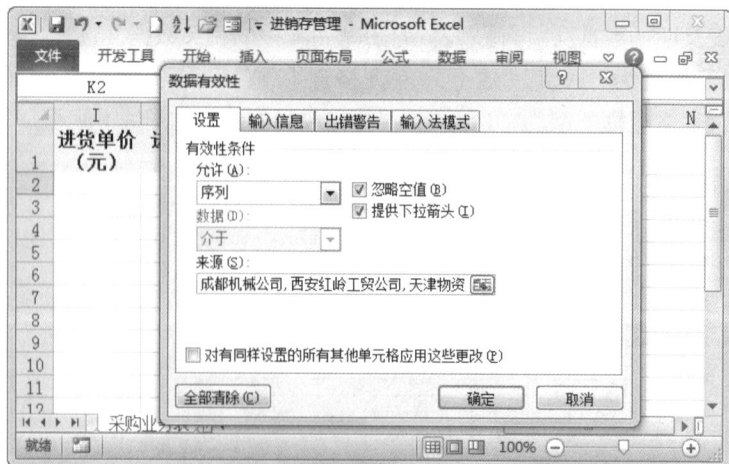

（1）打开"进销存管理"工作簿，将 Sheet 2 工作表重命名为"采购业务表"。在 A1:M1 单元格区域中输入如下项目：业务日期、采购发票号、摘要、材料编码、材料名称、型号规格、单位、进货数量、进货单价（元）、进货金额（元）、供应商、已付货款（元）和应付货款余额（元）。

（2）选择 A1:M1 单元格区域，将"字体"设置为"加粗""居中"、单元格背景颜色设置为青绿色。

（3）丰源公司有稳定的供货商，为了方便输入并防止输入错误，可对"供应商"列进行有效性设置，即选择 K2 单元格，单击"数据"选项卡下"数据工具"组中的"数据有效性"按钮■完成相关设置。"供应商"列的数据有效性设置来源为：成都机械公司、西安红岭工贸公司、天津物资供应公司，如图 6-2 所示。

图 6-2　数据有效性设置

（4）对某些单元格进行条件格式设置。将"应付货款余额（元）"列的单元格设置为黄色背景。选择 M2 单元格，单击"开始"选项卡下"样式"组中的"条件格式"按钮，在下拉列表中选择"突出显示单元格规则"选项下的"等于"选项。打开"等于"对话框，在数值框中输入"0"，在"设置为"下拉列表中选择"黄填充色深黄色文本"选项，如图 6-3 所示。

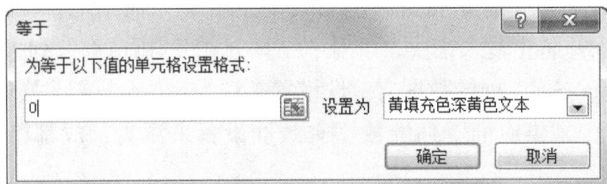

图 6-3　设置单元格的条件格式

（5）根据丰源公司本月的采购资料，依次输入"业务日期""采购发票号""摘要""材料编码""进货数量""进货单价（元）""供应商"等列的信息。"材料名称""型号规格""单位"等列的信息可通过"存货列表及期初数据"工作表的对应关系自动显示。其具体设置方法为：选择 E2 单元格，输入公式"=VLOOKUP(D2,存货列表及期初数据!A\$1:G\$11,2,0)"，再利用填充柄把 E2 单元格中的公式复制到该列其他单元格中；选择 F2 单元格，输入公式"=VLOOKUP(D2,存货列表及期初数据!A\$1:G\$11,3,0)"，再利用填充柄把 F2 单元格中的公式复制到该列其他单元格中；选择 G2 单元格，输入公式"=VLOOKUP(D2,存货列表及期初数据!A\$1:\$G\$11,4,0)"，再利用填充柄把 G2 单元格中的公式复制到该列其他单元格中。L 列和 M 列的数据可根据相关业务直接输入。

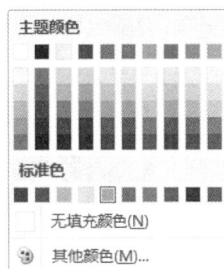

（6）选择 J2 单元格，输入公式"=H2*I2"，再利用填充柄把 J2 单元格中的公式复制到该列其他单元格中。

（7）将自动生成数据的单元格背景颜色设置为浅绿色，如图 6-4 所示。

（8）设置 A1:M7 单元格区域的边框类型为"所有框线"。

上述操作完成后的效果如图 6-5 所示。

图 6-4　设置单元格背景色

图 6-5　采购业务表

二、编制付款业务表

付款是指付款人向收款人支付全部或部分金额的行为。付款业务表可以详细记录付款的日期、付款的商品信息、结算方式、付款金额、结算票据号和付款对象等信息。

（1）打开"进销存管理"工作簿，将 Sheet 3 工作表重命名为"付款业务表"。

（2）在 A1:G1 单元格区域中输入如下项目：付款日期、结算方式、结算票据号、供应商、应付货款（元）、已付货款（元）、应付账款余额（元）。

（3）为了方便输入并防止输入错误，可对"结算方式""供应商"列进行数据有效性设置。"结算方式"列的数据有效性设置来源为：现金支票、转账支票、银行汇票、银行本票、汇兑、信用证。"供应商"列的数据有效性设置来源为：成都机械公司、西安红岭工贸公司、天津物资供应公司。

（4）根据丰源公司的付款信息，依次输入"付款日期""结算票据号""供应商"列的信息，"应付货款（元）""已付货款（元）"可通过"采购业务表"工作表中的相关数据得到。选择 E2 单元格，输入公式"=SUMIF(采购业务表!K\$2:K\$22,D2,采购业务表!J\$2:J\$22)"，再利用填充柄把 E2 单元格中的公式复制到该列其他单元格中；选择 F2 单元格，输入公式"=SUMIF(采购业务表!K\$2:K\$22,D2,采购业务表!L\$2:L\$22)"，再利用填充柄把 F2 单元格中的公式复制到该列其他单元格中；选择 G2 单元格，输入公式"=E2-F2"，再利用填充柄把 G2 单元格中的公式复制到该列其他单元格中。

经过计算，丰源公司的"付款业务表"如图 6-6 所示。

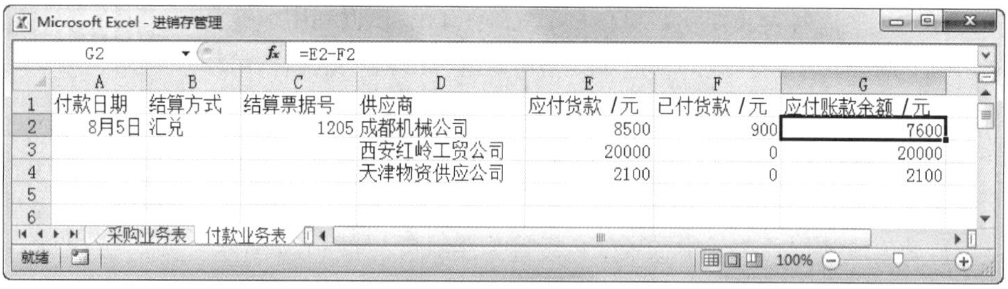

图 6-6 付款业务表

任务三 处理销售与收款业务

销售是企业生产经营活动的重要环节，是企业取得营业收入的必要手段。处理销售与收款业务时，企业不仅要了解有关产品的销售信息和收款结算信息，还要记录与客户间的沟通联系及客户还款的情况。

使用 Excel 2010 处理销售与收款业务，应建立产品销售业务表、车间领用材料表和收款业务表。产品销售业务表是记录企业销售商品和销售结算相关信息的数据表格，车间领用材料表是记录车间领用材料相关信息的数据表格，收款业务表是记录收款信息的数据表格。

一、建立产品销售业务表

销售是指以出售、租赁或其他任何方式向第三方提供产品或服务的行为。产品销售业务表可以详细记录销售日期、销售商品、销售对象、应收及实收款项、客户等信息。

（1）打开"进销存管理"工作簿，在"付款业务表"工作表后插入一张新工作表，并将其命名为"产品销售业务表"。

（2）在 A1:L1 单元格区域中输入如下项目：业务日期、摘要、客户、商品编码、商品名称、型号规格、单位、销售数量、销售单价（元）、应收货款（元）、实收货款（元）、应收账款余额（元）。

（3）为了方便输入并防止输入错误，可对"客户"列进行数据有效性设置。"客户"列的数据有效性设置来源为：石家庄五金公司、黄河机械厂、大连明达机械公司、河北清河纺织公司，如图 6-7 所示。

（4）对个别单元格进行条件格式设置。为了清晰地表示已结清款项的业务，可将已结清款项的单元格设置为黄色背景。选择"产品销售业务表"中的 L2 单元格，单击"开始"选项卡下"样式"组中的"条件格式"按钮 🔳，在下拉列表中选择"突出显示单元格规则"下的"等于"选项。打开"等于"对话框，在数值框中输入"0"，在"设置为"下拉列表中选择"黄填充色深黄色文本"选项，如图 6-8 所示。

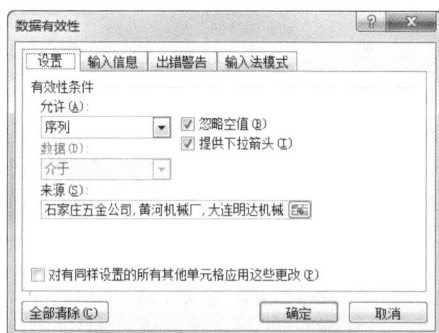

图 6-7　数据有效性设置

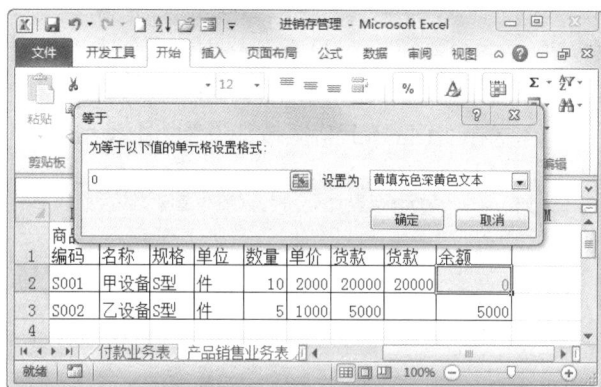

图 6-8　设置条件格式

（5）根据丰源公司的销售数据，直接输入"业务日期""摘要""商品编码""销售数量""销售单价（元）""实收货款（元）"等列的内容，然后利用 VLOOKUP 函数自动计算出每个"商品编码"对应的"商品名称""型号规格""单位"。在 E2 单元格中输入公式"=VLOOKUP(D2,存货列表及期初数据!\$A\$1:\$G\$25,2,0)"，在 F2 单元格中输入公式"=VLOOKUP(D2,存货列表及期初数据!\$A\$1:\$G\$25,3,0)"，在 G2 单元格中输入公式"=VLOOKUP(D2,存货列表及期初数据!\$A\$1:\$G\$25,4,0)"，在 J2 单元格中输入公式"=H2*I2"，在 L2 单元格中输入公式"=J2-K2"。公式输入完成后，利用填充柄将各公式复制到同一列的其他单元格中。

（6）选择 A1:L3 单元格区域，设置边框类型为"所有框线"。完成后的效果如图 6-9 所示。

图 6-9　产品销售业务表

二、建立车间领用材料表

企业在制造产品时需要用到各种原材料，为了方便管理，可以建立车间领用材料表来详细记录材料的领用日期、领用数量等信息。

（1）打开"进销存管理"工作簿，在"产品销售业务表"工作表后插入一张新工作表，并将其命名为"领用材料表"。

（2）在 A1:I1 单元格区域中输入如下项目：业务日期、摘要、材料编码、材料名称、型号规格、单位、销售/领用数量、销售/领用单价（元）、销售/领用金额（元）。

（3）在"领用材料表"工作表中，"业务日期""摘要""材料编码""销售/领用数量""销售/领用单价（元）"可根据丰源公司的材料领用情况直接输入，"材料名称""型号规格"和"单位"可以通过 VLOOKUP 函数自动生成。在 D2 单元格中输入公式"=VLOOKUP(C2,存货列表及期初数据!\$A\$6:\$G\$12,2,0)"，在 E2 单元格中输入公式"=VLOOKUP(C2,存货列表及期初数据!\$A\$6:\$G\$12,3,0)"，在 F2 单元格中输入公式"=VLOOKUP(C2,存货列表及期初数据!\$A\$6:\$G\$12,4,0)"，在 I2 单元格中输入公式"=G2*H2"。公式输入完成后，利用填充柄将各公式复制到同一列的其他单元格中即可。

（4）选择 A1:I6 单元格区域，设置边框类型为"所有框线"。完成后的效果如图 6-10 所示。

图 6-10　领用材料表

三、建立收款业务表

收款是指交付产品之后收到货款时的一种确认方法。收款业务表可以详细记录收款日期、结算方式、结算票据号、付款人、收款金额等信息。

（1）打开"进销存管理"工作簿，在"领用材料表"工作表后插入一张新工作表，并将其命名为"收款业务表"。

（2）在"收款业务表"的 A1:G1 单元格区域中输入如下项目：收款日期、结算方式、结算票据号、客户、应收货款（元）、已收货款（元）、应收账款余额（元）。

（3）在"收款业务表"工作表中，输入"收款日期""结算方式""结算票据号""客户"列的

数据。"应收货款（元）""已收货款（元）"列的数据可通过对"产品销售业务表"工作表中的相关数据计算得到。选择 E2 单元格，输入公式"=SUMIF(产品销售业务表!$C$2:$C$10,D2,产品销售业务表!$J$2:$J$10)"，其函数参数设置如图 6-11 所示。选择 F2 单元格，输入公式"=SUMIF(产品销售业务表!$C$2:$C$10,D2,产品销售业务表!$K$2:$K$10)"；选择 G2 单元格，输入公式"=E2-F2"。公式输入完成后，利用填充柄将各公式复制到同一列的其他单元格中，即可得到"收款业务表"，结果如图 6-12 所示。

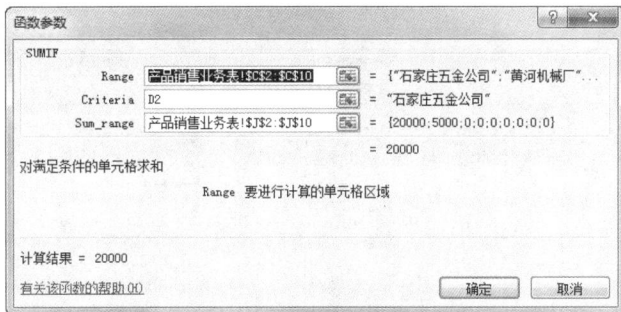

图 6-11　计算应收货款

图 6-12　收款业务表

任务四　建立库存管理表

库存管理是企业进销存管理不可缺少的环节，与采购管理和销售管理紧密相连。无论是采购的原材料还是企业的库存商品，都需要进行入库和出库统计。本任务主要介绍使用 Excel 2010 进行商品入库和出库统计的方法，以及对库存量的控制。建立库存管理表的操作步骤如下。

微课 6-7　建立库存管理表

（1）打开"进销存管理"工作簿，在"收款业务表"工作表后插入一张新工作表，并将其命名为"库存管理表"。

（2）在 A1:L1 单元格区域中输入如下项目：商品/材料名称、规格型号、单位、期初结存数量、期初结存金额（元）、购入数量、本期增加金额（元）、发出数量、发出成本（元）、库存数量、结存金额（元）、单位成本（元）。

（3）利用条件格式对库存数量进行监控，当库存数量小于 300 时，应及时补充进货；当库存数量大于 1 000 时，提醒不再进货。设置库存数量大于 1 000 的突出显示方式：选择 J2 单元格，单击“开始”选项卡下“样式”组中的“条件格式”按钮，选择“突出显示单元格规则”下的“大于”选项。打开“大于”对话框，在数值框中输入“1 000”，在“设置为”下拉列表中选择“浅红填充色深红色文本”选项。设置库存数量小于300的突出显示方式：再次单击“开始”选项卡下“样式”组中的“条件格式”按钮，选择“突出显示单元格规则”下的“小于”选项。打开“小于”对话框，在数值框中输入“300”，在“设置为”下拉列表中选择“黄填充色深黄色文本”选项。格式设置完成后，利用填充柄将J2单元格中的格式复制到该列的其他单元格中，效果如图6-13所示。

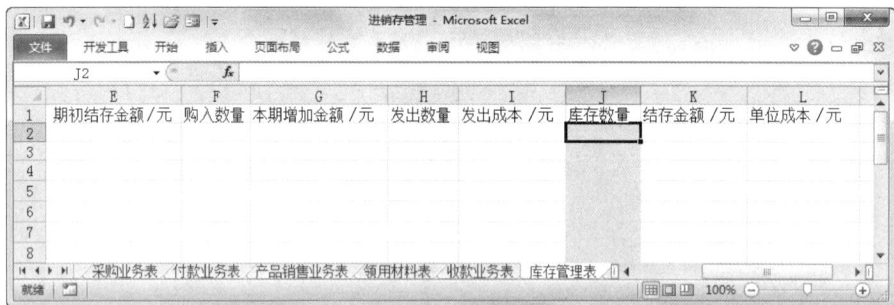

图6-13 定义条件格式后的库存数量

（4）利用公式输入各单元格的数据。在“库存管理表”工作表中，输入“商品/材料名称”“规格型号”列的数据。“期初结存数量”“期初结存金额（元）”列的数据可通过对“存货列表及期初数据”工作表中的相关数据计算得到；“购入数量”“本期增加金额”列的数据可通过对“采购业务表”工作表中的相关数据计算得到；“发出数量”列的数据可通过“产品销售业务表”工作表中的相关数据计算得到。在D2单元格中输入公式“=SUMIF(存货列表及期初数据!C:C,B2,存货列表及期初数据!E:E)”，在E2单元格中输入公式“=SUMIF(存货列表及期初数据!C:C,B2,存货列表及期初数据!G:G)”，在F2单元格中输入公式“=SUMIF(采购业务表!F:F,B2,采购业务表!H:H)”，在G2单元格中输入公式“=SUMIF(采购业务表!F:F,B2,采购业务表!J:J)”，在H2单元格中输入公式“=SUMIF(产品销售业务表!E:E,B2,产品销售业务表!H:H)”，在I2单元格中输入公式“=H2*L2”，在J2单元格中输入公式“=D2+F2−H2”。

由于丰源公司是采用加权平均法计算发出存货成本的，所以在K2单元格中输入公式“=E2+G2−I2”，在L2单元格中输入公式“=（E2+G2）/（D2+F2）”。公式输入完成后，利用填充柄将各公式复制到同一列的其他单元格中。

（5）选择A1:L8单元格区域，设置边框类型为“所有框线”。完成后的效果如图6-14所示。

	E	F	G	H	I	J	K	L
1	期初结存金额/元	购入数量	本期增加金额/元	发出数量	发出成本/元	库存数量	结存金额/元	单位成本/元
2	33440.00	0	0.00	0	0.00	45	33440.00	743.11
3	33440.00	0	0.00	0	0.00	45	33440.00	743.11
4	30560.00	730	27900.00	0	0.00	1550	58460.00	37.72
5	30560.00	730	27900.00	0	0.00	1550	58460.00	37.72
6	30560.00	730	27900.00	0	0.00	1550	58460.00	37.72
7	3200.00	300	2700.00	0	0.00	800	5900.00	7.38
8	3200.00	300	2700.00	0	0.00	800	5900.00	7.38

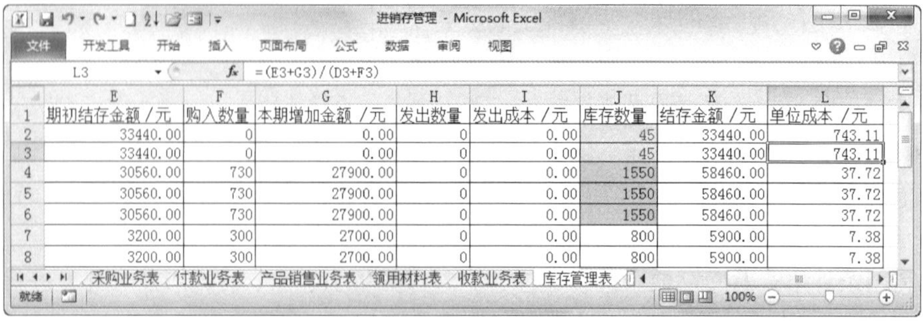

图6-14 库存管理表

任务五　登记材料和商品明细账

为了方便计算结转材料、商品的成本，及时了解库存情况，企业需要按材料和商品的编码、名称、型号规格分别设置活页式明细账，由财务人员根据仓管员每个月的库存报表登账，采用数量金额式账页。

丰源公司有 X 材料、Y 材料、Z 材料 3 种原材料，配件 A、配件 B 两种辅助材料，甲设备、乙设备两种库存商品，登账时应按材料和商品的类别分别设置明细账。

一、输入材料明细账

下面以输入 X 材料明细账为例，介绍登记存货明细账的操作步骤。

（1）打开"进销存管理"工作簿，在"库存管理表"工作表后插入新的工作表，并将其命名为"X 材料明细账"。

（2）在 A1:O1 单元格区域中输入如下项目：业务日期、摘要、材料编码、材料名称、型号规格、单位、入库数量、入库成本（元）、入库金额（元）、领用数量、单价（元）、领用金额（元）、结存数量、结存成本（元）、结存金额（元）。

微课 6-8　输入材料明细账

（3）在 A2:O2 单元格区域中输入期初库存情况，选择 A1:O2 单元格区域，设置边框类型为"所有框线"。完成后的效果如图 6-15 所示。

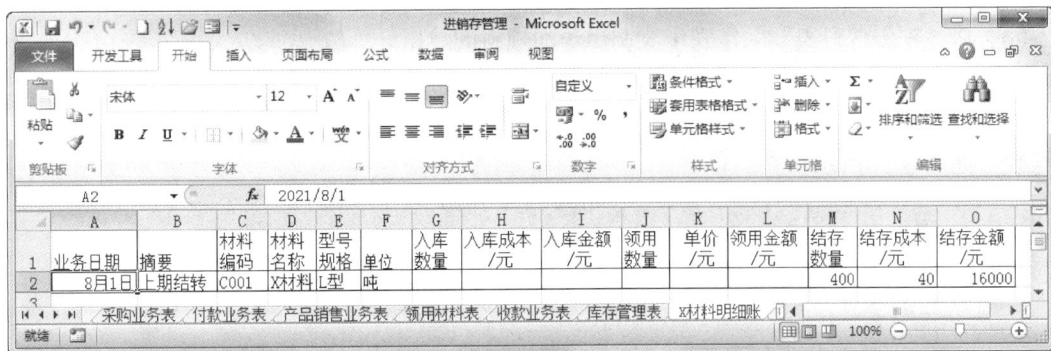

图 6-15　期初库存情况

（4）输入本月相关数据，"业务日期""摘要""材料编码""入库数量""入库成本（元）""领用数量""单价（元）""结存成本（元）"项目可直接输入，"材料名称""型号规格""单位"项目的数据可通过运用 VLOOKUP 函数得到。在 D3 单元格中输入公式"=VLOOKUP(C3,存货列表及期初数据!A:B,2,0)"，在 E3 单元格中输入公式"=VLOOKUP(C3,存货列表及期初数据!A:D,3,0)"，在 F3 单元格中输入公式"=VLOOKUP(C3,存货列表及期初数据!A:D,4,0)"。在 I3 单元格中输入公式"=G3*H3"，得到材料的"入库金额"；在 L3 单元格中输入公式"=J3*K3"，得到材料的"领用金额"；在 M3 单元格中输入公式"=M2+G3-J3"，得到材料的"结存数量"。公式输入完成后，利用填充柄将各公式复制到同一列的其他单元格中。

（5）从第 3 行起逐行输入 X 材料的业务日期、摘要、材料编码、入库数量、入库成本，设置了公式的项目将自动计算出结果，生成的 X 材料明细账如图 6-16 所示。

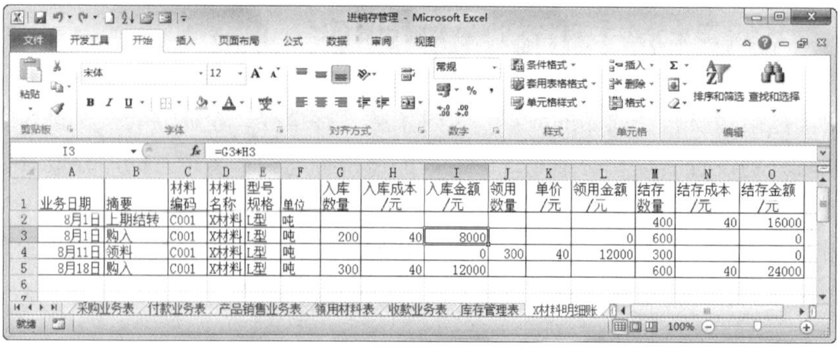

图 6-16 X 材料明细账

二、根据进销总记录表生成明细账

根据进销总记录生成明细账的操作步骤如下。

（1）打开"进销存管理"工作簿，在"X 材料明细账"工作表后插入新的工作表，并将其命名为"进销总记录表"。在 A1:L1 单元格区域中输入如下项目：业务日期、摘要、商品/材料编码、商品/材料名称、型号规格、单位、进货数量、进货单价/元、进货金额/元、销售/领用数量、销售/领用单价/元、销售/领用金额/元。

微课 6-9 根据进销总记录表生成明细账

（2）在"进销总记录表"工作表中，从"存货列表及期初数据"工作表中复制出期初数据。

（3）从"采购业务表"工作表中复制出材料采购的数据。

（4）从"领用材料表"工作表中复制出车间领料的数据。

（5）从"产品销售业务表"工作表中复制出产品销售的数据。

（6）对以上数据按"业务日期"进行排序，并设置边框类型为"所有框线"，完成的"进销总记录表"如图 6-17 所示。

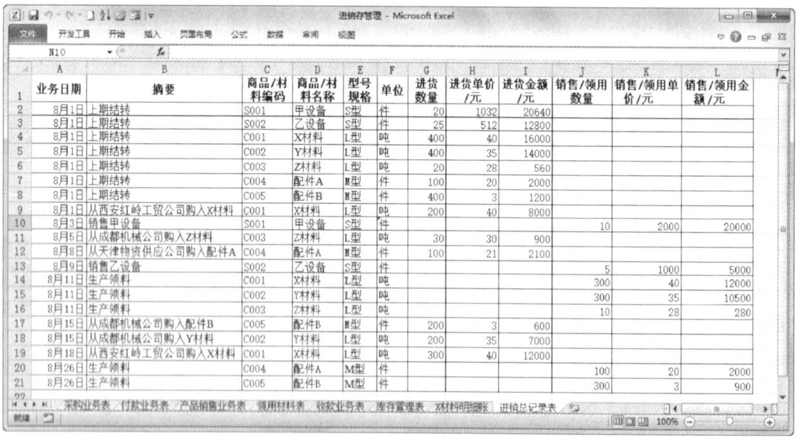

图 6-17 进销总记录表

（7）选择"进销总记录表"工作表中带有数据区域中的任意一个单元格，单击"数据"选项卡下"排序和筛选"组中的"筛选"按钮 ▼，进入筛选状态。

（8）单击"商品/材料名称"列的下拉按钮 ▾，取消选中"全选"复选框，选中"X 材料"复选框，即可筛选出丰源公司本期 X 材料的所有发生额信息，如图 6-18 所示。

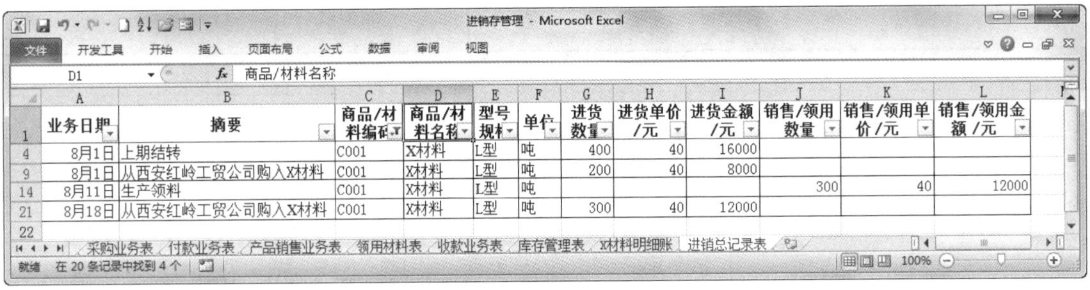

图 6-18 筛选出 X 材料的记录

（9）选择其他筛选条件，即可生成相关商品和材料的明细账。

项目小结

本项目介绍了如何运用 Excel 2010 对进销存业务进行管理。首先介绍了进销存业务的内容，然后介绍了进销存管理的流程，包括输入期初数据、处理采购与付款业务、处理销售与收款业务、建立库存管理表、登记材料和商品明细账。通过学习本项目的内容，学生能够学会使用 Excel 2010 设计进销存管理系统。

项目实训

1. 实训目的

学会使用 Excel 2010 设计进销存管理系统。

2. 实训资料

M 公司为某市品牌电视机的代理销售商，长期为长虹、TCL、海信、东芝公司做代理。该公司 2021 年 7 月的付款、采购、收款、销售业务数据如表 6-5～表 6-8 所示。假设 M 公司采用月末一次加权平均法进行存货发出核算，截至 7 月初，除科新公司欠款 64 000 元外，该公司与各供应商和客户间已结清往来款项。

表 6-5　　　　　　　　　　　付款业务　　　　　　　　　　　单位：元

付款日期	供应商	付款金额
2021-7-2	海信	390 000
2021-7-8	长虹	440 000
2021-7-24	东芝	430 000
2021-7-31	TCL	300 000

表 6-6　　　　　　　　　　　采购业务

采购日期	规格型号	供应商	数量/件	单价/元	采购金额/元
2021-7-1	T-T021	TCL	200	1 120	224 000
2021-7-2	H-T029	海信	300	1 300	390 000
2021-7-3	D-T036	东芝	200	2 150	430 000

续表

采购日期	规格型号	供应商	数量/件	单价/元	采购金额/元
2021-7-4	C-T042	长虹	200	2 200	440 000
2021-7-5	T-G021	TCL	300	1 420	426 000
2021-7-6	H-G029	海信	300	1 500	450 000
2021-7-7	H-G036	海信	200	1 800	360 000
2021-7-8	C-G042	长虹	150	2 000	300 000

表6-7　　　　　　　　　　　收款业务　　　　　　　　　　　单位：元

收款日期	客户	收款金额
2021-7-1	新时代	130 000
2021-7-24	科新公司	400 000
2021-7-31	滨海饭店	480 000

表6-8　　　　　　　　　　　销售业务

销售日期	规格型号	客户	数量/件	单价/元	销售金额/元
2021-7-1	H-G036	新时代	50	2 600	130 000
2021-7-12	C-G042	利群广场	100	2 700	270 000
2021-7-15	D-T036	科新公司	120	2 800	336 000
2021-7-21	C-T042	滨海饭店	160	3 000	480 000
2021-7-24	T-T021	长城宾馆	150	1 500	225 000

06

　　M公司的主管会计要随时了解公司库存、销售情况，以此来确定公司的下一步经营活动，同时也要了解公司客户的应收或预收账款余额和供应商的应付或预付账款余额，以加强对应收、预收账款和应付、预付账款的管理，加快资金回笼，保证公司资金充裕。

3. 实训要求
　　完成下列操作。
　　（1）编制采购业务表。
　　（2）编制付款业务表。
　　（3）编制销售业务表。
　　（4）编制收款业务表。
　　（5）编制库存管理表，并对库存量进行控制，对库存量小于50件和大于100件的商品进行条件格式定义，起到提醒的作用。
　　（6）编制进销总记录表。

项目七
Excel 2010 在财务分析中的应用

知识目标 ↓

1. 了解财务分析的目的，理解财务分析的程序和主要方法。
2. 掌握财务分析的主要数据来源。

能力目标 ↓

1. 掌握财务比率的计算公式，掌握财务图解分析的各种方法，并能够熟练进行计算分析。
2. 能够熟练应用 Excel 2010 建立财务比率分析模型，能够根据财务数据性质合理选择图表类型和图解分析方法，掌握杜邦系统分析图的建立方法。

素质目标 ↓

1. 遵循谨慎的原则，准确判断会计信息的实用性及正确性。
2. 热爱岗位工作，遵守工作规范，约束自身行为，保证账目真实。

工作情境与分析 ↓

一、情境

李娜利用 4 个月的实习时间在丰源公司内部实现了会计电算化，极大地提高了工作效率。到了年末，领导想了解公司的偿债能力、营运能力和盈利能力，以评判公司现状、预测公司未来，为公司决策提供有力的依据。李娜接受了这项工作，她开始学习财务分析知识、整理财务数据，为进行财务分析做好准备。

财务分析是财务管理不可或缺的环节，是一种以会计核算、报表资料及其他相关资料为依据，采用一系列专门的分析技术和方法，对企业等经济组织过去的和现在的相关筹资活动、投资活动、经营活动的偿债能力、盈利能力和营运能力等进行分析与评价，为企业的投资者、债权人、经营者及其他关心企业的组织或个人了解企业过去、评价企业现状、预测企业未来、做出正确决策，提供准确的信息或依据的经济分析方法。无论是投资者、债权人、管理者，还是政府部门、中介机构，正确进行财务分析，对其做出理性决策都具有很强的现实意义。

财务分析程序是指进行财务分析所应遵循的一般规程。研究财务分析程序是进行财务分析的基础与关键，它为开展财务分析工作、掌握财务分析技术指明了方向。从财务分析目标与作用出发，财务分析程序可以归纳为 4 个阶段，共 10 个步骤。

1. 财务分析信息搜集整理阶段

财务分析信息搜集整理阶段主要由以下 3 个步骤组成。

（1）明确财务分析目的。进行财务分析之前，必须明确财务分析的目的：是要评价企业经营业绩、进行投资决策，还是要制订企业未来经营策略。只有明确了财务分析的目的，才能正确地搜集整理信息，选择正确的分析方法，从而得出正确的结论。

（2）制订财务分析计划。在明确财务分析目的的基础上，应制订财务分析计划，财务分析计划包括财务分析的人员组成及分工、时间进度安排，财务分析内容及拟采用的分析方法等。财务分析计划是财务分析顺利进行的保证。

（3）搜集整理财务分析信息。财务分析信息是财务分析的基础，信息搜集整理的及时性、完整性、准确性，对财务分析的正确性有着直接的影响。财务分析信息的搜集整理应根据分析的目的和计划进行，还需要日积月累地搜集各种信息，才能根据不同的分析目的及时提供所需的信息。

2. 战略分析与会计分析阶段

战略分析与会计分析阶段主要由以下两个步骤组成。

（1）企业战略分析。企业战略分析通过对企业所在行业或企业拟进入行业的分析，明确企业自身地位及应采取的竞争策略。企业战略分析通常包括行业分析和企业竞争策略分析。行业分析的目的在于分析行业的盈利水平与盈利潜力。

影响行业盈利水平的因素主要有两类：一类是行业的竞争程度，另一类是市场谈判或议价能力。企业战略分析的关键在于企业如何根据行业分析的结果，正确选择企业的竞争策略，使企业保持持久的竞争优势和高盈利能力。企业的竞争策略有许多种，其中重要的竞争策略有两种，即低成本竞争策略和产品差异策略。

企业战略分析是会计分析和财务分析的基础与导向。通过企业战略分析，财务人员能深入了解企业的经济状况和经济环境，从而进行客观、正确的会计分析与财务分析。

（2）财务报表会计分析。会计分析的目的在于评价企业会计所反映的财务状况与经营成果的真实程度。会计分析一方面通过对会计政策、会计方法、会计披露进行评价，揭示会计信息的质量；另一方面通过对会计灵活性、会计估价进行调整，修正会计数据，为财务分析奠定基础，并保证财务分析结论的可靠性。

进行会计分析时一般按以下步骤进行：第一，阅读会计报告；第二，比较会计报表；第三，解释会计报表；第四，修正会计报表信息。

会计分析是财务分析的基础。在会计分析过程中，对发现的由于会计原则、会计政策等原因引起的会计信息差异，应通过一定的方式加以说明或调整，以解决会计信息失真的问题。

3. 财务分析实施阶段

财务分析是在战略分析与会计分析的基础上进行的，财务分析实施阶段主要包括以下两个步骤。

（1）财务指标分析。财务指标包括绝对数指标和相对数指标两种。对财务指标进行分析时，财务比率指标分析是财务分析的一种重要方法或形式。财务指标能准确反映企业某方面的财务状况。进行财务分析时，应根据分析的目的和要求选择正确的分析指标。债权人进行企业偿债能力分析时，必须选择反映偿债能力的指标或反映流动性情况的指标进行分析，如流动比率指标、速动比率指标、资产负债率指标等；而一个潜在投资者进行企业投资决策分析时，则应选择反映企业盈利能力的指标进行分析，如总资产报酬率、资本收益率、股利报偿率和股利发放率等。正确选择与计算财务指标是正确判断与评价企业财务状况的关键所在。

（2）基本因素分析。财务分析不仅要解释现象，而且要分析原因。因素分析法就是在报表整体分析和财务指标分析的基础上，对一些主要指标的完成情况，从其影响因素角度进行深入的定量分析，确定各因素的影响方向和程度，为企业正确进行财务评价提供基本依据。

4. 财务分析综合评价阶段

财务分析综合评价阶段是财务分析实施阶段的继续，具体可分为以下 3 个步骤。

（1）财务综合分析与评价。财务综合分析与评价是在应用各种财务分析方法进行分析的基础上，将定量分析结果、定性分析判断及实际调查情况结合起来，从而得出财务分析结论的过程。财务分析结论是财务分析的关键性内容，结论的正确性是判断财务分析质量的唯一标准。分析结论的得出往往需要经过多次判断与确认。

（2）财务预测与价值评估。财务分析既是一个财务管理循环的结束，又是另一个财务管理循环的开始。应用历史或现实的财务分析结果预测未来财务状况与企业价值，是企业财务分析的重要任务之一。因此，财务分析不能仅满足于事后分析原因，得出结论，还要对企业的未来发展及价值状况进行分析与评价。

（3）财务分析报告。财务分析报告是财务分析的最后步骤。它将财务分析的基本问题、财务分析结论及针对问题提出的措施建议以书面的形式表示出来，为财务分析主体及财务分析报告的其他受益者提供决策依据。财务分析报告可作为财务分析工作的总结，还可作为历史信息供以后的财务分析参考，从而保证财务分析的连续性。

二、分析

要对丰源公司进行财务分析，首先应该选定财务分析方法。一般来说，财务分析方法主要有以下 4 种。

1. 财务比率分析法

财务比率分析法是解释财务报表的一种基本分析方法，它通过对财务报表中的相关项目进行比较，将分析对比的绝对数变成相对数，从而说明财务报表上所列项目之间的相互关系，并做出某些解释和评价。财务比率分析法是一种常用的财务分析方法，企业运用财务比率分析法可以分析评价偿债能力、盈利能力、营运能力等内容。

2. 财务比较分析法

财务比较分析法是指通过对财务报表中各类相关的数字进行分析比较，尤其是将一个时期的报表同另一个或几个时期的报表进行比较，以判断一家公司的财务状况、经营业绩的演变趋势及在同行业中地位的变化情况的一种财务分析方法。财务比较分析法的目的在于确定引起公司财务状况和经营成果变动的主要原因、确定公司财务状况和经营成果的发展趋势对投资者是否有利及预测公司未来发展趋势。财务比较分析法从总体上看属于动态分析，以差额分析法和比率分析法为基础，可以有效地弥补不足，是财务分析的重要手段。

3. 财务图解分析法

财务图解分析法是指将企业连续多个会计期间的财务数据或财务指标绘制成图表，根据图形走势来判断企业财务状况、经营成果的变化趋势的一种财务分析方法。这种方法能比较简单、直观地反映企业财务状况的发展趋势，使分析者能够发现一些通过财务比较分析法不易发现的问题。

4. 财务综合分析法

财务综合分析，是指将各项财务指标作为一个整体，系统、全面、综合地对企业财务状况和经营成果进行剖析与评价，以说明企业整体财务状况和效益好坏的一种财务分析方法。财务综合分析法实质上是以上各种方法的综合运用，并考虑了部分非报表因素，一般采用的综合分析方法有杜邦分析体系、标准财务比率分析和财务状况综合评分分析等。

丰源公司计划采用以上 4 种方法进行财务分析，财务分析的数据来源即前面用 Excel 2010 生成的资产负债表、利润表等。财务分析以本单位资产负债表和利润表为基础，通过提取、加工和整理会计核算数据来产生所需的数据报表，然后进行加工处理，便可得到一系列的财务指标。

根据企业管理者的需求，丰源公司用 Excel 2010 进行财务分析需要分别完成以下任务：财务比率分析→财务比较分析→财务图解分析→财务综合分析。

任务一　财务比率分析

财务比率分析是指对财务报表中的有关项目进行对比而得出一系列的财务比率，可以从中发现经营中存在的问题，并由此评价企业的财务状况。

一、常用的财务比率指标

常用的财务比率指标有变现能力比率、资产管理比率、负债比率、盈利能力比率等，下面一一介绍。

1. 变现能力比率

变现能力比率又称短期偿债能力比率，是衡量企业产生现金能力大小的比率，它取决于可以在近期转变为现金的流动资产。变现能力比率主要有流动比率和速动比率。

（1）流动比率。流动比率是企业流动资产与流动负债之比，其计算公式如下。

$$流动比率=\frac{流动资产}{流动负债}\times100\%$$

流动资产一般包括现金、有价证券、应收账款及存货。流动负债一般包括应付账款、应付票据、本年到期的债务、应付未付的所得税及其他未付开支。

流动比率是衡量企业短期偿债能力的一个重要财务指标。流动比率越高，说明企业偿还流动负债的能力越强，流动负债的偿还越能得到保障。如果流动负债上升的速度过快，流动比率过低，则企业近期可能会有流动资金方面的困难。但过高的流动比率并非好现象，应注意分析企业的具体情况，检查是否是由资产结构不合理造成的，或者是由募集的长期资金没有尽快投入使用等其他原因造成的。一般而言，流动比率在 2 左右比较合适。

（2）速动比率。速动比率也称酸碱度测试比率，是速动资产和流动负债之比。速动资产是流动资产减去变现能力较差且不稳定的存货、预付账款、一年内到期的非流动资产和其他流动资等后的余额，其计算公式如下。

$$速动比率 = \frac{速动资产}{流动负债} \times 100\%$$

速动资产＝流动资产－存货－预付账款－一年内到期的非流动资产－其他流动资产

一般情况下，速动比率越高，说明企业偿还流动负债的能力越强。但速动比率过高，则表明企业会因现金及应收账款占用过多而增加企业的机会成本。通常情况下，正常的速动比率为 1，低于 1 的速动比率会被认为是短期偿债能力偏低的表现。

2. 资产管理比率

资产管理比率又称运营效率比率，是用来衡量企业在资产管理方面效率高低的财务比率。资产管理比率包括存货周转率、应收账款周转率、流动资产周转率、固定资产周转率和总资产周转率等。通过对这些指标的高低及其成因进行考察，决策者能够对资产是否在有效运转、资产结构是否合理、所有的资产是否能有效利用及资产总量是否合理等问题做出较为客观的判断。

（1）存货周转率。存货周转率是衡量和评价企业购入存货、投入生产、销售收回等各环节管理状况的综合性指标。它是销售成本和平均存货余额之比，又称为存货的周转次数。存货周转率的时间表现形式就是存货周转天数，其计算公式如下。

$$存货周转率（周转次数） = \frac{销售成本}{平均存货余额} \times 100\%$$

$$存货周转天数 = \frac{360}{存货周转率}$$

其中，平均存货余额的计算公式如下。

$$平均存货余额 = \frac{（期初存货余额＋期末存货余额）}{2}$$

存货周转率的高低，会对企业的偿债能力及其获利能力产生决定性的影响。一般来说，存货周转率越高，存货周转率越高，表明存货变现的速度越快，周转额越大，资金占用水平越低。

（2）应收账款周转率。应收账款周转率是反映年度内应收账款转换为现金的平均次数的指标。应收账款周转率的时间表现形式是应收账款周转天数，也称为平均应收款回收期，它表示企业从取得应收账款的权利到收回款项所需要的时间，其计算公式如下。

$$应收账款周转率 = \frac{销售收入}{平均应收账款余额} \times 100\%$$

$$应收账款周转天数 = \frac{360}{应收账款周转率}$$

其中，应收账款包括会计核算中"应收账款"和"应收票据"等全部赊销账款。

$$平均应收账款余额 = \frac{（期初应收款余额＋期末应收款余额）}{2}$$

一般而言，应收账款周转率越高，则应收账款周转天数越少，说明应收账款的收回越快，可以减少坏账损失。但该指标不适合季节性经营的企业。应收账款周转天数还同时考察了企业的信用管理能力，如果与行业平均值偏离过大，则企业应考虑其是否是由企业的信用政策不合理及其他原因造成的。

（3）流动资产周转率。流动资产周转率是销售收入与平均流动资产之比，它反映了全部流动资产的利用效率，其计算公式如下。

$$流动资产周转率=\frac{销售收入}{平均流动资产}\times100\%$$

其中，平均流动资产的计算公式如下。

$$平均流动资产=\frac{（期初流动资产余额+期末流动资产余额）}{2}$$

（4）固定资产周转率。固定资产周转率是企业销售收入与平均固定资产净值之比。该比率越高，说明固定资产的利用率越高，管理水平越好，其计算公式如下。

$$固定资产周转率=\frac{销售收入}{平均固定资产净值}\times100\%$$

其中，平均固定资产净值的计算公式如下。

$$平均固定资产净值=\frac{（期初固定资产净值+期末固定资产净值）}{2}$$

固定资产周转率是用来考察设备、厂房等利用情况的。当固定资产周转率处于较低水平时，说明固定资产没有被充分利用，企业需要分析固定资产没有被充分利用的原因。通常情况下，计划新的固定资产投资时，财务人员需要分析现有固定资产是否已被充分利用。如果企业的固定资产周转率远高于行业平均值，则有可能是需要增加固定资产投资的信号。

一般情况下，固定资产周转率越高，表明企业固定资产利用得越充分。

（5）总资产周转率。总资产周转率是企业销售收入与平均资产总额之比，可以用来分析企业全部资产的使用效率。如果总资产周转率较低，则企业应采取措施提高销售收入或处置资产，以提高总资产利用率，其计算公式如下。

$$总资产周转率（周转次数）=\frac{销售收入}{平均资产总额}\times100\%$$

其中，平均资产总额的计算公式如下。

$$平均资产总额=\frac{（期初资产总额+期末资产总额）}{2}$$

如果企业的总资产周转率较低，则说明企业的资产利用不充分。若企业有闲置资产，则应设法变卖；若企业在建工程未完工，则占用的资产暂时不能带来效益，这一点在分析时应注意。

3. 负债比率

负债比率是说明债务和资产、净资产之间关系的比率。它反映了企业偿付到期长期债务的能力。通过对负债比率进行分析，财务人员可以看出企业的资本结构是否健全、合理，从而评价企业的长期偿债能力。负债比率主要有资产负债率、股东权益比率、产权比率和利息保障倍数等。

（1）资产负债率。资产负债率是企业负债总额与资产总额之比，也称为负债比率，它反映了企业的资产总额中有多少是通过举债得到的。资产负债率可以反映企业偿还债务的综合能力，该比率越高，表明企业偿还债务的能力越弱；该比率越低，则表明企业偿还债务的能力越强，其计算公式如下。

$$资产负债率=\frac{负债总额}{资产总额}\times100\%$$

> **注意**
>
> 在对资产负债率进行分析时，不能简单地对指标数值的高低进行考察。不同的人对资产负债率取值的要求不同。例如，新的贷款人希望企业有较低的资产负债率，当企业发生清偿事件时，贷款人就会更有保障一些，而股东一般希望有较高的资产负债率，这样就可以利用财务杠杆效应增加收益。当然，资产负债率越高，企业的财务风险也就越大。

（2）股东权益比率。股东权益比率是股东权益总额与资产总额之比。该比率反映了企业资产中有多少属于所有者，其计算公式如下。

$$股东权益比率=\frac{股东权益总额}{资产总额}\times100\%$$

（3）产权比率。产权比率又称负债权益比率，是负债总额与股东权益总额之比。该比率反映了债权人所提供资金与股东所提供资金的对比关系，从而揭示出企业的财务风险及股东权益对债务的保障程度。该比率越低，说明企业的长期财务状况越好，债权人贷款的安全越有保障，企业风险越小，其计算公式如下。

$$产权比率=\frac{负债总额}{股东权益总额}\times100\%$$

（4）利息保障倍数。利息保障倍数是税前利润和利息支出之和（即息税前利润）与利息支出的比值，反映了企业用经营所得支付债务利息的能力。该比率越高，说明企业用经营所得支付债务利息的能力越强，从而会增强贷款人对公司支付能力的信任程度，其计算公式如下。

$$利息保障倍数=\frac{（税前利润+利息支出）}{利息支出}=\frac{息税前利润}{利息支出}$$

国际上通常认为该指标为 3 时较为适当，从长期来看，该指标至少应大于 1。

4. 盈利能力比率

盈利能力比率是考察企业赚取利润能力高低的比率。无论是投资人、债权人还是企业经理人员，都应重视和关心企业的盈利能力。盈利能力比率主要包括总资产报酬率、股东权益报酬率和营业利润率等。

（1）总资产报酬率。总资产报酬率也称资产利润率或资产收益率，是企业在一定时期内的净利润与平均资产总额之比。该比率用来衡量企业利用资产获取利润的能力，反映了企业总资产的利用效率。如果企业的总资产报酬率较低，则说明该企业资产利用效率较低，经营管理存在问题，其计算公式如下。

$$总资产报酬率=\frac{净利润}{平均资产总额}\times100\%$$

其中，平均资产总额的计算公式如下。

$$平均资产总额=\frac{（期初资产总额+期末资产总额）}{2}$$

（2）股东权益报酬率。股东权益报酬率也称净资产收益率，是在一定时期内企业的净利润与平均股东权益总额之比。该比率是评价企业获利能力的一个重要财务指标，反映了企业股东获取投资报酬的高低。该比率越高，说明企业的获利能力越强，其计算公式如下。

$$股东权益报酬率=\frac{净利润}{平均股东权益总额} \times 100\%$$

其中，平均股东权益总额的计算公式如下。

$$平均股东权益总额=\frac{（期初股东权益总额＋期末股东权益总额）}{2}$$

（3）营业利润率。营业利润率反映了企业的营业利润与营业收入的比例关系，其计算公式如下。

$$营业利润率=\frac{营业利润}{营业收入} \times 100\%$$

营业利润率越高，表明企业的市场竞争力越强，发展潜力越大，获利能力越强。

二、进行财务比率分析

Excel 2010 是一个应用普遍、功能强大、使用方便的数据表格处理软件，它在财务管理上的应用能有效提高财务管理效率，及时向决策者提供准确的财务信息。财务人员若能正确、灵活地使用 Excel 2010 进行财务管理，那么就可以使原本复杂的数据计算变得简单快捷。在财务管理中，广泛应用的财务分析方法是财务比率分析法。

财务比率分析模型以财务比率分析为基础，运用 Excel 2010 的强大功能建立基本的模式，使管理者能准确、简单、快捷地掌握企业财务状况，从而可以有效地统一指标的数据源，加快数据的处理能力，提高数据计算的准确性，为评价和改进财务管理工作提供可靠的依据。下面为丰源公司 2021 年 5 月的会计报表建立财务比率分析模型。

（1）新建一个工作簿，命名为"2105 财务分析"。打开"2105 财务分析"工作簿，将 Sheet 1 工作表重命名为"资产负债表"，将 Sheet 2 工作表重命名为"利润表"，如图 7-1 所示。

图 7-1　建立工作表

微课 7-1　进行财务比率分析

（2）打开项目三制作的"2105 总账报表"工作簿，选择"2105 资产负债表"工作表中的 A1:H45 单元格区域，单击鼠标右键，在弹出的快捷菜单中选择"复制"命令。打开"2105 财务分析"工作簿中的"资产负债表"工作表，选择 A1 单元格，单击鼠标右键，在弹出的快捷菜单中选择"选择性粘贴"命令，在打开的"选择性粘贴"对话框中的"粘贴"栏中选中"值和数字格式"单选项，如图 7-2 所示。单击 确定 按钮，粘贴结果如图 7-3 所示。再选择 A1 单元格，单击鼠标右键，在弹出的快捷菜

图 7-2　选择性粘贴

中选择"选择性粘贴"命令，在打开的"选择性粘贴"对话框中的"粘贴"栏中选中"格式"单选项，再调整一下单元格的行高与列宽，让每个单元格的内容都能全部显示出来，结果如图 7-4 所示。

图 7-3　仅粘贴"值和数字格式"的结果

图 7-4　粘贴"格式"的结果

（3）使用同样的方法将"2105 总账报表"工作簿中的"2105 利润表"工作表中的内容复制粘贴到"2105 财务分析"工作簿的"利润表"工作表中，如图 7-5 所示。

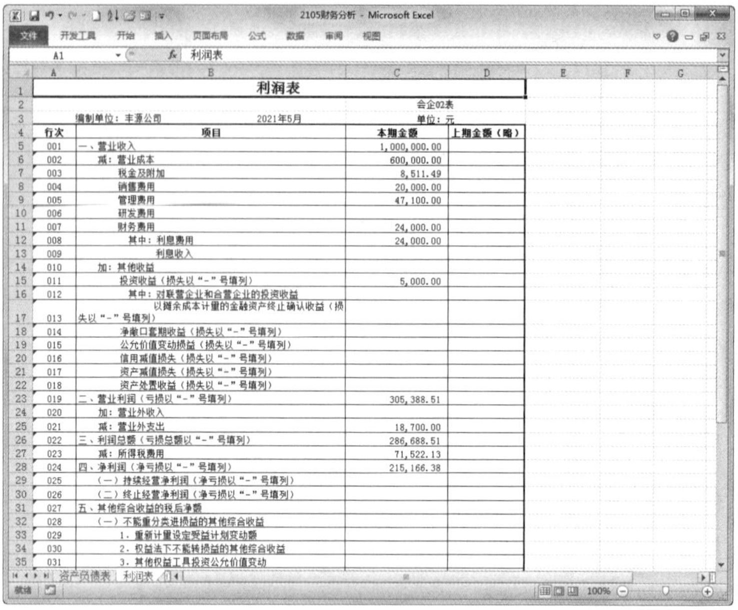

利润表

			会企02表
	编制单位：丰源公司　2021年5月		单位：元
行次	项目	本期金额	上期金额（略）
001	一、营业收入	1,000,000.00	
002	减：营业成本	600,000.00	
003	税金及附加	8,511.49	
004	销售费用	20,000.00	
005	管理费用	47,100.00	
006	研发费用		
007	财务费用	24,000.00	
008	其中：利息费用	24,000.00	
009	利息收入		
010	加：其他收益		
011	投资收益（损失以“-”号填列）	5,000.00	
012	其中：对联营企业和合营企业的投资收益		
013	以摊余成本计量的金融资产终止确认收益（损失以“-”号填列）		
014	净敞口套期收益（损失以“-”号填列）		
015	公允价值变动损益（损失以“-”号填列）		
016	信用减值损失（损失以“-”号填列）		
017	资产减值损失（损失以“-”号填列）		
018	资产处置收益（损失以“-”号填列）		
019	二、营业利润（亏损以“-”号填列）	305,388.51	
020	加：营业外收入		
021	减：营业外支出	18,700.00	
022	三、利润总额（亏损总额以“-”号填列）	286,688.51	
023	减：所得税费用	71,522.13	
024	四、净利润（净亏损以“-”号填列）	215,166.38	
025	（一）持续经营净利润（净亏损以“-”号填列）		
026	（二）终止经营净利润（净亏损以“-”号填列）		
027	五、其他综合收益的税后净额		
028	（一）不能重分类进损益的其他综合收益		
029	1．重新计量设定受益计划变动额		
030	2．权益法下不能转损益的其他综合收益		
031	3．其他权益工具投资公允价值变动		

图 7-5　利润表

（4）将 Sheet 3 工作表重命名为“财务比率分析模型表”，并按照图 7-6 所示的内容制作表格。

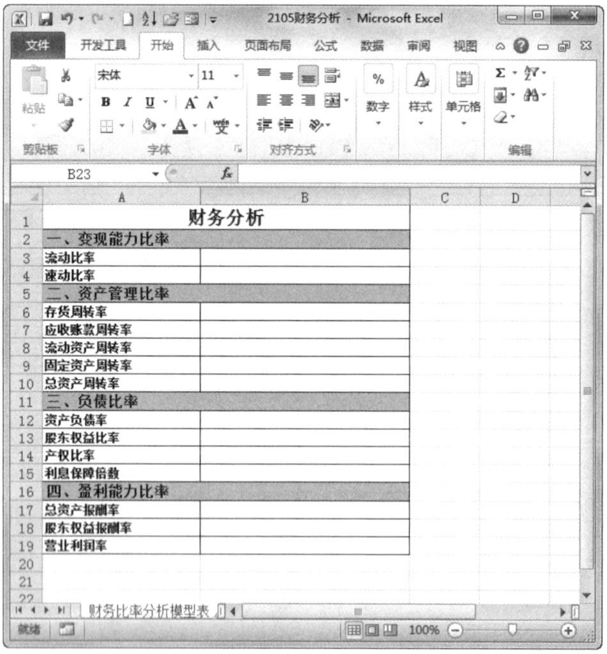

财务分析	
一、变现能力比率	
流动比率	
速动比率	
二、资产管理比率	
存货周转率	
应收账款周转率	
流动资产周转率	
固定资产周转率	
总资产周转率	
三、负债比率	
资产负债率	
股东权益比率	
产权比率	
利息保障倍数	
四、盈利能力比率	
总资产报酬率	
股东权益报酬率	
营业利润率	

图 7-6　财务比率分析模型表

（5）计算流动比率。选择“财务比率分析模型表”工作表中的 B3 单元格，输入公式“=资产负债表!C19/资产负债表!G19”。

（6）计算速动比率。选择“财务比率分析模型表”工作表中的 B4 单元格，输入公式“=(资产负债表!C19-资产负债表!C12-资产负债表!C14-资产负债表!C17-资产负债表!C18)/资产负债表!G19”。

（7）计算存货周转率。选择“财务比率分析模型表”工作表中的 B6 单元格，输入公式“=利润表!C6/((资产负债表!C14+资产负债表!D14)/2)”。

（8）计算应收账款周转率。选择“财务比率分析模型表”工作表中的 B7 单元格，输入公式“=利润表!C5/((资产负债表!C9+资产负债表!C10+资产负债表!D9+资产负债表!D10)/2)”。

（9）计算流动资产周转率。选择“财务比率分析模型表”工作表中的 B8 单元格，输入公式“=利润表!C5/((资产负债表!C19+资产负债表!D19)/2)”。

（10）计算固定资产周转率。选择“财务比率分析模型表”工作表中的 B9 单元格，输入公式“=利润表!C5/((资产负债表!C28+资产负债表!D28)/2)”。

（11）计算总资产周转率。选择“财务比率分析模型表”工作表中的 B10 单元格，输入公式“=利润表!C5/((资产负债表!C45+资产负债表!D45)/2)”。

（12）计算资产负债率。选择“财务比率分析模型表”工作表中的 B12 单元格，输入公式“=资产负债表!G32/资产负债表!C45”。

（13）计算股东权益比率。选择“财务比率分析模型表”工作表中的 B13 单元格，输入公式“=资产负债表!G44/资产负债表!C45”。

（14）计算产权比率。选择“财务比率分析模型表”工作表中的 B14 单元格，输入公式“=资产负债表!G32/资产负债表!G44”。

（15）计算利息保障倍数。选择“财务比率分析模型表”工作表中的 B15 单元格，输入公式“=(利润表!C26+利润表!C11)/利润表!C11”。

（16）计算总资产报酬率。选择“财务比率分析模型表”工作表中的 B17 单元格，输入公式“=利润表!C28/((资产负债表!C45+资产负债表!D45)/2)”。

（17）计算股东权益报酬率。选择“财务比率分析模型表”工作表中的 B18 单元格，输入公式“=利润表!C28/((资产负债表!G44+资产负债表!H44)/2)”。

（18）计算营业利润率。选择“财务比率分析模型表”工作表中的 B19 单元格，输入公式“=利润表!C23/利润表!C5”。

以上指标设置完成后，财务比率分析模型建成，最终效果如图 7-7 所示。

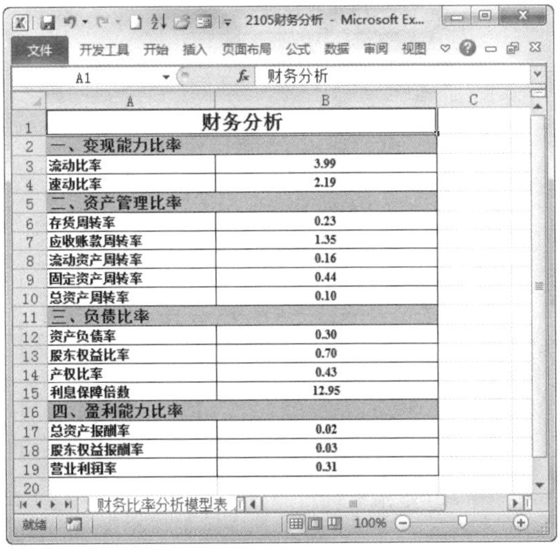

	A	B
1	财务分析	
2	一、变现能力比率	
3	流动比率	3.99
4	速动比率	2.19
5	二、资产管理比率	
6	存货周转率	0.23
7	应收账款周转率	1.35
8	流动资产周转率	0.16
9	固定资产周转率	0.44
10	总资产周转率	0.10
11	三、负债比率	
12	资产负债率	0.30
13	股东权益比率	0.70
14	产权比率	0.43
15	利息保障倍数	12.95
16	四、盈利能力比率	
17	总资产报酬率	0.02
18	股东权益报酬率	0.03
19	营业利润率	0.31

图 7-7　财务比率分析模型最终效果

因为企业可根据经营管理的需求自行调整模型中的项目，所以财务比率分析模型更适合企业管理的实际需要。建立的财务比率分析模型不仅适用于建立时的会计期间，而且适用于以后各会计期间。此外，"财务比率分析模型表"工作表中的数值会随着企业会计报表中数据的变化自动更新，从而保证了财务比率分析数据具有及时性、高效性、直观性的特点，有效地实现了 Excel 2010 对财务数据的管理，为企业管理提供了高质量的数据依据。

任务二　财务比较分析

财务比较分析法是常用的财务分析方法，对比分析时，不仅要考虑指标的经济内容、计价标准、时间范围和计算方法是否具有可比性，还要考虑其在技术经济上的可比性。

一、财务比较分析概述

财务比较分析是指通过主要项目或者指标数值变化的对比确定差异，从而分析和判断企业经营及财务状况的分析方法。财务比较分析是将企业财务比率与标准财务比率（企业历年的财务比率，或者同行业、同规模其他企业的财务比率）进行比较，从中发现差距，从而为查找差距提供线索。

丰源公司刚刚开始进行财务分析，前期没有相关数据，本次所做的财务比较分析将进行企业财务比率与标准财务比率的比较。

二、进行财务比较分析

进行财务比较分析的操作步骤如下。

（1）打开"2105财务分析"工作簿，在"财务比率分析模型表"工作表后插入一张新工作表，并将其命名为"财务比较分析"，然后在该工作表中输入财务比较分析的相关项目，并对整个表格进行格式设置，结果如图 7-8 所示。

微课 7-2　进行财务比较分析

图 7-8　财务比较分析图

（2）查找统计年鉴或类似《中国证券报》等相关报刊上提供的某些具有代表性的上市公司的财务比率，并将其作为财务比较分析中的标准财务比率，如图 7-9 所示。

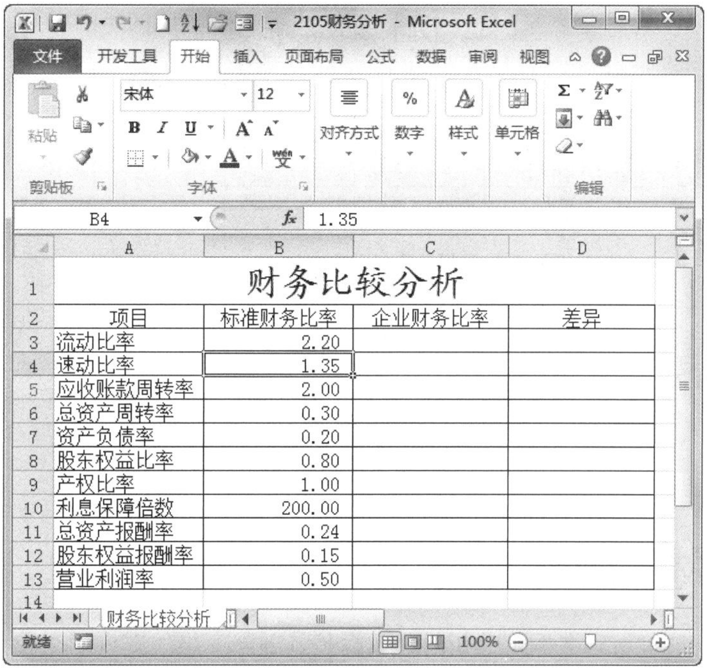

财务比较分析			
项目	标准财务比率	企业财务比率	差异
流动比率	2.20		
速动比率	1.35		
应收账款周转率	2.00		
总资产周转率	0.30		
资产负债率	0.20		
股东权益比率	0.80		
产权比率	1.00		
利息保障倍数	200.00		
总资产报酬率	0.24		
股东权益报酬率	0.15		
营业利润率	0.50		

图 7-9　标准财务比率

（3）按照任务一中介绍的方法计算企业财务比率，如图 7-10 所示。

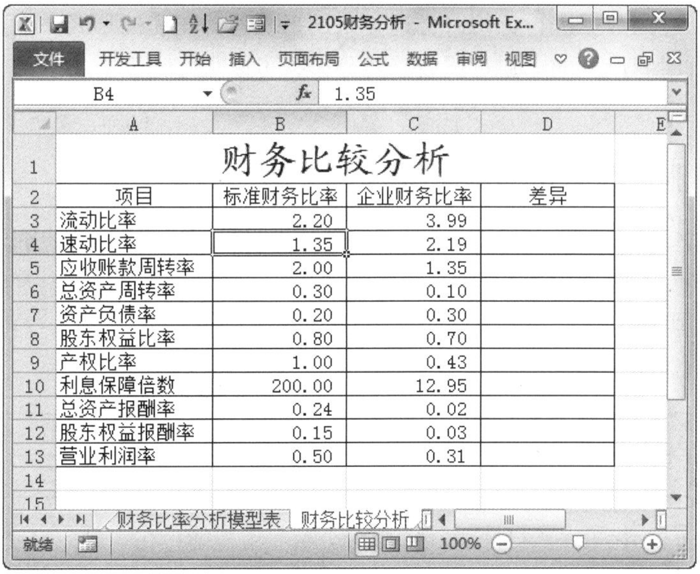

财务比较分析			
项目	标准财务比率	企业财务比率	差异
流动比率	2.20	3.99	
速动比率	1.35	2.19	
应收账款周转率	2.00	1.35	
总资产周转率	0.30	0.10	
资产负债率	0.20	0.30	
股东权益比率	0.80	0.70	
产权比率	1.00	0.43	
利息保障倍数	200.00	12.95	
总资产报酬率	0.24	0.02	
股东权益报酬率	0.15	0.03	
营业利润率	0.50	0.31	

图 7-10　企业财务比率

（4）计算企业财务比率与标准财务比率的差额。选择 D3 单元格，输入公式“=C3-B3”，按【Enter】键确认。将 D3 单元格中的公式复制到 D4:D13 单元格区域中，最终结果如图 7-11 所示。

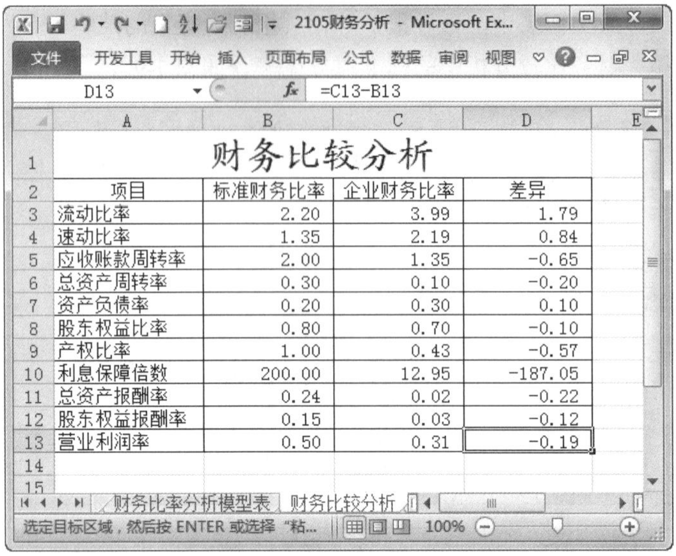

	A	B	C	D
1	财务比较分析			
2	项目	标准财务比率	企业财务比率	差异
3	流动比率	2.20	3.99	1.79
4	速动比率	1.35	2.19	0.84
5	应收账款周转率	2.00	1.35	-0.65
6	总资产周转率	0.30	0.10	-0.20
7	资产负债率	0.20	0.30	0.10
8	股东权益比率	0.80	0.70	-0.10
9	产权比率	1.00	0.43	-0.57
10	利息保障倍数	200.00	12.95	-187.05
11	总资产报酬率	0.24	0.02	-0.22
12	股东权益报酬率	0.15	0.03	-0.12
13	营业利润率	0.50	0.31	-0.19

图 7-11　财务比较分析最终结果

任务三　财务图解分析

在运用图表功能进行财务图解分析时，数据是基础。要想让产生的图表准确、直观、形象地反映事件变化规律及趋势，就要掌握数据采集的有效性、准确性。在进行财务图解分析时，首先要对财务报表中的大量数据进行收集、分类、筛选及分析，从大量复杂的数据中得到想要的数据，然后利用 Excel 2010 的图表功能生成所需要的数据图表。在 Excel 2010 中，图表类型有很多种，对时间序列数据进行分析时，通常采用折线趋势图表的形式。在进行财务分析时，财务数据是在不同时间产生的，通过折线趋势分析，可以很好地反映出公司在不同时期的财务数据的变化趋势。

一、分析主营业务收入的变化趋势

下面根据丰源公司 2016—2020 年的主营业务收入资料，分析其主营业务收入的变化趋势。

（1）收集与整理数据。收集该公司近 5 年的利润表，按照时间先后顺序整理出 5 年来的主营业务收入数据，形成新表，如表 7-1 所示。

表 7-1　　丰源公司 2016—2020 年的主营业务收入资料

年份	2016	2017	2018	2019	2020
主营业务收入（万元）	1 000	1 351	1 521	1 620	1 845

（2）建立 Excel 2010 图表。打开“2105 财务分析”工作簿，在“财务比较分析”工作表后插入一张新工作表，并将其命名为“财务趋势图解分析”，然后建立图 7-12 所示的表格。

（3）选择 A3:F3 单元格区域，单击“插入”选项卡下“图表”组中“折线图”按钮，在打开的下拉列表中选择“二维折线图”栏下的“带数据标记的折线图”选项，即可生成丰源公司主营业务收入的折线图，如图 7-13 所示。

图 7-12 趋势图解分析表

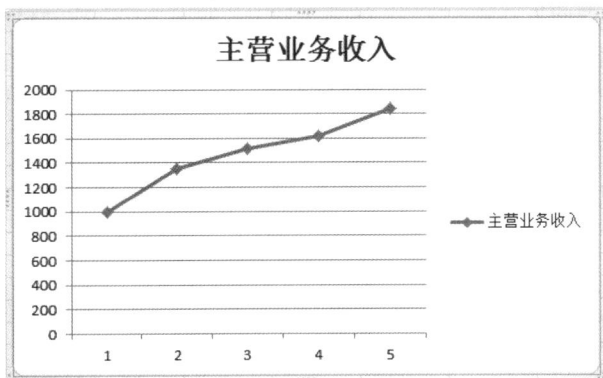

图 7-13 折线图

（4）选择折线图中的任意位置，单击鼠标右键，在弹出的快捷菜单中选择"选择数据"命令，打开图 7-14 所示的"选择数据源"对话框。可以"切换行/列"，可以添加、编辑、删除图例项，也可以编辑"水平（分类）轴标签"。

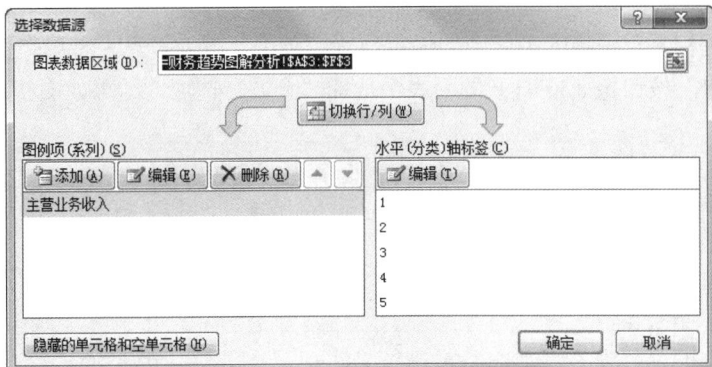

图 7-14 "选择数据源"对话框

（5）单击"水平（分类）轴标签"栏下的"编辑"按钮 ，打开图 7-15 所示的"轴标签"对话框。在"轴标签区域"数值框中选择"财务趋势图解分析"工作表中的 B2:F2 单元格区域，数值框中即可自动显示"=财务趋势图解分析!$B$2:$F$2"，单击 确定 按钮，返回"选择数据源"对话框，再次单击 确定 按钮即可退出。该操作对图表的 x 轴进行了重新设置，完成后的效果如图 7-16 所示。

图 7-15　"轴标签"对话框

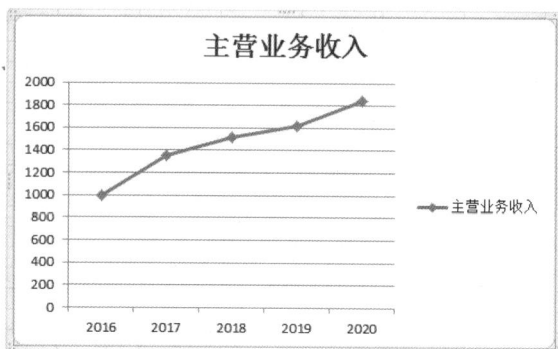

图 7-16　x轴重新设置

（6）修改标题。选择图表标题，将"主营业务收入"修改为"丰源公司主营业务收入趋势图"；单击"图表工具—布局"选项卡下"标签"组中的"坐标轴标题"按钮，在打开的列表中选择"主要横坐标轴标题"下的"坐标轴下方标题"选项，将其改成"年份"，如图 7-17 所示。

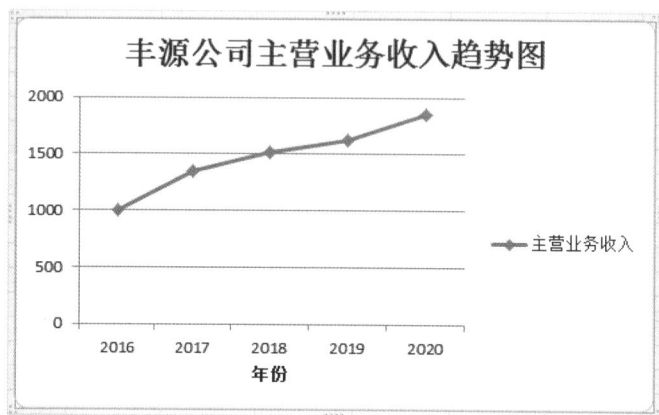

图 7-17　坐标轴标题设置

（7）添加数据标签。选择图表区中的任意位置，单击"图表工具—布局"选项卡下"标签"组中的"数据标签"按钮，在打开的列表中选择"上方"选项，结果如图 7-18 所示。

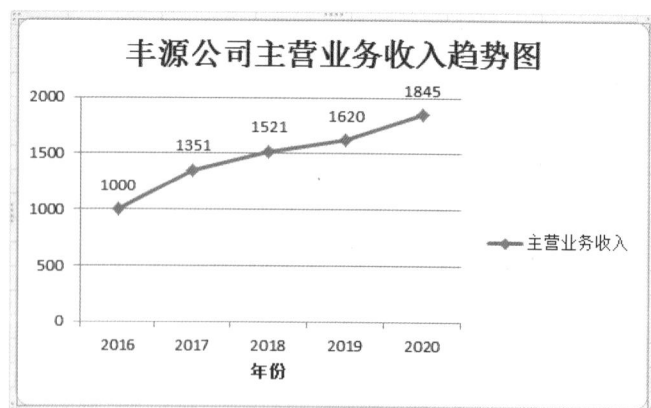

图 7-18　数据标签设置

通过该趋势图，我们可以清楚地看出，该公司近 5 年的业绩良好，呈逐步增长的趋势。

二、分析流动资产的结构状况

根据丰源公司 2021 年 5 月的资产负债表，分析该公司流动资产的结构状况。

（1）数据的收集及整理。根据该公司 2021 年 5 月的资产负债表，整理出该年度各个流动资产项目的构成数据，形成新表，如表 7-2 所示。

微课 7-4 分析流动资产的结构状况

表 7-2	流动资产构成项目	单位：元

项目	金额
货币资金	2 509 018.51
应收票据	246 000.00
应收账款	586 200.00
预付账款	100 000.00
其他应收款	4 000.00
存货	2 657 750.00

（2）建立 Excel 2010 图表。打开"2105 财务分析"工作簿，在"财务趋势图解分析"工作表后插入一张新工作表，并将其重命名为"财务结构图解分析"，建立图 7-19 所示的表格。

图 7-19 结构图解分析表

（3）选择 A2:B7 单元格区域，单击"插入"选项卡下"图表"组中的"饼图"按钮 ，在打开的下拉列表中选择"三维饼图"栏中的第 1 个选项，生成的图表如图 7-20 所示。

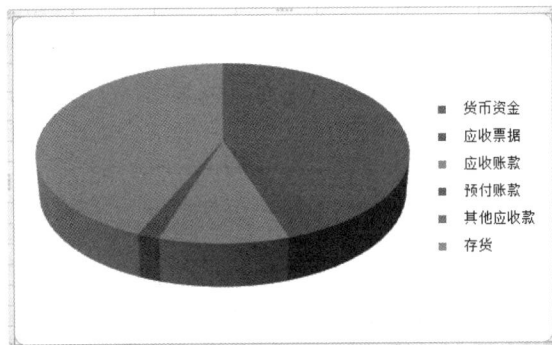

图 7-20 生成图表

（4）选择图表区中的任意位置，单击"图表工具—布局"选项卡下"标签"组中的"图表标题"按钮 ，在打开的列表中选择"图表上方"选项，即可在当前图表区添加标题。修改标题名称为"流动资产结构饼图"，如图7-21所示。

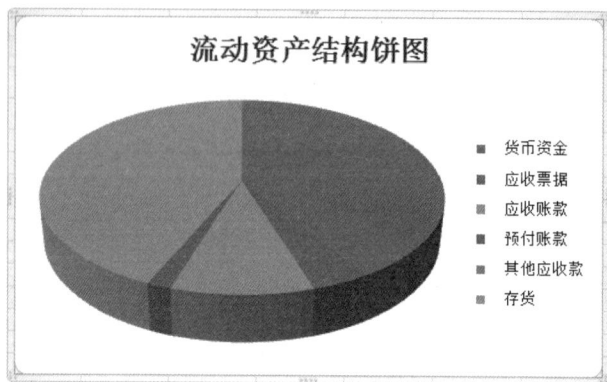

图7-21 添加标题

（5）选中图表区中的任意位置，单击"图表工具—布局"选项卡下"标签"组中的"数据标签"按钮 ，在打开的列表中选择"最佳匹配"选项，即可在当前图表区添加数据标签，如图7-22所示。

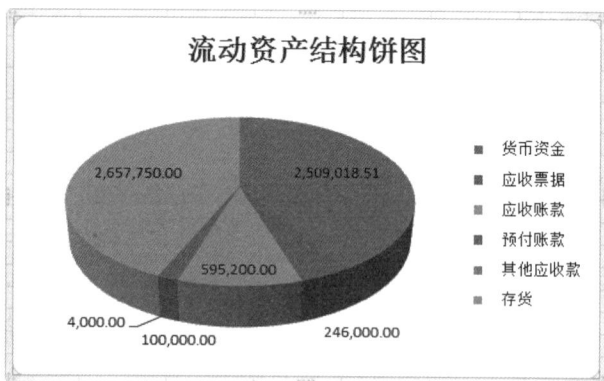

图7-22 添加数据标签

任务四　财务综合分析

若想进一步分析企业的具体情况，仅进行财务图解分析是不够的，还要进行财务综合分析，以确定企业的销售净利率、总资产周转率、总资产报酬率、权益乘数及所有者权益报酬率。

一、财务综合分析概述

财务综合分析是指通过对各种指标进行综合、系统的分析，对企业的财务状况和经营成果做出全面、综合的评价。

财务综合分析法主要包括杜邦分析体系、标准财务比率分析和财务状况综合评分分析等，由于篇幅有限，这里只介绍杜邦分析体系。

杜邦分析体系（又称杜邦分析法，简称杜邦体系）是指利用各主要财务比率指标间的内在联系，对企业财务状况及经济效益进行综合系统分析评价的方法。

杜邦分析法的关键是建立杜邦系统分析图。杜邦系统分析图是由一个个分析框和连线构成的。其中，每个分析框中都标明了分析项目的名称、比率公式和相应的计算结果，因此用 Excel 2010 设计杜邦系统分析图的主要内容就是设计分析框。

杜邦分析法中主要财务指标间的关系如下。

$$所有者权益报酬率=总资产报酬率×权益乘数$$
$$总资产报酬率=销售净利率×总资产周转率$$
$$所有者权益报酬率=销售净利率×总资产周转率×权益乘数$$

所有者权益报酬率主要有两个决定因素，即总资产报酬率和权益乘数。总资产报酬率又可以进一步分解为销售净利率和总资产周转率。

其中，权益乘数的计算公式如下。

$$权益乘数=\frac{资产}{所有者权益}=\frac{1}{(1-资产负债率)}$$

二、进行财务综合分析

进行财务综合分析的操作步骤如下。

（1）打开"2105 财务分析"工作簿，在"财务结构图解分析"工作表后插入一张新工作表，并将其重命名为"杜邦系统分析图"。按图 7-23 所示的格式输入指标名称，使用直线形状把各单元格连接起来。

微课 7-5 进行财务综合分析

图 7-23 杜邦系统分析图的结构

（2）按照下列取数公式计算指标的数值。输入公式时，应从杜邦系统分析图最后一行开始，从下往上逐行输入，如图 7-24 所示。

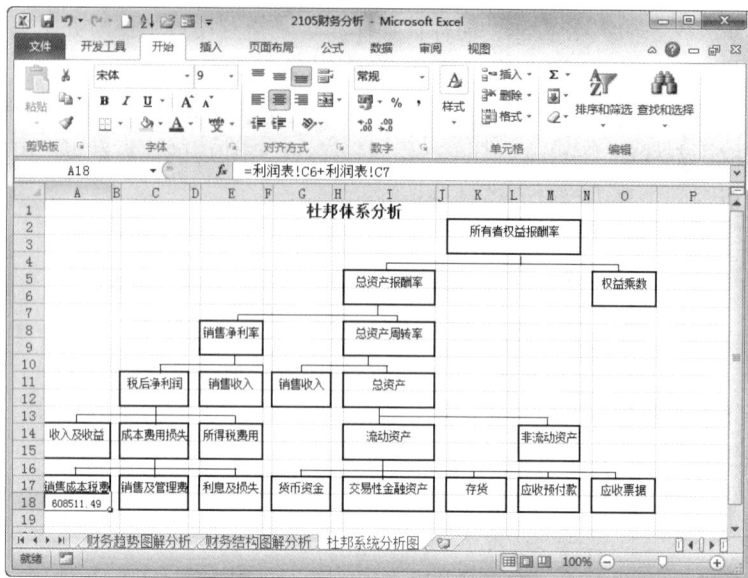

图 7-24 在杜邦系统分析图中输入公式

杜邦系统分析图中的有关数值是根据丰源公司 2021 年 5 月资产负债表和利润表计算得到的。取数公式如下。

A18=利润表!C6+利润表!C7

C18=利润表!C8+利润表!C9

E18=利润表!C12+利润表!C25

G18=资产负债表!C6

I18=资产负债表!C7

K18=资产负债表!C14

M18=资产负债表!C10+资产负债表!C12+资产负债表!C13

O18=资产负债表!D9

A15=利润表!C5+利润表!C15+利润表!C24

C15=A18+C18+E18

E15=利润表!C27

I15=G18+I18+K18+M18+O18

M15=资产负债表!C39

C12=A15－C15－E15

E12=利润表!C5

G12=利润表!C5

I12=I15+M15

E9=C12/E12

I9=G12/I12

I6=E9*I9

O6=资产负债表!C45/资产负债表!G32

K3=I6*O6

（3）所有数据输入完毕，得到的杜邦系统分析图如图 7-25 所示。

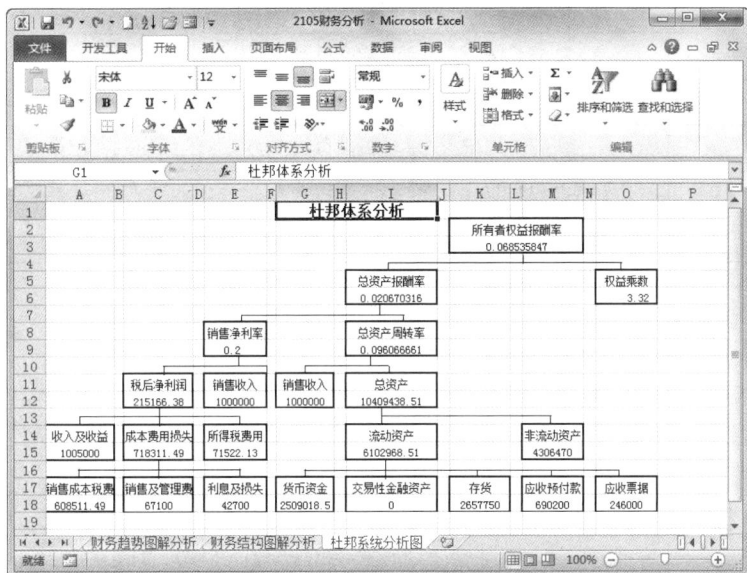

图 7-25　杜邦系统分析图

项目小结

本项目介绍了如何运用 Excel 2010 进行财务分析。首先介绍了财务分析的概念、意义和方法，然后详细讲解了如何运用 Excel 2010 进行财务比率分析、财务比较分析、财务图解分析和财务综合分析。通过学习本项目的内容，学生能够熟练应用 Excel 2010 建立财务比率分析模型，根据财务数据性质合理选择图表类型和图解分析方法，掌握杜邦系统分析图的建立方法。

项目实训

1. 实训目的
学习使用 Excel 2010 进行财务比率分析、财务图解分析和财务综合分析。

2. 实训资料
CDE 股份有限公司的资产负债表（简表）和利润表（简表）如表 7-3、表 7-4 所示。

表 7-3　　　　　　　　　　CDE 股份有限公司资产负债表（简表）

编制单位：CDE 股份有限公司　　　　　　　2021 年 7 月 31 日　　　　　　　　　　单位：元

资产类科目	期末数	负债及所有者权益科目	期末数
流动资产：		流动负债：	
货币资金	3 116 879 678	应付票据	2 378 250 000
应收账款	114 964 912	应付账款	2 031 321 497
应收票据	3 655 031 660	应付职工薪酬	370 937 019

续表

资产类科目	期末数	负债及所有者权益科目	期末数
存货	3 872 554 775	应交税费	127 573 453
流动资产合计	10 759 431 025	流动负债合计	4 908 081 969
非流动资产：		非流动负债：	
长期股权投资	342 534 200	长期借款	3 980 403 780
固定资产	12 075 304 733	应付债券	86 955 007
无形资产	56 535 664	非流动负债合计	4 067 358 787
非流动资产合计	12 474 374 597	负债合计	8 975 440 756
		所有者权益	
		股本	10 661 669 471
		盈余公积	1 717 619 491
		未分配利润	1 879 075 904
		所有者权益合计：	14 258 364 866
资产总计	23 233 805 622	负债及所有者权益总计	23 233 805 622

表 7-4　　　　　　　　　CDE 股份有限公司利润表（简表）

编制单位：CDE 股份有限公司　　　　　　2021 年 7 月　　　　　　单位：元

项目	本期金额
一、营业收入	22 200 884 215
减：营业成本	19 476 068 662
税金及附加	118 487 262
销售费用	166 974 224
管理费用	905 238 491
财务费用	282 880 371
二、营业利润	1 251 235 205
加：营业外收入	591 136
减：营业外支出	109 039 378
三、利润总额	1 142 786 963
减：所得税费用	395 964 865
四、净利润	746 822 098

其中，"存货"期初数为 2 465 776 889 元，"应收账款"期初数为 81 275 644 元，"流动资产合计"期初数为 9 956 743 321 元，"所有者权益合计"期初数为 10 653 856 453 元。

3. 实训要求

（1）根据上述资产负债表和利润表中的数据，计算表 7-5 中的财务分析指标，并建立 CDE 股份有限公司的财务比率分析模型。

表 7-5　　　　　　　　　　　CDE 股份有限公司财务分析指标

财务分析指标	
一、变现能力比率	
流动比率	
速动比率	
二、资产管理比率	
存货周转率	
应收账款周转率	
流动资产周转率	
三、负债比率	
资产负债率	
股东权益比率	
产权比率	
利息保障倍数	
四、盈利能力比率	
股东权益报酬率	
营业利润率	

（2）根据上述资产负债表，利用财务图解分析法，对企业的财务状况进行分析：对企业资产中流动资产、固定资产、无形资产及其他资产占资产总额的比率情况进行图解分析，对企业负债中流动负债和长期负债占负债总额的比率情况进行图解分析。

（3）建立该企业的杜邦系统分析图。

07

项目八

Excel 2010 在资金筹集管理中的应用

知识目标 ↓

1. 了解资金需要量预测的方法。
2. 了解长期借款的种类和程序。
3. 掌握资本成本和最优资本结构的概念。

能力目标 ↓

1. 掌握资金需要量预测的销售百分比法和线性回归法。
2. 能够运用 Excel 2010 设计资金需要量销售百分比法模型和资金需要量线性回归模型。
3. 能够运用 Excel 2010 设计长期借款筹资决策模型。
4. 能够运用 Excel 2010 设计资本成本计算模型。

素质目标 ↓

1. 遵循国家法律法规，合法筹集资金。
2. 保证筹集的资金单独设立账户、单独核算、专款专用。

工作情境与分析 ↓

一、情境

李娜运用 Excel 2010 在丰源公司内部实现了会计电算化，提高了工作效率，并且完成了财务分析工作，为领导了解企业的偿债能力、营运能力和盈利能力，以及评判企业现状、预测企业未来提供了有力的依据，得到了领导的表扬和嘉奖。李娜备受鼓舞，决定再接再厉，尝试利用 Excel 2010 进行资金筹集管理，为确保企业高速运转做出贡献。于是，她开始学习资金筹集管理知识，整理财务数据，为进行筹资管理做好准备。

二、分析

筹资是指企业根据生产、对外投资的需要，通过筹资渠道和资本市场，运用筹资方式，有效筹集企业所需资金的财务活动。筹资是企业财务管理工作的起点，关系到企业能否正常开展生产经营活动。筹资活动是企业生存、发展的基本前提，没有资金，企业将难以生存，更不可能发展。企业应科学合理地进行筹资活动。

丰源公司需要进行的筹资活动有以下 3 项。

（1）预测资金需要量。丰源公司 2021 年的资产负债表（简表）如表 8-1 所示。

表 8-1　　　　　　　　　　　　　资产负债表（简表）

编制单位：丰源公司　　　　　　　2021 年 8 月 31 日　　　　　　　　　　单位：元

资产类	期末数	负债及所有者权益	期末数
货币资金	2 000 000	应付账款	1 500 000
应收账款	600 000	应付票据	200 000
存货	2 650 000	短期借款	90 000
固定资产净值	4 750 000	应付债券	0
		实收资本	6 000 000
		资本公积	1 400 000
		留存收益	810 000
资产合计	10 000 000	负债及所有者权益合计	10 000 000

试用销售百分比法预测 2022 年的资金需要量，填入表 8-2 中。销售额、销售净利率、销售增长额、股利分配的相关数据如表 8-2 所示。

表 8-2　　　　　　　　　　　　　资金预测表

2021 年	2022 年			
销售额/元	销售净利率	销售额增长	股利分配	筹资需求/元
11 000 000	10%	20%	60%	

（2）丰源公司出于经营需要，申请了一笔长期借款，详细信息如表 8-3 所示，试计算公司每期的偿还金额。

表 8-3　　　　　　　　　　　　　长期借款数据资料

项目	数据
借款金额（元）	1 000 000
借款年利率（%）	9
借款年限（年）	3
每年还款期数（期）	2
总还款期数（期）	6

（3）丰源公司欲筹资 1 000 万元，有 3 种方案可供选择。这 3 种方案的筹资金额及个别成本如表 8-4 所示，请选择最佳筹资方案。

表 8-4　　　　　　　　　　3 种方案的筹资金额及个别成本　　　　　　　　单位：万元

筹资方式	A 方案		B 方案		C 方案	
	筹资金额	个别成本	筹资金额	个别成本	筹资金额	个别成本
长期借款	100	6%	100	6.5%	200	7%

续表

筹资方式	A 方案		B 方案		C 方案	
	筹资金额	个别成本	筹资金额	个别成本	筹资金额	个别成本
长期债券	200	8%	300	8%	400	10%
优先股	100	12%	100	12%	100	12%
普通股	600	15%	500	15%	300	15%
合计	1 000		1 000		1 000	

根据管理者的需求，丰源公司运用 Excel 2010 进行资金筹集管理需要分为 3 项任务：资金需要量预测分析→长期借款筹资决策分析→资本成本和最优资本结构分析。

任务一　资金需要量预测分析

财务预测是财务管理的一个重要环节，内容包括资金需要量预测、成本费用预测、收入利润预测等。其中，资金需要量预测是财务预测的重要内容。

资金需要量预测是指企业根据生产经营的需求，对未来所需资金进行估计和推测。企业筹集资金时，首先要进行资金需要量预测，即对企业未来组织生产经营活动的资金需要量进行估计、分析和判断，这是企业制订融资计划的基础。

资金需要量预测一般按以下 4 个步骤进行。

1. 销售预测

销售预测是企业财务预测的起点。销售预测不是财务管理的职能，却是进行财务预测的基础，销售预测完成后才能开始进行财务预测。因此，企业资金需要量的预测也应当以销售预测为基础。

2. 估计需要的资产

资产通常是销售量的函数，根据历史数据可以分析出该函数关系。根据预计销售量和资产销售函数，可以预测所需资产总量。某些流动负债也是销售量的函数，因此可以预测负债的自发增长率，这种增长可以减少企业外部融资的数额。

3. 估计收入、费用和留存收益

收入、费用与销售额之间存在一定的函数关系，因此，可以根据销售额估计收入和费用，并确定净利润。净利润和股利支付率共同决定了留存收益所能提供的资金数额。

4. 估计所需要的追加资金需要量，确定外部融资数额

用预计资产总量减去已有的资金来源、负债的自发增长和内部提供的留存收益，得出应追加的资金需要量，以此为基础来进一步确定所需的外部融资数额。

资金需要量预测的方法有销售百分比法、线性回归法等。

一、销售百分比法

销售百分比法是根据销售额与资产负债表中有关项目间的比例关系，预测各项目短期资金需要量的方法。

微课 8-1　销售百分比法

1. 销售百分比法的 5 个基本假定

销售百分比法的成立需要建立在一定的假定之上，其假定条件有以下 5 个。

（1）资产负债表中的各项目可以划分为敏感项目与非敏感项目。凡是随销售额的变动而变动并呈现出一定比例关系的项目，称为敏感项目；凡是不随销售额的变动而变动的项目，称为非敏感项目。

（2）敏感项目与销售额之间成正比例关系。这一假定条件包含两方面的含义：一是线性假设，即敏感项目与销售额之间为正相关；二是直线过原点，即销售额为零时，项目的初始值也为零。

（3）基期与预测期的情况基本不变。这一假定条件包含三重含义：一是基期与预测期的敏感项目和非敏感项目的划分不变；二是敏感项目与销售额之间成固定比例；三是销售结构和价格水平与基期相比基本不变。

（4）企业的内部资金来源仅包括留存利润，也就是说，企业当期计提的折旧在当期全部用来更新固定资产。

（5）销售预测比较准确。销售预测是销售百分比法应用的重要前提之一，只有销售预测准确，才能比较准确地预测资金需要量。

2. 预测的步骤

满足了销售百分比法的假定条件后，还需要运用一定的方法来预测企业的资金需求量。

（1）确定资产、负债中与销售额有固定比例关系的项目，这类项目被称为敏感项目。敏感项目包括敏感资产项目（如现金、应收账款、存货等）、敏感负债项目（如应付账款、预提费用等）。与敏感项目相对应的是非敏感项目，它是指在短期内不随销售收入的变动而变动的项目，如对外投资、长期负债、实收资本等。在生产能力范围内，增加销售量一般不需增加固定资产；如果在生产能力已经饱和的情况下继续增加销售量，则可能需要增加固定资产投资额。因此，固定资产项目既可能是非敏感项目，又可能是敏感项目。

（2）对各个敏感项目，计算其基期的金额占基期销售收入的百分比，并计算出敏感资产项目占基期销售收入的百分比的合计数和敏感负债项目占基期销售收入的百分比的合计数。

（3）根据计划期的销售收入和销售净利润率，结合计划期支付股利的比率，确定计划期内部留存收益的增加额。

（4）根据销售收入的增长额确定企业计划期需要从外部筹措的资金需要量。计算公式如下。

$$营运资金量=上年度销售收入×（1-上年度销售利润率）×（1+预计$$
$$销售收入年增长率）/营运资金周转次数$$

3. 操作步骤

运用销售百分比法预测资金需求量的操作步骤如下。

（1）新建一个工作簿，并将其命名为"2022资金需要量预测"。打开该工作簿，将 Sheet 1 工作表重命名为"销售百分比法"，如图 8-1 所示。

图 8-1 建立工作表

（2）根据表 8-1 的相关数据编制丰源公司 2021 年 8 月 31 日资产负债表，并设置表格格式，如图 8-2 所示。

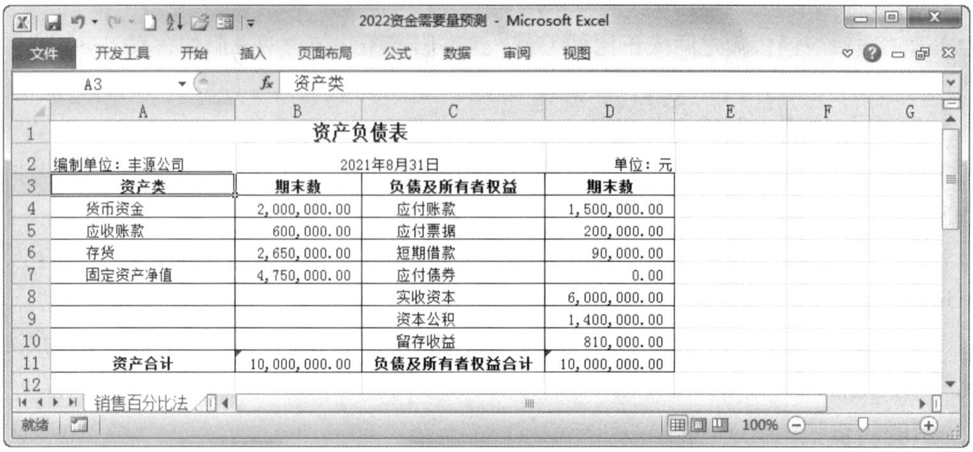

资产类	期末数	负债及所有者权益	期末数
货币资金	2,000,000.00	应付账款	1,500,000.00
应收账款	600,000.00	应付票据	200,000.00
存货	2,650,000.00	短期借款	90,000.00
固定资产净值	4,750,000.00	应付债券	0.00
		实收资本	6,000,000.00
		资本公积	1,400,000.00
		留存收益	810,000.00
资产合计	10,000,000.00	负债及所有者权益合计	10,000,000.00

图 8-2 编制资产负债表（简表）并设置格式

（3）在同一张表格中创建“销售百分比计算表”和“资金预测计算表”，如图 8-3 所示。

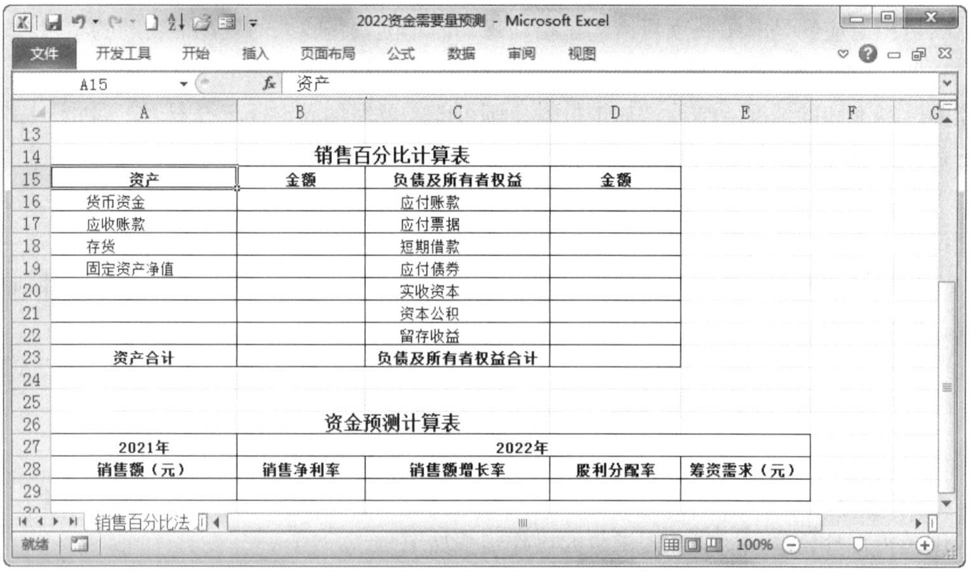

资产	金额	负债及所有者权益	金额
货币资金		应付账款	
应收账款		应付票据	
存货		短期借款	
固定资产净值		应付债券	
		实收资本	
		资本公积	
		留存收益	
资产合计		负债及所有者权益合计	

2021年	2022年			
销售额（元）	销售净利率	销售额增长率	股利分配率	筹资需求（元）

图 8-3 创建“销售百分比计算表”和“资金预测计算表”

（4）选择 B16:B23 和 D16:D23 单元格区域，将单元格格式设置为“百分比”。各单元格的公式设置如下：B16=B4/A29，B17=B5/A29，B18=B6/A29，在 B19 单元格中输入“N”，D16=D4/A29，D17=D5/A29，在 D18:D22 单元格中输入“N”，B23=SUM(B16:B18)，D23=SUM(D16:D17)。输入公式后的效果如图 8-4 所示。

（5）选择 B29:D29 单元格区域，将单元格格式设置为“百分比”，在 A29:D29 单元格区域中依次输入销售额（元）、销售净利率、销售额增长率、股利分配率。

（6）在 E29 单元格中输入公式“=(B23-D23)*A29*C29-A29*(1+C29)*B29*(1-D29)”，即可计算出 2022 年的资金需要量为 182 000 元，如图 8-5 所示。

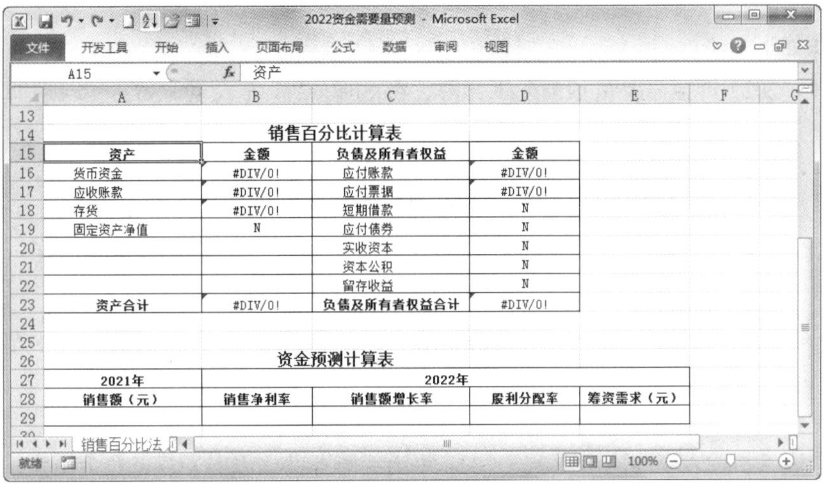

2022资金需要量预测 - Microsoft Excel

A15　资产

销售百分比计算表

资产	金额	负债及所有者权益	金额
货币资金	#DIV/0!	应付账款	#DIV/0!
应收账款	#DIV/0!	应付票据	#DIV/0!
存货	#DIV/0!	短期借款	N
固定资产净值	N	应付债券	N
		实收资本	N
		资本公积	N
		留存收益	N
资产合计	#DIV/0!	负债及所有者权益合计	#DIV/0!

资金预测计算表

2021年	2022年			
销售额（元）	销售净利率	销售额增长率	股利分配率	筹资需求（元）

图 8-4　输入公式后的销售百分比计算表

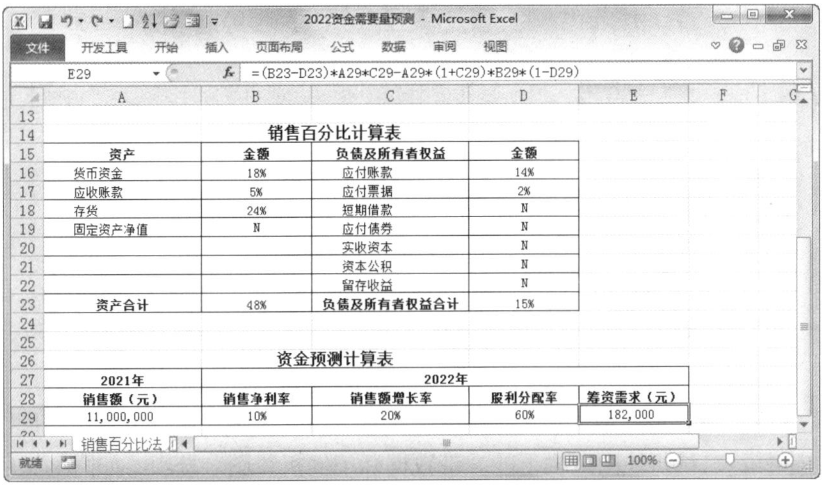

2022资金需要量预测 - Microsoft Excel

E29　=(B23-D23)*A29*C29-A29*(1+C29)*B29*(1-D29)

销售百分比计算表

资产	金额	负债及所有者权益	金额
货币资金	18%	应付账款	14%
应收账款	5%	应付票据	2%
存货	24%	短期借款	N
固定资产净值	N	应付债券	N
		实收资本	N
		资本公积	N
		留存收益	N
资产合计	48%	负债及所有者权益合计	15%

资金预测计算表

2021年	2022年			
销售额（元）	销售净利率	销售额增长率	股利分配率	筹资需求（元）
11,000,000	10%	20%	60%	182,000

图 8-5　输入公式后的资金预测计算表

二、线性回归法

微课 8-2　线性回归法

线性回归法是利用数理统计中的回归分析来确定两种或两种以上变量间相互依赖的定量关系的一种统计分析方法，应用十分广泛。

李娜整理了公司 2016 年以来的历年销售量 X 及其对应的资金需要量 Y，如表 8-5 所示。预计 2022 年的销售量为 12 万件，请预测 2022 年的资金需要量。

表 8-5　　销售量及资金需要量一览表

年度	销售量 X/万件	资金需要量 Y/万元
2016	9	10
2017	8	9.5
2018	7	8
2019	9	10
2020	10	10.5
2021	11	12

操作步骤如下。

（1）打开"2022资金需要量预测"工作簿，将 Sheet 2 工作表重命名为"线性回归法"，如图 8-6 所示。

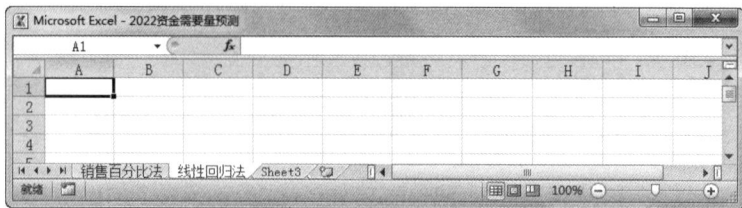

图 8-6　重命名工作表

（2）根据表 8-5 输入丰源公司 2016—2021 年历年销售量 X 及其对应的资金需要量 Y，如图 8-7 所示。

图 8-7　输入数据

（3）选择 B1:C7 单元格区域，单击"插入"选项卡下"图表"组中的"折线图"按钮，在打开的列表中选择"二维折线图"栏下的"带数据标记的折线图"选项，如图 8-8 所示，可以看出资金需要量与销售量线性相关。

（4）进行回归分析。如果"数据"选项卡下没有"分析"组，则需要自行加载分析工具栏。加载方法为：单击"文件"选项卡下的"选项"按钮，打开"Excel 选项"对话框，选择"加载项"命令，在"管理"下拉列表中选择"Excel 加载项"选项，再单击转到(G)…按钮，打开"加载宏"对话框，在"可用加载宏"列表中选中"分析工具库"复选框，单击确定按钮，"数据"选项卡下就会出现"分析"组。单击"数据"选项卡下"分析"组中的"数据分析"按钮，打开"数据分析"对话框，选择"回归"选项，如图 8-9 所示。

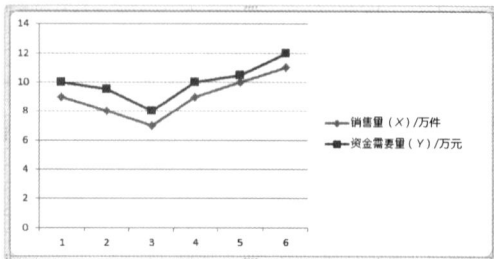

图 8-8　折线图

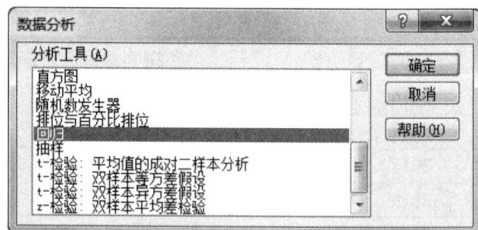

图 8-9　"数据分析"对话框

（5）单击 [确定] 按钮，打开"回归"对话框，在"Y值输入区域"文本框中输入"$C$2:$C$7"，在"X值输入区域"文本框中输入"$B$2:$B$7"，如图 8-10 所示。

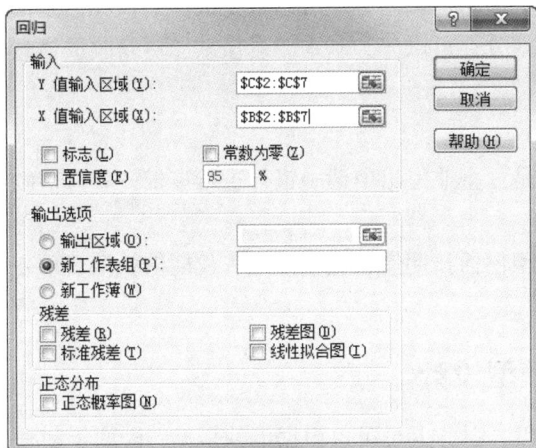

图 8-10 输入"Y值输入区域"和"X值输入区域"

（6）单击 [确定] 按钮，将自动生成 Sheet 1 工作表，显示回归结果，如图 8-11 所示。其中，B17 单元格代表回归方程的截距，B18 单元格代表回归方程的斜率，由此得到回归方程 $Y=1.9+0.9X$。当 $X=12$ 万件时，资金需要量 Y 的值为 12.7 万元。

图 8-11 回归分析

任务二 长期借款筹资决策分析

长期借款是指企业向银行或其他非银行金融机构借入的、期限在 1 年以上的各种借款，主要用于购建固定资产和弥补企业流动资金的不足。企业对长期借款支付的利息通常在所得税税前扣除。

1. 长期借款的种类

根据划分方式的不同，长期借款的类型也多种多样，具体可以按照以下标准划分。

（1）长期借款按提供贷款的机构划分，可以分为政策性银行借款、商业性银行贷款和其他金融机构借款。

（2）长期借款按有无抵押品担保划分，可以分为抵押借款和信用借款。

（3）长期借款按用途划分，可以分为基本建设借款、更新改造借款、科研开发和新产品试制借款等。

2. 长期借款的程序

银行长期借款的程序是：企业提出申请→银行进行审批→签订借款合同→企业取得借款→企业偿还借款。

长期借款筹资决策模型包括长期借款基本模型、长期借款筹资单变量决策模型、长期借款筹资双变量决策模型。

一、长期借款基本模型设计

利用长期借款基本模型，财务人员可以根据借款金额、借款年利率、借款年限、每年还款期数中任意一个或几个因素的变化，来分析每期偿还金额的变化，从而做出相应的决策。

丰源公司出于经营需要，申请了一笔长期贷款，相关数据如表 8-3 所示，试计算公司每期的偿还金额为多少元。由于该笔业务属于定期定额支付且利率固定的借款，所以可以采用 Excel 2010 中的年金函数 PMT()来计算。PMT()函数会返回一个 Double 值，即根据固定付款额和固定利率计算出的借款的付款额。

微课 8-3 长期借款基本模型设计

- PMT 函数

【类型】财务函数。

【格式】PMT(rate, nper, pv, fv, type)。

rate 为贷款利率（期利率）。

nper 为该项贷款的付款总期数（总年数或还租期数）。

pv 为现值（租赁本金），或一系列未来付款的当前值的累积和，也称为本金。

fv 为未来值（余值），或在最后一次付款后希望得到的现金余额。如果省略 fv，则假设其值为零，即一笔贷款的未来值为零。

type 为数字 0 或 1，用以指定各期的付款时间是在期初还是期末。1 代表期初，不输入或输入 0 代表期末。

【功能】基于固定利率及等额分期付款方式，返回贷款的每期付款额。

年金是指在定期或不定期的时间内一系列的现金流入或流出。企业在支付期间必须使用相同的单位计算 rate 和 nper 参数。例如，如果 rate 用月份计算，则 nper 也必须用月份计算。

其操作步骤如下。

（1）新建一个工作簿，并将其命名为"筹资决策模型"。打开该工作簿，将 Sheet1 工作表命名为"长期借款模型"，如图 8-12 所示。

（2）根据表 8-3 中的数据输入丰源公司长期借款数据资料，如图 8-13 所示。

（3）建立长期借款模型，如图 8-14 所示。

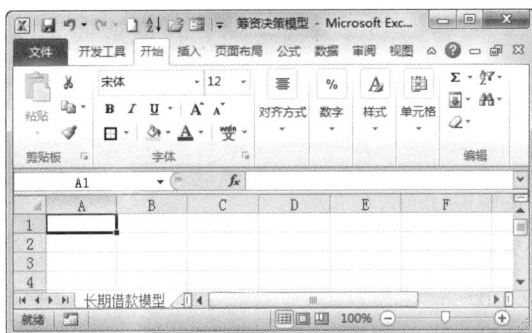

图 8-12　建立工作簿

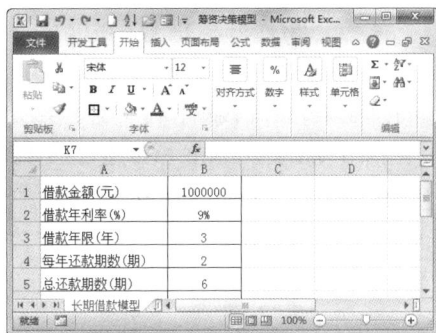

图 8-13　输入长期借款数据资料

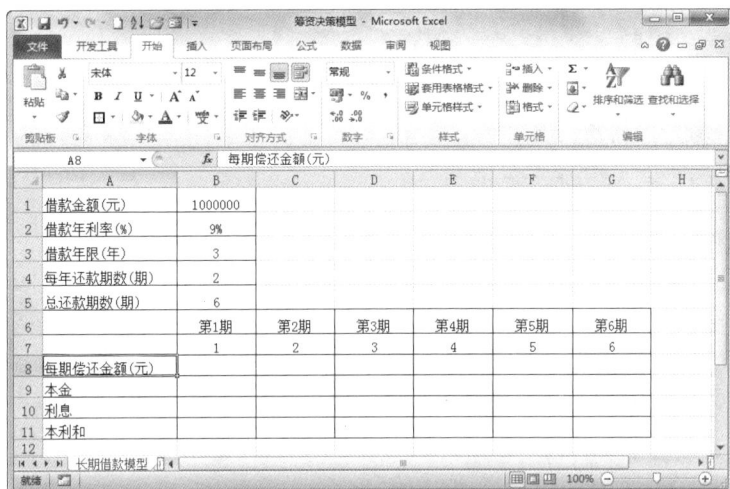

图 8-14　建立长期借款模型

（4）输入公式，如图 8-15 所示。

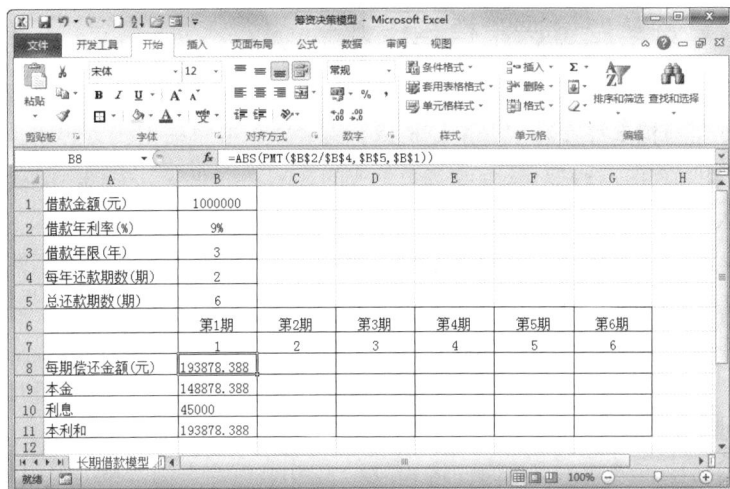

图 8-15　输入公式

其中，每期偿还金额=PMT(借款年利率/每年还款期数，总还款期数，借款金额)，即 B8=ABS(PMT($B$2/$B$4,$B$5,$B$1))。ABS()函数为求绝对值函数。

本金= PPMT(借款年利率/每年还款期数，还款期数，总还款期数，借款金额)，即B9=ABS(PPMT($B$2/$B$4,B7,$B$5,$B$1))。

利息= IPMT(借款年利率/每年还款期数，还款期数，总还款期数，借款金额)，即B10=ABS(IPMT($B$2/$B$4,B7,$B$5,$B$1))。

本利和=本金+利息，即B11=SUM(B9:B10)。

（5）选择B8:B11单元格区域，将该区域单元格格式填充至G8:G11单元格区域，如图8-16所示。

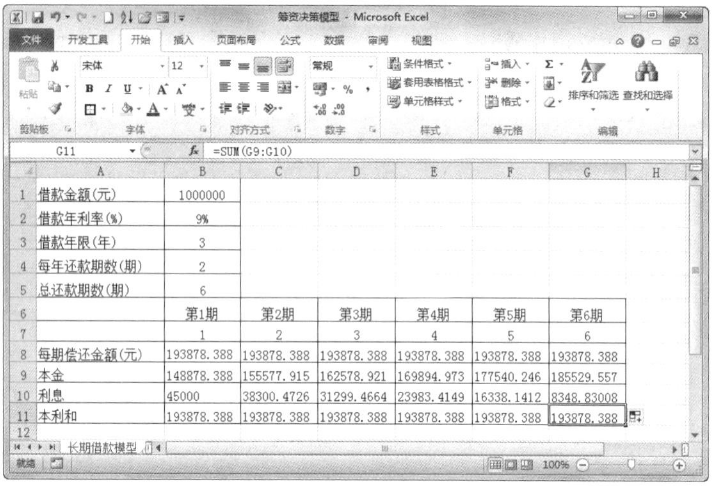

	A	B	C	D	E	F	G
1	借款金额(元)	1000000					
2	借款年利率(%)	9%					
3	借款年限(年)	3					
4	每年还款期数(期)	2					
5	总还款期数(期)	6					
6		第1期	第2期	第3期	第4期	第5期	第6期
7		1	2	3	4	5	6
8	每期偿还金额(元)	193878.388	193878.388	193878.388	193878.388	193878.388	193878.388
9	本金	148878.388	155577.915	162578.921	169894.973	177540.246	185529.557
10	利息	45000	38300.4726	31299.4664	23983.4149	16338.1412	8348.83008
11	本利和	193878.388	193878.388	193878.388	193878.388	193878.388	193878.388

图8-16 完成填充

上述长期借款基本模型建立以后，工作表中的各单元格之间即建立了有效的动态链接，财务人员可以直接输入或改变借款金额、借款年利率、借款年限、每年还款期数中任意一个或多个因素的值，观察每期偿还金额的变化，选择一种适合当前企业状况的固定偿还金额的筹资方式。

二、长期借款筹资单变量决策模型设计

利用Excel 2010中模拟运算表的功能，可显示一个或多个公式中替换不同值时的结果。模拟运算表可分为单变量模拟运算表和双变量模拟运算表。在单变量模拟运算表中，财务人员可以对一个变量输入不同的值，查看它对一个或多个公式的影响；在双变量模拟运算表中，财务人员可以对两个变量输入不同的值，查看它们对一个公式的影响。

单变量模拟运算表可以指定一个变量的值，输入公式后，系统会自动对不同变量值条件下的公式进行逐一运算，并将结果放在对应的单元格中。

丰源公司因经营资金不足，需要贷款1 200 000元，可选择的利率有3%～10%，需要在10年内还清该笔贷款。这时，可以使用单变量模拟运算表来计算适合该企业的每月还贷金额。

其操作步骤如下。

（1）打开“筹资决策模型”工作簿，将Sheet 2工作表重命名为“单变量模型”。

（2）根据以上数据创建丰源公司长期借款筹资单变量模拟运算表模型。根据公式“每月偿还金额=PMT(借款年利率/每年还款期数，借款年限*每年还款期数，借款金额)”，在D3单元格中输入公式“=PMT(C3/12,B3R*12,A3)”，计算结果如图8-17所示。

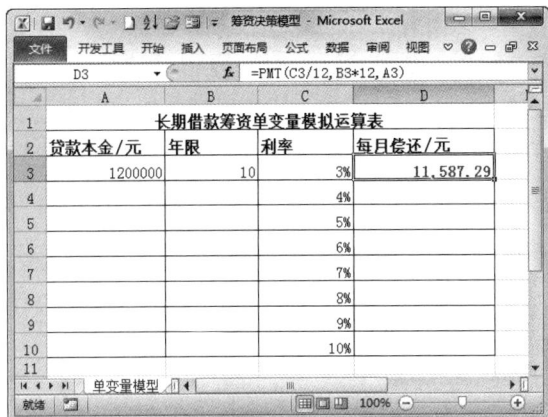

图 8-17　完成计算

微课 8-4　长期借款筹资单变量决策模型设计

（3）选择 C3:D10 单元格区域，单击"数据"选项卡下"数据工具"组中的"模拟分析"按钮，在打开的列表中选择"模拟运算表"选项，打开"模拟运算表"对话框。在"输入引用列的单元格"文本框中输入列变量，即"$C$3"，如图 8-18 所示，单击　确定　按钮。该公司长期借款筹资单变量模拟运算结果如图 8-19 所示。

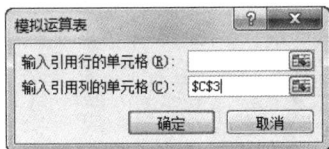

图 8-18　输入引用列

图 8-19　完成模拟运算

三、长期借款筹资双变量决策模型设计

微课 8-5　长期借款筹资双变量决策模型设计

在长期借款分析决策中，如果两个因素同时变化（如借款期限有长有短，利率有高有低），那么在分析该因素对最终决策的影响时，必须使用 Excel 2010 的双变量模拟运算表。

现以长期借款年利率和借款年限两个因素的变化对每期偿还金额的影响为例，介绍长期借款筹资双变量决策模型的设计和使用方法。假设丰源公司需要贷款 100 万元，年利率为 4%～11%，均为整数，贷款年限有 8 年、9 年、10 年、11 年和 12 年，计算丰源公司在不同条件下每月应偿还的贷款金额，操作步骤如下。

（1）打开"筹资决策模型"工作簿，将 Sheet 3 工作表重命名为"双变量模型"。

（2）根据以上数据创建丰源公司长期借款筹资双变量模拟运算表模型，在 C6:C13 单元格区域中输入可能的借款年利率，在 D5:H5 单元格区域中输入各种可能的借款年限，在 C5 单元格中输

入目标函数 PMT()，即"= PMT(B4/12,B3*12,B2)"，如图 8-20 所示。

（3）分别为模拟运算表输入引用行、列的单元格。选择 C5:H13 单元格区域，单击"数据"选项卡下"数据工具"组中的"模拟分析"按钮，在打开的列表中选择"模拟运算表"选项，打开"模拟运算表"对话框。在"输入引用行的单元格"文本框中输入行变量"贷款年限"，即"$B$3"；在"输入引用列的单元格"文本框中输入列变量"贷款利率"，即"$B$4"，如图 8-21 所示。

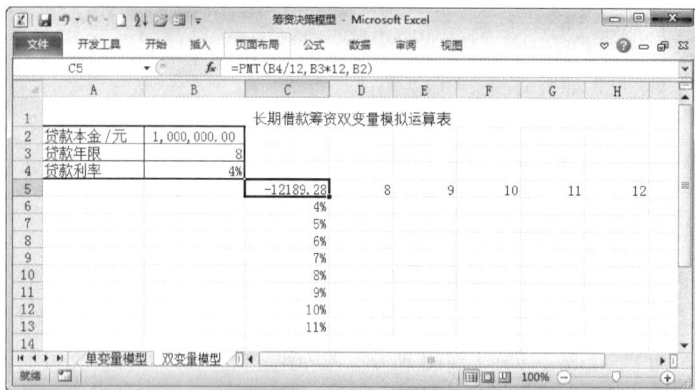

图 8-20　输入函数　　　　　　　　图 8-21　输入引用行和列

（4）单击"确定"按钮，此时分析值便会自动显示在双变量模拟运算表中，其结果如图 8-22 所示。

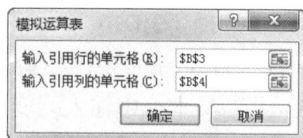

图 8-22　运算结果

应用上述长期借款双变量分析模型，财务人员可以观察在两个因素不同组合下的长期借款分析结果。当长期借款方案发生变化时，财务人员只需改变第一变量或第二变量所在的行或列的值或者其他因素的值，模型便会立即重新计算出双变量模拟运算表中的值。

任务三　资本成本和最优资本结构分析

资本是企业在从事生产经营活动时必不可缺的一部分，但使用资金的同时也会伴随利息的产生。因此，企业除了要节约资金，还需要分析资金的使用代价，即分析资本成本。最优资本结构

164

是指在一定的条件下，使企业的综合资本成本最低，同时使企业价值最大化的资本结构。它是企业的目标资本结构。

一、资本成本

资本成本也被称为机会成本，它不是实际支付的成本，而是将资本用于本项目投资所失去的其他投资机会的收益。一般而言，资本是企业选择筹资资金来源、确定筹资方案的依据，也是评价投资项目、决定投资取舍的标准。

1. 认识资本成本

资本成本是指企业为筹集和使用资金而付出的代价。资本成本包括资金筹集费用和资金占用费用两部分。资金筹集费用是指在资金筹集过程中所支付的各种费用，如发行股票或债券时支付的印刷费、律师费、公证费、担保费及广告宣传费。需要注意的是，企业在发行股票和债券时，支付给发行公司的手续费不能作为资金筹集费用，因为此手续费并未通过账务处理，企业是按照发行价格扣除发行手续费后的净额入账的。资金占用费是指占用他人资金时应支付的费用，或是资金所有者凭借其对资金的所有权向资金使用者索取的报酬，如股东的股息、红利、债券及银行借款的利息。

资本成本率的计算公式如下。

$$资本成本率 = \frac{每年的用资费用}{(筹资总额 - 筹资费用率)} \times 100\%$$

2. 计算资本成本

资本成本主要包括个别资本成本和综合资本成本。

（1）个别资本成本的计算。

① 债务资本成本。

$$银行借款成本率 = 借款总额 \times 年借款利率 \times \frac{(1-所得税税率)}{借款总额} \times$$

$$(1-筹资费用率) \times 100\%$$

$$债券成本率 = \frac{债券面值 \times 年利率 \times (1-所得税税率)}{筹款总额 \times (1-筹资费用率)} \times 100\%$$

例如，某公司发行总面值为 1 000 万元的 10 年期债券，票面利率为 12%，发行费用率为 5%，公司所得税税率为 25%，则

$$该债券的成本率\ K_b = \frac{1\,000 \times 12\% \times (1-25\%)}{1\,000 \times (1-5\%)} = 8.55\%$$

② 权益资本成本。

$$优先股成本率 = \frac{优先股股利}{筹资总额} \times (1-筹资费用率) \times 100\%$$

$$普通股成本率 = \frac{预期最近一年股利额}{筹资总额} \times (1-筹资费用率) + 股利年增长率$$

$$留存收益成本率 = \frac{预期最近一年股利额}{筹资总额} + 股利年增长率$$

08

（2）综合资本成本的计算。

综合资本成本率=∑（个别资本成本率×个别资金占全部资金的比重）

$$K_w=\sum_{j=1}^{n}K_jW_j$$

公式中，K_w为综合资本成本率，也可称为加权平均资本成本率；K_j为第j种个别资本成本率；W_j为第j种个别资金占全部资金的比重。

例如，某企业账面反映的长期资金共有500万元，其中，长期借款100万元、应付长期债券50万元、普通股250万元、留存收益100万元，其成本率分别为7.7%、9.3%、12.2%、12.1%，则该企业的综合资本成本率（加权平均资本成本率）为：7.7%×100/500+9.3%×50/500+12.2%×250/500+12.1%×100/500=10.99%。

3. 资本成本计算实例

丰源公司账面反映的长期资金共有1 600万元。其中，3年期长期借款300万元，年利率为11%，每年付息一次，到期一次还本，筹资费用率为0.5%；发行10年期债券500万元，票面利率为12%，发行费用率为5%；发行普通股800万元，预计第一年的股利率为14%，以后每年增长1%，筹资费用率为3%；公司保留盈余100万元。公司所得税税率为25%。要求计算各种筹资方式下的资本成本。

利用各种筹资方式下资本成本所在单元格的公式设定，在已知其他变量数据的条件下，即可轻易求出各种筹资方式下的资本成本，具体操作步骤如下。

（1）打开"筹资决策模型"工作簿，在"双变量模型"工作表后插入一张新工作表，并将其重命名为"资本成本"。输入各种筹资方式及其金额与利率，并美化表格，效果如图8-23所示。

（2）将各项资本成本所在单元格格式设置为"百分比"，并保留小数点后2位。选择各项资本成本所在单元格，单击"开始"选项卡下"数字"组中的展开按钮，打开"设置单元格格式"对话框。在"分类"列表中选择"百分比"选项，在"小数位数"数值框中输入"2"，单击 确定 按钮即可。

（3）为了突出显示各种筹资方式下的资本成本，可以为筹资方式与资本成本所在单元格设置底色。

（4）根据表8-6，在"资本成本"工作表的相应单元格中输入公式，计算结果如图8-24所示。

表8-6　　　　　　　　　　　　资本成本模型计算公式

单元格	公式	备注
B6	=B3×(1−B4)/(1−B5)	计算长期借款资本成本
B12	=B9×(1−B10)/(1−B11)	计算债券资本成本
B18	=B14/(1−B16)+B17	计算普通股资本成本
B23	=B21×B20/B21+B22	计算保留盈余资本成本
B26	=B2	长期借款
B27	=B8	债券
B28	=B15	普通股
B29	=B21	保留盈余
C26	=B6	长期借款

续表

单元格	公式	备注
C27	=B12	债券
C28	=B18	普通股
C29	=B23	保留盈余
B30	=SUMPRODUCT(B26:B29*C26:C29)/SUM(B26:B29)	计算综合资本成本

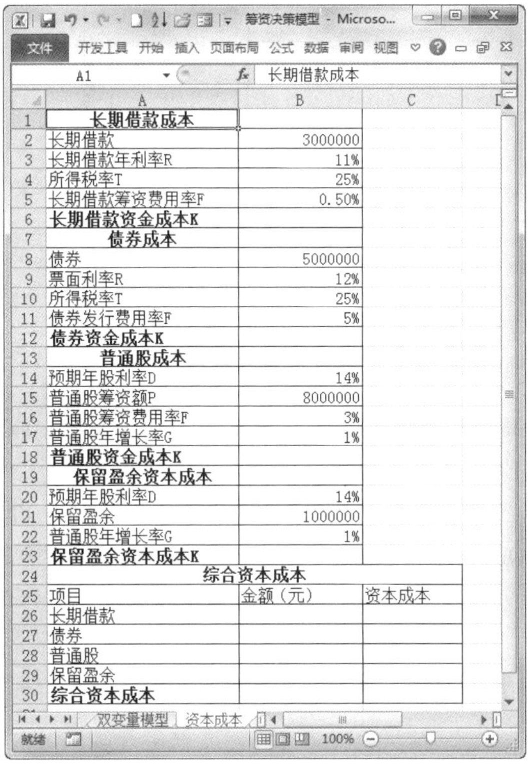

图 8-23　各种筹资方式下的资本成本

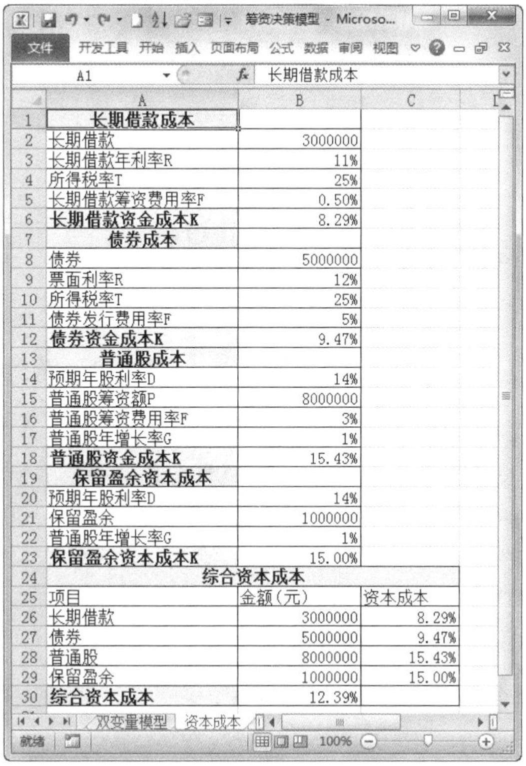

图 8-24　综合资本成本

- SUMPRODUCT 函数

【类型】数学与三角函数。

【格式】SUMPRODUCT(array1,array2, array3,…)。

【功能】在给定的几组数组中，将数组间对应的元素相乘，并返回乘积之和。array1、array2、array3 等为数组，其相应元素需要进行相乘并求和。

因此，在 B30 单元格公式"=SUMPRODUCT(B26:B29*C26:C29)/SUM(B26:B29)"中，SUMPRODUCT(B26:B29*C26:C29)=B26*C26+B27*C27+B28*C28+B29*C29。

二、最优资本结构分析

资本结构是指企业各种资本的组成结构和比例关系，实质是企业负债和所有者权益之间的比例关系。它是企业筹资的核心问题。

丰源公司欲筹资 1 000 万元，有 3 种方案可供选择。3 种方案的筹资组合

微课 8-7　最优资本结构分析

及个别资本成本如表 8-4 所示，要求选择最佳筹资方案。

其操作步骤如下。

（1）打开"筹资决策模型"工作簿，在"资本成本"工作表后插入一张新工作表，并将其命名为"最优资本结构"。根据表 8-4 输入各种筹资组合方案，如图 8-25 所示。

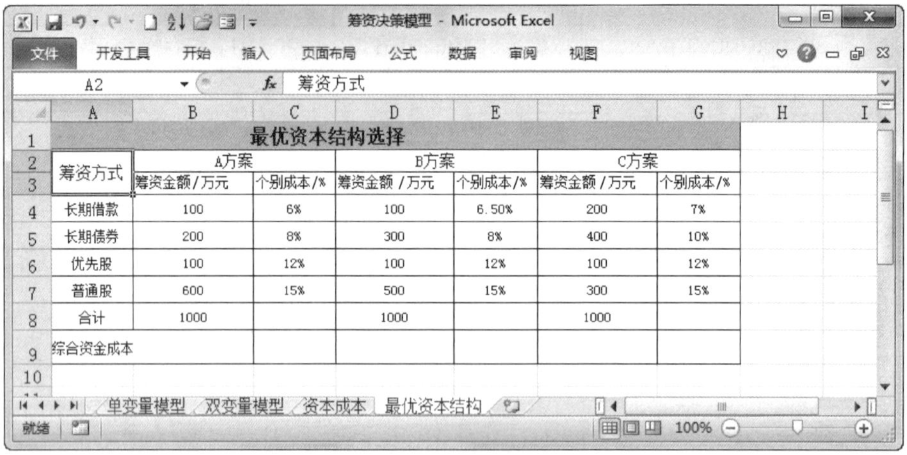

图 8-25　输入各种筹资组合方案

（2）计算并输入各方案综合资本成本。A 方案综合资本成本=100×6%/1 000+200×8%/1 000+100×12%/1 000+600×15%/1 000。B 方案综合资本成本=100×6.5%/1 000+300×8%/1 000+100×12%/1 000+500×15%/1 000。C 方案综合资本成本=200×7%/1 000+400×10%/1 000+100×12%/1 000+300×15%/1 000。选择 C9 单元格，输入公式"C9=SUMPRODUCT(B4:B7,C4:C7)/B8"；选择 E9 单元格，输入公式"E9=SUMPRODUCT(D4:D7,E4:E7)/ D8"；选择 G9 单元格，输入公式"G9=SUMPRODUCT(F4:F7,G4:G7)/ F8"，结果如图 8-26 所示。

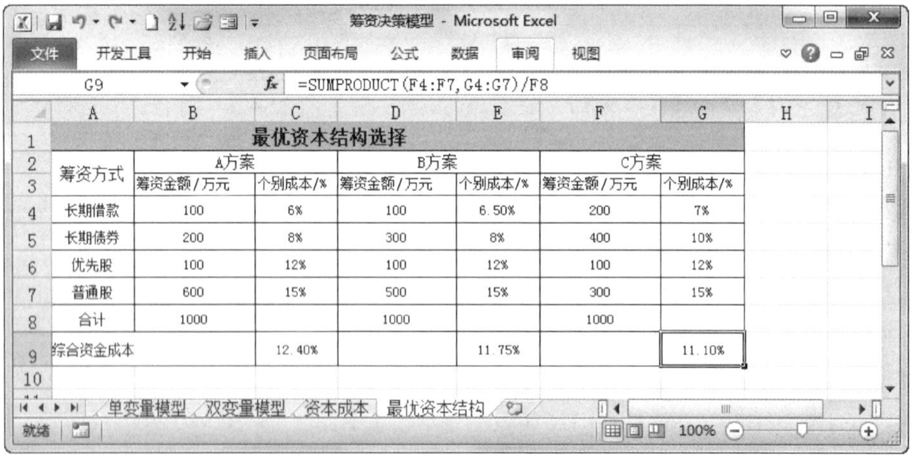

图 8-26　计算结果

可以计算出各方案的综合资本成本：A 方案综合资本成本（C9）=12.4%，B 方案综合资本成本（E9）=11.75%，C 方案综合资本成本（G9）=11.1%。比较后可知 C 方案的综合资本成本最低，在这 3 种方案中应选择 C 方案。

项目小结

本项目介绍了如何运用 Excel 进行资金筹集管理。首先介绍了筹资的概念，然后举例介绍了资金需要量的预测分析、长期借款筹资决策分析、资本成本和最优资本结构分析。通过学习本项目内容，学生能够学会使用 Excel 2010 设计资金需要量销售百分比法模型、资金需要量线性回归模型、长期借款筹资决策模型和资本成本计算模型。

项目实训

1. 实训目的

学会运用 Excel 2010 选择最优资本结构。

2. 实训资料

某股份有限公司为了拓展新业务，需要筹集 1 000 万元的资本，有两种备选方案，如表 8-7 所示。

表 8-7　　　　　　　　　　　某股份有限公司备选资本筹集方案

筹资方式	方案 A		方案 B	
	金额/万元	资本成本	金额/万元	资本成本
长期借款	300	4%		
公司债券			400	7%
优先股	400	10%		
普通股	300	13%	600	13%

3. 实训要求

根据上述资料，计算两个方案的资本成本，选择最优筹资方案。

08

项目九

Excel 2010 在投资管理中的应用

1. 掌握投资决策的评价方法。
2. 掌握各个投资决策指标的计算。

1. 掌握 Excel 2010 软件中复利终值函数 FV、复利现值函数 PV、年金函数 PMT、年金中的利息函数 IPMT 与本金函数 PPMT、计息期数函数 NPER、利率函数 RATE、净现值函数 NPV、内含报酬率函数 IRR、修正内含报酬率函数 MIRR 的运用。
2. 能够熟练建立简单的投资决策模型。

1. 以认真审慎的态度进行投资决策。
2. 努力提升综合素养，并将理论结合实际，做好对综合素养要求较高的投资管理工作。

一、情境

李娜运用 Excel 2010 设计了资金需要量预测模型、长期借款筹资决策模型和最优资本结构选择模型，这些模型在企业资金筹集管理中发挥了重要的作用。她认为利用 Excel 2010 强大的财务函数也能建立投资管理模型。她开始学习投资管理知识，整理财务数据，为进行投资管理做好准备。

二、分析

投资是指将某种有价值的资产，包括资金、人力、知识产权等，投入某个企业、项目或经济活动中，以获取经济回报的商业行为或过程。投资可分为实物投资、资本投资和证券投资。其中，资本投资是将货币投入企业，通过生产经营活动取得一定利润；证券投资是指用货币购买企业发行的股票和公司债券，间接参与企业的利润分配。

投资决策是企业所有决策中最关键、最重要的决策，严重的投资决策失误往往会使企业陷入困境甚至破产。因此，财务管理中极为重要的一项职能就是为企业当好参谋，把好投资决策关。

丰源公司欲进行一项投资，共有 3 种方案可供选择。这 3 种方案的期初投资分别为 100 000 元、90 000 元、120 000 元，假设贴现率为 7%，再投资收益率为 12%。每个方案 3 年的净现金流量如表 9-1 所示，试用投资决策指标对各个方案进行分析，找出最优方案。

表 9-1　　　　　　　　　　　　　　投资决策净现金流量资料　　　　　　　　　　　　单位：元

期间	A 方案	B 方案	C 方案
0	−100 000	−90 000	−120 000
1	80 000	10 000	40 000
2	28 000	50 000	50 000
3	12 000	53 000	50 000

根据企业管理者的需求，丰源公司运用 Excel 2010 进行投资管理时，需要完成以下 3 项任务：认识货币时间价值→认识投资决策指标及其函数→设计投资决策模型。

任务一　认识货币时间价值

货币时间价值是指货币经过一段时间的投资和再投资后所增加的价值，即资金在周转使用过程中由于时间因素而形成的差额价值。由货币时间价值的定义可知，当前持有的一定量货币比未来获得的等量货币具有更高的价值。从经济学的角度来看，当前的一单位货币与未来的一单位货币的购买力之所以不同，是因为如果要节省现在的一单位货币而选择在未来消费，那么在未来消费时必须有大于一单位的货币可供消费，以作为弥补延迟消费的贴水。

在货币时间价值计算中，涉及终值和现值两个概念。终值是指现在一定量的资金在未来某一时点上的价值，俗称本利和。现值是指未来某一时点上一定量的资金折合为现在的价值。终值与现值的关系表示如下。

$$终值=现值+利息（时间价值）$$

在计算中经常使用的符号及其含义如下：P 为本金，又称现值；I 为利息；i 为利率，指利息与本金之比；F 为本金和利息之和，又称本利和或终值；t 为时间，通常以年为单位。

一、货币时间价值的计算

货币运动的时间因素是商品生产和商品交换条件下的经济范畴，无论在何种情况下，只要产生了商品生产和商品交换，时间因素对货币价值的影响就必然会存在。正确认识货币的时间价值，可以增强货币时间观念、合理利用现有资金、发挥现有资金的最大效用。货币时间价值的计算一般有单利、复利、年金和利率、期数。

（1）单利终值与现值的计算。单利是指不论时间长短，仅按本金计算利息，本金所生利息不加入本金重复计算利息的方法。

单利计息方式下，利息的计算公式为：$I=P \cdot i \cdot n$；终值的计算公式为：$F=P \cdot (1+i \cdot n)$；现值的计算公式为：$P=F/(1+i \cdot n)$。

09

单利现值与单利终值互为逆运算。

（2）复利终值与现值的计算。货币时间价值通常按复利方式计算。

复利是指在一定时间内，按一定利率将本金所生利息加入本金再计算利息的方法，即"利滚利"。

复利终值的计算公式为：$F=P \cdot (1+i)^n$。公式中的$(1+i)^n$称为"复利终值系数"，记为"（$F/P,i,n$）"，可通过查询复利终值系数表取得。以上公式可记为 $F=P \cdot (F/P,i,n)$。

复利现值的计算公式为：$P=F \cdot 1/(1+i)^n$。公式中的$1/(1+i)^n$被称作"复利现值系数"，记为"（$P/F,i,n$）"，可通过查询复利现值系数表取得。以上公式可记为：$P=F \cdot (P/F,i,n)$。

如果每年复利 m 次，则每次的利率为 i/m，时间周期数为 mn，此时复利终值公式为 $F=P \cdot (1+i/m)^{m \cdot n}$。

复利终值系数与复利现值系数互为倒数。

（3）普通年金终值与现值的计算。年金是指一定时期内间隔相等、连续等额收付的系列款项。年金按其每次收付款项发生的时点不同，分为普通年金、即付年金、永续年金等类型。

① 普通年金是指从第一期起，在一定时期内每期期末等额收付的系列款项，又称后付年金。

普通年金终值的计算公式为：$F=A \cdot [(1+i)^{n-1}]/i$。公式中的$[(1+i)^{n-1}]/i$称为"年金终值系数"，记为"（$F/A,i,n$）"，可通过查询年金终值系数表取得。以上公式可记为 $F=A \cdot (F/A,i,n)$。

普通年金现值的计算公式为：$P=A \cdot [1-(1+i)^{-n}]/i$。公式中的$[1-(1+i)^{-n}]/i$称为"年金现值系数"，记为"（$P/A,i,n$）"，可通过查询年金现值系数表取得。以上公式可记为 $P=A \cdot (P/A,i,n)$。

② 即付年金终值与现值的计算。即付年金是指从第一期起，在一定时期内每期期初等额收付的系列款项，又称先付年金。

即付年金终值的计算公式为：$F=A \cdot [(F/A,i,n+1)-1]$。公式中的"$(F/A,i,n+1)-1$"被称作"即付年金终值系数"，它相当于在同期普通年金终值系数的基础上期数加1、系数减1。

即付年金终值的另一个计算公式为：$F=A \cdot (F/A,i,n) \cdot (1+i)$。这个公式可以理解为即付年金终值等于同期普通年金终值乘以"$1+i$"。

即付年金现值的计算公式为：$P=A \cdot [(P/A,i,n-1)+1]$。公式中的"$(P/A,i,n-1)+1$"被称作"即付年金现值系数"，它相当于在同期普通年金现值系数的基础上期数减1、系数加1。

即付年金现值的另一个计算公式为：$P=A \cdot (P/A,i,n) \cdot (1+i)$。这个公式可以理解为即付年金现值等于同期普通年金现值乘以"$1+i$"。

③ 永续年金现值的计算。如果年金定期等额收付一直持续到永远，则称为永续年金。永续年金没有终值。

永续年金现值的计算公式如下。

$$P = \frac{每期等额收付金额}{利率} = \frac{A}{i}$$

（4）年金的计算。根据年金现值公式或年金终值公式进行推导来计算年金。

（5）利率、期数的计算。根据年金现值公式、年金终值公式进行推导，求出现值系数、终值系数后，即可查表得出利率和期数。

二、货币时间价值函数

在 Excel 2010 中，货币时间价值的每一种计算结果都可以通过函数快速得到，以下是几种常用的计算货币时间价值的财务函数。

（1）复利终值函数。复利终值有普通复利终值、普通年金终值和即付年金终值等形式。

● FV 函数

【类型】财务函数。

【格式】FV(rate,nper,pmt,pv,type)。

rate 为各期利率。

nper 为年金的付款总期数。

pmt 为各期应支付的金额，其数值在整个年金期间保持不变。通常情况下，pmt 包括本金和利息，但不包括其他费用或税款。如果省略 pmt，则必须包括 pv 参数。

pv 为现值，或一系列未来付款的当前值的累积和。如果省略 pv，则假设其值为 0，并且必须包括 pmt 参数。

type 为数字 0 或 1，用以指定各期的付款时间是在期初还是期末。如果省略 type，则假设其值为 0。

【功能】基于固定利率，返回某项投资的未来值。

> **注意**
>
> 在 pmt ≠ 0、pv=0、type=1 时，函数值为即付年金终值。在 Excel 2010 中，对函数涉及金额的参数是有特别规定的，支出的款项用负数表示，收入的款项用正数表示。

① 普通复利终值的计算。例如，将 10 000 元投资于一项事业，年报酬率为 6%，期数为 3 年。操作方法为：新建并打开"投资决策模型"工作簿，将 Sheet1 工作表重命名为"货币时间价值"，并输入上述信息。运用 FV 函数可得出 3 年后的复利终值为 FV（6%,3,0,-10 000,0）=11 910.16（元），如图 9-1 和图 9-2 所示。

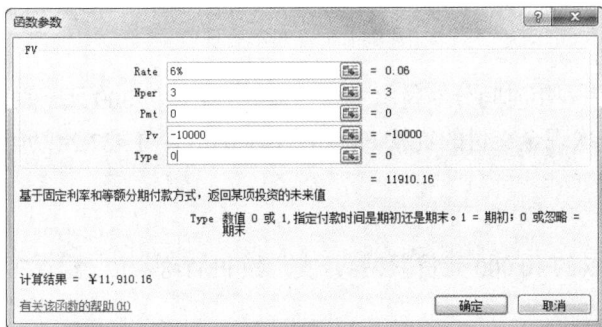

图 9-1　输入数据

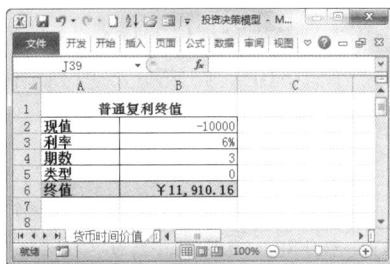

图 9-2　普通复利终值

② 普通年金终值的计算。例如，某人每年年末存入银行 20 000 元，年利率为 10%，则第 3 年年末可以从银行取得的本利和 FV(10%,3,−20 000,0,0)=66 200（元），如图 9-3 所示。

③ 即付年金终值的计算。仍以上例为例，若款项于每年年初存入银行，则即付年金终值 FV(10%,3,−20 000,0,1)=72 820（元），如图 9-4 所示。

（2）复利现值函数。复利现值包括普通复利现值、普通年金现值和即付年金现值。

09

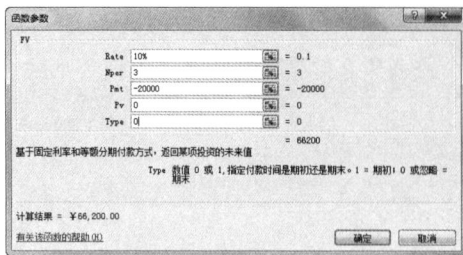

图 9-3　普通年金终值

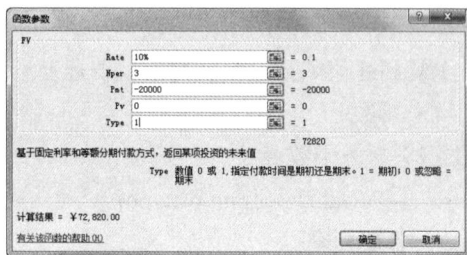

图 9-4　即付年金终值

- PV 函数

【类型】财务函数。

【格式】PV(rate,nper,pmt,fv,type)。

【功能】基于固定利率，返回某项投资的现值。

① 普通复利现值的计算。例如，某人计划在 5 年后获得本利和 20 000 元，已知投资报酬率为 10%，那么他现在应投入的金额 PV(10%,5,0,20 000,0)=−12 418.43（元），如图 9-5 所示。

② 普通年金现值的计算。例如，某人要购买一项养老保险，购买成本为 60 000 元，该保险可以在 20 年内于每月月末回报 500 元，投资报酬率为 8%，计算该笔投资是否值得。该投资现值 PV(8%/12,12×20,500,0,0)=−59 777.15（元），如图 9-6 所示。由于养老保险的现值 59 777.15 元小于实际支付的现值 60 000 元，因此，这项投资不合算。

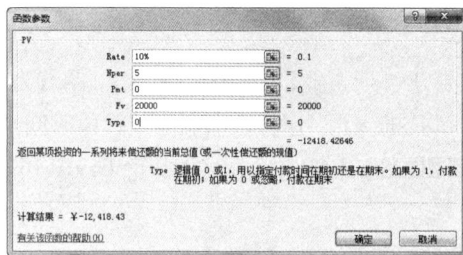

图 9-5　普通复利现值

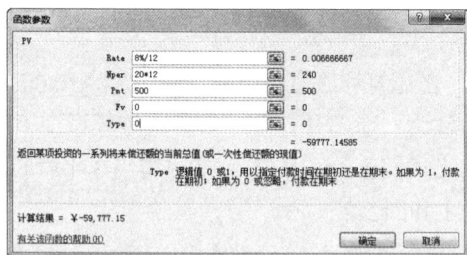

图 9-6　普通年金现值

③ 即付年金现值的计算。例如，某人用 6 年时间分期付款购物，每年年初预付 300 元。假设银行利率为 10%，则该项分期付款相当于一次现金交付的货款 PV(10%,6,300,0,1)=−1 437.24（元），如图 9-7 所示。

（3）年金函数。

例如，某人需要 12 个月付清年利率为 8% 的 10 000 元贷款，每月支付额 PMT(8%/12,12,10 000,0,0)=−869.88（元），如图 9-8 所示。

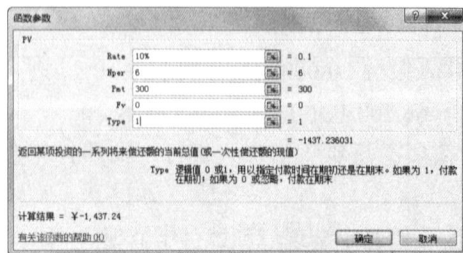

图 9-7　即付年金现值

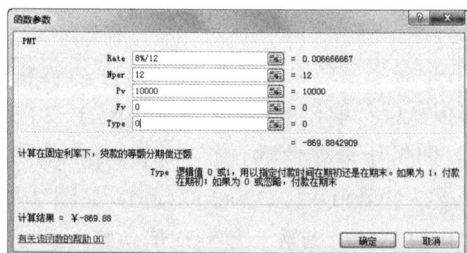

图 9-8　每月支付款

① 年金中的利息函数。

• IPMT 函数

【类型】财务函数。

【格式】IPMT(rate,per,nper,pv,fv,type)。

【功能】基于固定利率及等额分期付款方式，返回投资或贷款每期付款额中的利息额。

例如，某企业取得 3 年期贷款，本金为 8 000 元，年利率为 10%。若按年支付贷款利息，则第一年需支付贷款利息 IPMT(10%,1,3,8 000)=-800（元），如图 9-9 所示。

② 年金中的本金函数。

• PPMT 函数

【类型】财务函数。

【格式】PPMT(rate, per, nper, pv, fv, type)。

【功能】基于固定利率及等额分期付款方式，返回投资在某一给定期间内的本金偿还额。

例如，某企业租用一台设备，设备租金为 24 000 元，年利率为 8%，每年年末支付租金，租期 5 年。每期支付租金 PMT(8%,5,-2 4000,0,0)=6 010.95（元），如图 9-10 所示。

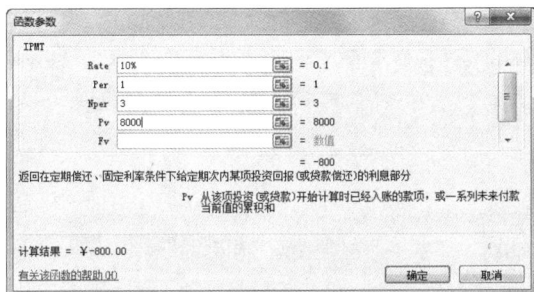

图 9-9　第一年需支付贷款利息

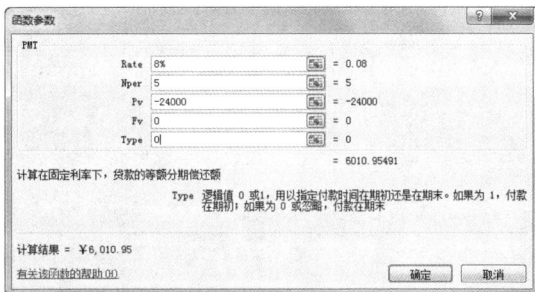

图 9-10　每期支付租金

第 2 年支付的本金 PPMT(8%,2,5,-24 000,0)=4 418.23（元），如图 9-11 所示。

第 2 年支付的利息 IPMT(8%,2,5,-24 000,0)=1 592.72（元），如图 9-12 所示。

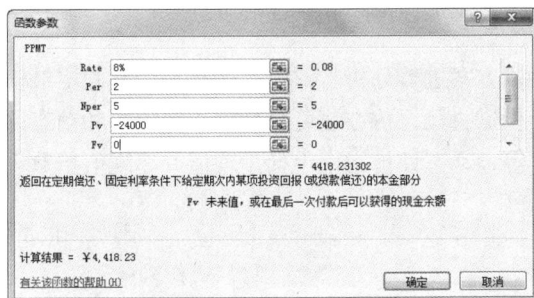

图 9-11　第二期支付本金

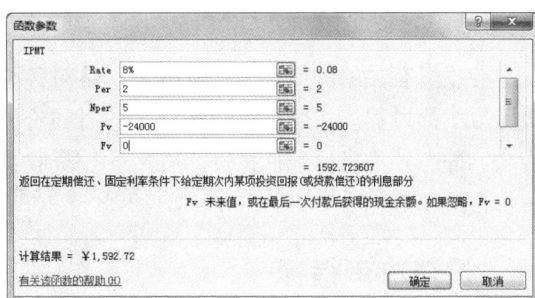

图 9-12　第二期支付利息

从上述数据中可知，PMT()=PPMT()+IPMT()。

（4）计息期数函数。

• NPER 函数

【类型】财务函数。

【格式】NPER(rate, pmt, pv, fv, type)。

【功能】基于固定利率及等额分期付款方式，返回某项投资（或贷款）的总期数。

例如，A公司准备从B公司购买一台设备，B公司有两种销货方式供A公司选择：一种方式是一次性全额付款90万元；另一种方式是分若干年支付，每年年初付款15万元。假设资金成本率为10%，如果A公司选择第二种付款方式，则B公司在签订合同时可接受的收款次数至少为多少次时，其收入才不低于一次性全额收款？

由于A公司为付款方，B公司为收款方，所以pmt和pv中必须有一个用负数表示，则可接受的收款次数NPER(10%,–150 000,900 000,0,1)=8.27（次）。因为收款次数应为正整数，并且不能小于8.27，所以收款次数至少为9次，如图9-13所示。

（5）利率函数。

- RATE函数

【类型】财务函数。

【格式】RATE(nper, pmt, pv, fv, type)。

【功能】返回年金的各期利率。

例如，某企业贷款30 000元，期限为5年，每年年末支付利息，每年支付8 000元，则支付利率RATE(5,8 000,–30 000,0,0)=10%，操作如图9-14所示。

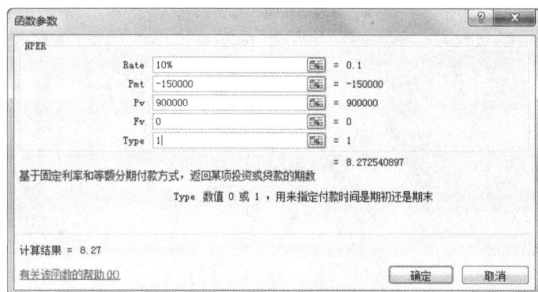

图 9–13 计息期数　　　　图 9–14 各期利率

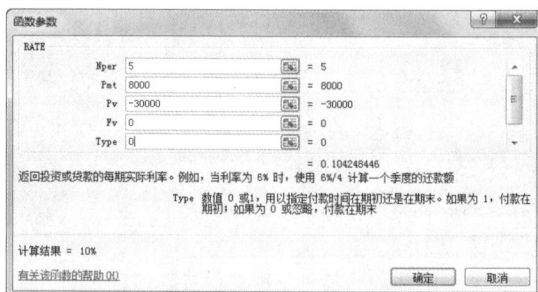

任务二　认识投资决策指标及其函数

与投资有关的决策称为投资决策，是对各种投资方案进行分析、评价、选择，最终确定最佳投资方案的过程。按照是否考虑资金的时间价值，投资决策评价方法可分为静态评价法和动态评价法。静态评价指标包括投资回收期、投资收益率等，动态评价指标包括净现值、净现值指数、内含报酬率等。

一、投资决策指标

投资决策指标用于比较和衡量项目的可操作性，根据是否考虑时间价值因素可分为非贴现现金流量指标和贴现现金流量指标。

（1）非贴现现金流量指标。非贴现现金流量指标是指不考虑资金时间价值，直接根据不同时期的现金流量分析项目经济效益的各种指标，包括投资回收期、投资收益率等。

① 投资回收期。投资回收期是指以项目的净收益收回总投资所需要的时间。它是反映投资项目资金回收能力和资金周转速度的重要指标，一般情况下，期限越短越好。

当原始投资是一次投入，每年现金净流量相等时，投资回收期的计算公式如下。

$$投资回收期=\frac{原始投资额}{每年现金净流量}$$

当原始投资分年投入或每年的现金净流量不相等时，按累计现金净流量计算。投资回收期为累计现金净流量与原投资额达到相等时所需要的时间，其计算公式如下。

$$投资回收期=已收回投资的若干整年年数$$
$$+\frac{原始投资额-已收回投资的若干整年年数的投资额之和}{已收回投资的若干整年年数下一年的投资回收额}$$

例如，某企业投资 10 万元购置一台设备，预计使用 5 年，预计残值为 10 000 元，现金净流量如表 9-2 所示。

表 9-2　　　　　　　　　　　　　　现金净流量资料　　　　　　　　　　　　单位：元

年序	年现金净流量	累计现金净流量
1	60 000	60 000
2	50 000	110 000
3	40 000	150 000
4	30 000	180 000
5	20 000	200 000

按累计现金净流量计算可知，该方案的投资回收期为 1～2 年，计算公式如下。

$$投资回收期=1+\frac{100\,000-60\,000}{50\,000}=1.8（年）$$

投资回收期的概念容易理解，计算也比较简便，容易被决策人正确理解，并能在一定程度上反映投资决策效果的优劣。但这一指标没有考虑货币的时间价值，也没有考虑投资回收期满后的现金流量状况，所以一般作为辅助方法使用。

② 投资收益率。投资收益率(r)是指项目方案产生生产能力后，在正常生产年份内，年平均净收益与投资总额的比值，它反映项目投资支出的获利能力，其计算公式如下。

$$r=\frac{年平均净收益}{投资总额}\times100\%$$

投资收益率的判别准则是设定一个基准投资收益率 R。当 $r \geqslant R$ 时，该方案可以考虑；当 $r < R$ 时，该方案不可行。

利用投资收益率进行判别的优点是简明、易算、易懂；缺点是没有考虑资金的时间价值，第一年的现金流量与最后一年的现金流量被看作具有相同的价值，所以，有时会做出错误的决策，因此只能作为辅助方法使用。

（2）贴现现金流量指标。贴现现金流量指标是考虑资金时间价值因素，综合评价投资活动的经济效益的各种指标，包括净现值、净现值指数、内含报酬率等。

① 净现值。投资项目投入使用后的净现金流量，按资本成本或企业要求达到的报酬率折算为现值，减去初始投资现值之后的余额，叫作净现值（NPV）。净现值是指方案投入使用后的未来报酬，按资金成本或企业要求达到的报酬率折算成的总现值超过初始投资的金额。它考虑了方案整个计算期内各年现金流量的时间价值，使各种不同类型现金支出和收入的方案具有可比性。净现值的计算公式如下。

$$NPV = \sum_{t=1}^{n} \left[NCF_t \div (1+K)^t \right] - 投资额$$

上式中，n 为投资方案的分析计算期；NCF_t 为第 t 年的净现金流量；K 为目标收益率或贴现率。

净现值法的判别标准是：若 $NPV=0$，则方案实施后的投资贴现率正好等于事先确定的贴现率，方案可以接受；若 $NPV>0$，则方案实施后的经济效益超过目标贴现率的要求，方案较好；若 $NPV<0$，则经济效益达不到既定要求，应予以拒绝此方案。

净现值法考虑了货币的时间价值，能够反映各种投资方案的净收益，是一种较好的方法，但并不能揭示各个投资方案本身可能达到的实际报酬率数。

② 净现值指数。净现值指数（PVI）是投资方案未来现金流量按资金成本或要求的投资报酬率贴现的总现值与初始投资额现值之比，其计算公式如下。

$$PVI = \frac{未来现金流量总现值}{初始投资额现值}$$

如果 $PVI \geq 1$，则方案可取；如果 $PVI<1$，则方案不可取。$PVI \geq 1$ 与 $NPV \geq 0$、$PVI<1$ 与 $NPV<0$ 的含义完全相同。通常情况下，用净现值指数作为净现值的辅助指标，两者根据具体情况结合使用。

净现值指数法考虑了资金的时间价值，能够真实地反映投资项目的盈亏程度，由于净现值指数是用相对数表示的，所以有利于在初始投资额不同的投资方案之间进行对比。净现值指数法的缺点是利润指数的概念不便于理解。

③ 内含报酬率。内含报酬率（IRR）是指一个投资方案在其寿命周期内，按现值计算的实际投资报酬率。根据这个报酬率，对方案寿命周期内的各年现金流量进行贴现，未来报酬的总现值正好等于该方案初始投资的现值。因此，内含报酬率是使投资方案的净现值为零时的报酬率，其计算公式如下。

$$\sum_{t=1}^{n} \left[NCF_t \div (1+IRR)^t \right] = 0$$

在内含报酬率指标的运用中，任何一种投资方案的内含报酬率必须以不低于资金成本率为限度，否则方案不可行。

在求解内含报酬率时，计算公式是一个一元高次方程，不容易直接求解，通常采用"内插法"——线性插值法求 IRR 的值。当然，也可以通过"逐步测试"完成。首先估计一个贴现率，用它计算方案的净现值。如果净现值为正数，说明方案本身的报酬率超过估计的贴现率，应该提高贴现率后进一步测试；如果净现值为负数，说明方案本身的报酬率低于估计的贴现率，应该降低贴现率后进一步测试。经过多次测试，找出使净现值接近于零的贴现率，即为方案本身的内含报酬率。

内含报酬率法考虑了资金的时间价值，反映了投资项目的真实报酬率，概念也易于理解，是一种应用广泛、科学合理的投资决策指标。但这种方法的计算过程比较复杂，特别是每年 NCF 不相等的投资项目，一般要经过多次测算才能得出，所以在手工方式下，它的计算过程过于烦琐。

二、投资决策指标函数

上述投资决策指标在手工方式下计算起来非常麻烦，但 Excel 2010 提供的函数功能会让计算变得很简单。

（1）净现值函数。

- NPV 函数

【类型】财务函数。

【格式】NPV(rate,value 1,value 2，…)。

rate 为贴现率（期利率）。

value 1, value 2 等为参数（1～29 个），代表支出及收入。

微课 9-1 净现值函数

【功能】由贴现率及一系列未来支出（负值）和收入（正值），得出一项投资的净现值。

注意

① value 1、value 2 等所属各期间的长度必须相等，而且支付及收入的时间都发生在期末。

② NPV( )按使用 value 1、value 2 等的次序注释现金流的次序，所以一定要保证支出和收入的数额按正确的顺序输入。

③ 参数是数值、空白单元格、逻辑值或表示数值的文字表达时，都会被计算在内；如果参数是错误值或不能转化为数值的文字，则会被忽略。

④ NPV( )假定投资开始于 value 1 现金流所在日期的前一期，即第一期的期末，并结束于最后一笔现金流的当期。

例如，某企业投资开设一家连锁店，期初投资 200 000 元，预计在未来 5 年的收入分别为 20 000 元、40 000 元、60 000 元、80 000 元和 100 000 元，等到营业第 6 年时需要重新装修店面，估计要花费 40 000 元。假定每年的贴现率为 6%，求投资的净现值。

其操作步骤如下。

① 打开"投资决策模型"工作簿，将 Sheet 2 工作表重命名为"净现值函数"，输入各项数据，如图 9-15 所示。

② 应用函数公式。在 A12 单元格中输入公式"=NPV(A3,A5:A9)+A4"，在 A13 单元格中输入公式"=NPV(A3,A5:A9,A10)+A4"，可以很方便地求出投资的净现值，结果如图 9-16 所示。

图 9-15 输入净现值数据

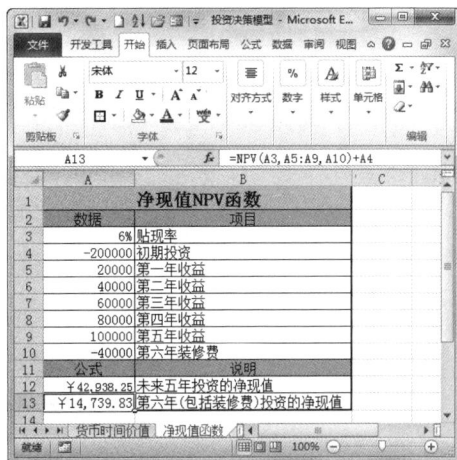

图 9-16 计算净现值

09

（2）内含报酬率函数。

● IRR 函数

【类型】财务函数。

【格式】IRR(values,guess)。

values 为数组或单元格的引用。

guess 为对 IRR( )计算结果的估计值。

【功能】返回连续期间现金流量的内含报酬率。

微课 9-2　内含
报酬率函数

> **注意**
>
> ① values 为数组或单元格的引用，包含用来计算内含报酬率的数字。values 必须包含至少一个正值和一个负值，以计算内含报酬率。IRR( )根据数值的顺序解释现金流的顺序，故应确定按需要的顺序输入支付和收入的数值。如果数组或引用中包含文本、逻辑值或空白单元格，则这些数值将被忽略。
>
> ② guess 为对 IRR( )计算结果的估计值。Excel 使用迭代法计算 IRR( )。从 guess 开始，IRR( )不断修正报酬率，直至结果的精度达到 0.000 01%。如果 IRR( )经过 20 次迭代仍未找到结果，则返回错误值"#NUM!"。在大多数情况下，并不需要为 IRR( )的计算提供 guess 值。如果省略 guess，则系统假设它为 0.1（10%）。如果函数 IRR( )返回错误值"#NUM!"，或结果没有靠近期望值，则可以换一个 guess 值再试一次。

例如，某企业投资开设一家连锁店，期初投资 200 000 元，预计在未来 5 年的净收益分别为 20 000 元、40 000 元、60 000 元、80 000 元和 100 000 元，试分别求出投资 2 年、4 年以及 5 年后的内含报酬率。

其操作步骤如下。

① 打开"投资决策模型"工作簿，将 Sheet 3 工作表重命名为"内含报酬率函数"，输入各项数据，如图 9-17 所示。

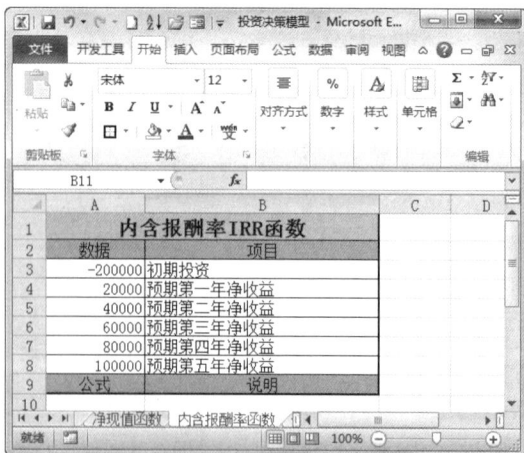

图 9-17　输入内含报酬率数据

② 应用函数公式。需要注意的是，在计算两年后的内含报酬率时必须在函数中包含 guess 参

数，即在 A10 单元格中输入公式"=IRR(A3:A5,-10%)"，在 A11 单元格中输入公式"=IRR(A3:A7)"，在 A12 单元格中输入公式 "=IRR(A3:A8)"，结果如图 9-18 所示。

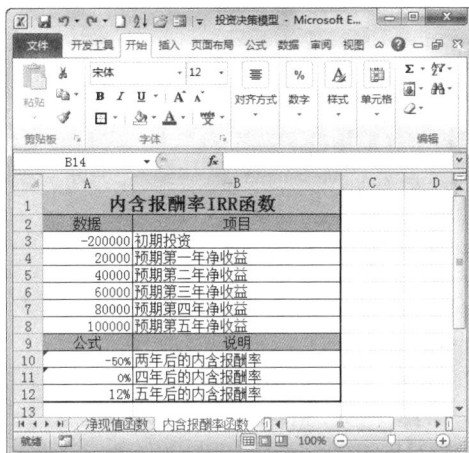

图 9-18　计算内含报酬率

（3）修正内含报酬率函数。

- MIRR 函数

【类型】财务函数。

【格式】MIRR(values,finance_rate,reinvest_rate)。

values 为数组或单元格的引用。

finance_rate 为投入资金的融资利率。

reinvest_rate 为各期收入净额再投资的收益率。

【功能】返回某连续期间现金流量修正后的内含报酬率。

微课 9-3　修正的内含报酬率函数

> **注意**
>
> ① values 为一个数组或对数字单元格区域的引用。这些数值代表各期支出（负值）及收入（正值）。参数 values 中必须至少包含一个正值和一个负值，才能计算修正后的内含报酬率，否则 MIRR( ) 会返回错误值 "#DIV/0!"。如果数组或引用中包括文字串、逻辑值或空白单元格，则这些值将被忽略，但包含数值零的单元格会被计算在内。
>
> ② finance_rate 为投入资金的融资利率。
>
> ③ reinvest_rate 为各期收入净额再投资的收益率。
>
> ④ MIRR( )会根据输入值的次序注释现金流的次序，所以务必按照实际顺序输入支出和收入数额，并使用正确的正负号。

例如，已知某项目第 0~2 年各投资 30 万元、750 万元、150 万元，第 3 年的净现金流量为 225 万元，第 4~6 年的净现金流量均为 500 万元。假设投入资金的融资利率为 10%，再投资收益率为 15%，则该项目是否可行？

其操作步骤如下。

① 打开"投资决策模型"工作簿，在"内含报酬率函数"工作表后插入一张新工作表，并将

其重命名为"修正内含报酬率函数"，输入各项数据，如图9-19所示。

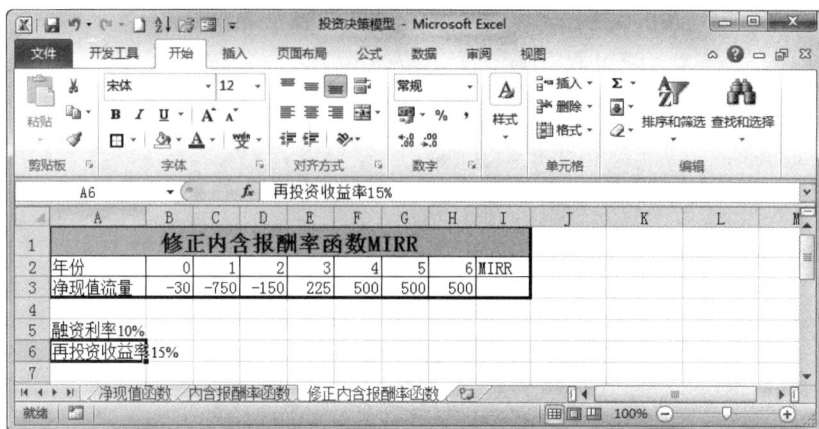

图9-19　输入修正内含报酬率数据

② 应用函数公式。在I3单元格中输入公式"=MIRR(B3:H3,10%,15%)"，得到修正内含报酬率为16%，大于再投资收益率15%，故项目可行，如图9-20所示。

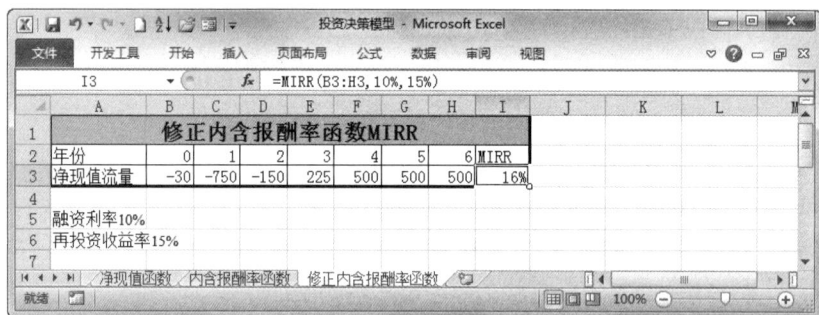

图9-20　计算修正内含报酬率

任务三　设计投资决策模型

投资决策分析是指对各种建设投资方案进行综合分析，从中选择一种最适合自己的方案进行投资。

丰源公司欲进行一项投资，共有3种方案可供选择。这3种方案的期初投资分别为100 000元、90 000元、120 000元，假设资金成本率为7%，再投资收益率为12%，每种方案3年的净现金流量如表9-1所示。试用投资决策指标对各个方案进行分析，并选出最优方案。

微课9-4　设计投资决策模型

其操作步骤如下。

（1）打开"投资决策模型"工作簿，在"修正内含报酬率函数"工作表后插入一张新工作表，并将其重命名为"投资决策模型"，输入表9-1中的相关资料，如图9-21所示。

（2）根据项目数据应用函数公式。在B8单元格中输入公式"=NPV(7%,B5:B7)+B4"，再利用填充柄把B8单元格中的公式复制到该行其他单元格中，从而求出3种方案的净现值（NPV）指标；在B9单元格中输入公式"=IRR(B4:B7)"，再利用填充柄把B9单元格中的公式复制到该行其他单元格中，从而求出 3 种方案的内含报酬率（*IRR*）指标；在 B10 单元格中输入公式"=MIRR(B4:B7,7%,12%)"，再利用填充柄把 B10 单元格中的公式复制到该行其他单元格中，从而求出 3 种方案的修正内含报酬率；在 B11 单元格中输入公式"=IF(B4+B5>0,−B4/B5,IF(B4+B5+B6> 0,1+(−B4−B5)/B6,2+(−B4−B5−B6)/B7))"，再利用填充柄把 B11 单元格中的公式复制到该行其他单元格中。

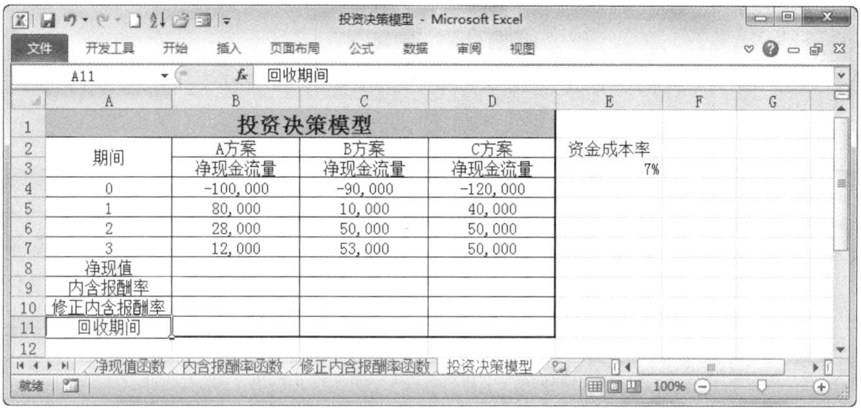

图 9-21　输入数据

求出 3 个方案的回收期间，结果如图 9-22 所示。

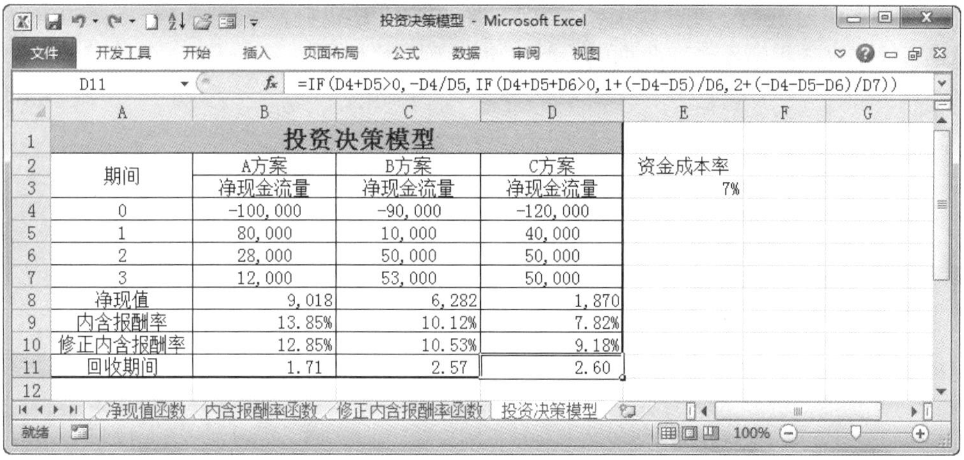

图 9-22　投资决策模型

（3）从图 9-22 中可以看出，A 方案的净现值、内含报酬率明显高于 B 方案和 C 方案，而回收期间低于 B 方案和 C 方案，所以应该选择 A 方案。

09

项目小结

本项目介绍了如何运用 Excel 2010 进行投资决策分析。首先介绍了投资的概念，然后介绍了货币时间价值函数、投资决策指标及其函数，最后设计了一个简单的投资决策模型。通过学习本项目的内容，学生能够熟练建立简单的投资决策模型。

项目实训

1. 实训目的

学会运用 Excel 2010 进行最优投资方案选择。

2. 实训资料

某股份有限公司的投资业务有 3 种互斥方案，相关数据如表 9-3 所示。

表 9-3　　　　　　　　　　　某公司备选投资方案　　　　　　　　　　　单位：元

期间	投资决策模型		
	A 方案	B 方案	C 方案
	净现金流量	净现金流量	净现金流量
0	−100 000	−90 000	−120 000
1	30 000	10 000	30 000
2	35 000	40 000	40 000
3	39 000	53 000	45 000
4	44 000	20 000	55 000

3. 实训要求

若基准收益率为 10%，再投资收益率为 15%，根据上述资料，计算这 3 种方案的净现值、内含报酬率、修正内含报酬率、回收期间，并选出最优投资方案。

项目十
Excel 2010 在本量利分析中的应用

知识目标 ↓

1. 了解本量利分析的目的，理解本量利分析的主要内容。
2. 掌握本量利分析的基本数学模型及相关概念。

能力目标 ↓

1. 掌握本量利分析的计算公式。
2. 能够熟练应用 Excel 2010 建立本量利分析基本模型和动态本量利分析模型。

素质目标 ↓

1. 将理论知识运用于实践，提升财务综合素养。
2. 以严谨的态度对待财务分析工作，积极主动地参与企业的财务管理工作。

工作情境与分析 ↓

一、情境

李娜把 Excel 2010 运用到财务会计和财务管理工作中后，取得了很好的效果。随着企业的发展，领导认识到管理会计对公司盈利的重要性，要求财务部不仅要懂核算，还要会管理，要加强管理会计的学习并尽快应用到工作中。李娜接受了这项任务，开始学习本量利分析知识，整理 5月份的数控车床销售数据，为进行本量利分析做好准备。

二、分析

本量利分析是对"成本—业务量—利润分析"三者关系的简称，是指在成本分析的基础上，通过对本、量、利三者关系的分析，建立定量化分析模型，进而揭示变动成本、固定成本、产销量、销售单价和利润等变量之间的内在规律，为企业利润预测和规划、决策和控制提供信息的一种定量分析方法。本量利分析又称保本点分析或盈亏平衡分析，是根据对产品的业务量（产量或销量）、成本、利润之间相互制约关系的综合分析，以预测利润、控制成本、判断经营状况的一种数学分析方法。

本量利分析是管理会计的基本方法之一，在规划企业经济活动、正确进行经营决策和成本控制等方面具有广泛的应用，主要表现在以下4个方面。

（1）进行保本分析。将本量利分析和预测技术结合起来，可以进行保本预测，确定保本销售量和保本销售额，进而预测利润，编制利润计划。

（2）进行目标控制。将本量利分析用于目标控制，可以确定实现目标利润所需要控制的目标销售量、目标销售额及目标成本水平，从而有效地进行目标管理。

（3）进行风险分析。将本量利分析和风险分析结合起来，可以分析企业的经营安全性指标，确定企业经营的安全状况，还可以促使企业重视经营杠杆的作用，努力降低风险。

（4）进行生产决策。本量利分析可以帮助企业进行生产工艺选择的决策、产品品种和生产数量的决策、产品竞争决策及定价决策等。

本量利分析除了上述作用，还为标准成本制度和责任会计的应用等提供了理论准备。

根据企业管理者的需求，丰源公司运用 Excel 2010 进行本量利分析时需要完成以下两项任务：认识本量利分析→创建本量利分析模型。

任务一　认识本量利分析

本量利分析是管理会计的重点，是企业在预测、决策、规划和控制工作中常用且有效的方法之一。若要对丰源公司进行本量利分析，首先要了解本量利分析涉及的基本概念及计算公式。

一、本量利分析的基本假设

本量利之间的关系非常复杂，若要建立本量利分析理论，首先要对本量利之间的关系做一些假设，严格限定本量利分析的范围，其基本假设如下。

1. 相关范围的假设

相关范围的假设包含两层含义。一是期间假设，无论是固定成本还是变动成本，其固定性和变动性均表现在特定的期间内，其金额的大小是在特定的期间内计量得到的。随着时间的推移，固定成本总额及其内容会发生变化，变动成本数额及其内容也会发生变化。二是业务量假设，固定成本和变动成本是在一定业务量范围内分析计量的结果，当业务量发生较大变化时，即使成本的性态不发生变化（也有可能发生变化），也需要重新计量。

2. 模型线性假设

模型线性假设包含了三层含义。一是固定成本不变假设，即在企业经营能力一定的前提下，固定成本是固定不变的，表现在平面直角坐标系中，就是一条与横轴平行的直线。二是变动成本与业务量呈完全线性关系的假设，表现在平面直角坐标系中，就是一条过原点的直线，该直线的斜率就是单位变动成本。三是销售收入与销售数量呈完全线性关系的假设，表现在平面直角坐标系中，也是一条通过原点的直线，但该直线的斜率是销售单价。

3. 产销平衡假设

如果企业只生产一种产品，则假定生产出来的产品是可以实现销售、达到产销平衡的。

4. 品种结构不变假设

品种结构不变是指各种产品的销售额占全部销售额的比重不变。如果企业生产多种产品，其获利能力一般各不相同，若企业产销的品种结构发生较大的变动，则势必会导致预计利润与实际利润发生差异，因此必须假设品种的结构保持不变。

5. 利润假设

除有特别说明外，本量利分析中的"利润"一般假设为不考虑投资收益和营业外收支的"营业利润"，即假设投资收益和营业外收支均为零时的利润总额。

二、本量利分析的基本数学模型

本量利分析的目标是利润，计算利润的基本公式是本量利分析的基本数学模型。

一般来说，企业收入=成本+利润。如果利润为零，则"企业收入=成本=固定成本+变动成本"，而"收入=销售量×单价""变动成本=单位变动成本×销售量"，可以由"销售量×单价=固定成本+单位变动成本×销售量"推导出如下盈亏平衡点的计算公式。

$$盈亏平衡点（销售量）=固定成本÷每计量单位的贡献差数$$

分析模型如下。

$$I=S-(VC×Q+F)=P×Q-(VC×Q+F)=(P-VC)Q-F$$

上式中，I 为销售利润；P 为产品销售单价；F 为固定成本总额；VC 为单位变动成本；Q 为销售量；S 为销售收入。

总成本的计算公式如下。

$$C=F+VC×Q$$

总收入的计算公式如下。

$$S=P×Q$$

盈亏平衡方程的计算公式如下。

$$C=S$$
$$P×Q=F+VC×Q$$

盈亏平衡点的计算公式如下。

$$Q=\frac{F}{(P-VC)}$$

三、本量利分析的基本概念

本量利分析包括贡献毛益、贡献毛益率、变动成本率、贡献毛益率和变动成本率的关系的分析。

1. 贡献毛益

贡献毛益亦称边际贡献、贡献边际，是反映企业产品盈利能力的绝对指标。其表现形式有两种：单位贡献毛益（cm）和贡献毛益总额（Tcm）。单位贡献毛益是指产品的销售单价减去单位变动成本后的差额。贡献毛益总额是指产品的销售收入总额减去相应变动成本总额后的差额，计算公式如下。

$$单位贡献毛益=销售单价-单位变动成本$$
$$贡献毛益总额=销售收入总额-变动成本总额$$

10

将贡献毛益总额放入本量利分析的基本数学模型中，则有如下公式。

$$利润=贡献毛益总额-固定成本总额$$

可见，贡献毛益的大小直接影响企业的利润水平，产品销售能否保本及产品销售利润的高低取决于贡献毛益总额能否"吸收"固定成本总额、是否有余额及余额的大小。在固定成本不变的情况下，贡献毛益的增减意味着利润的增减。只有当产品的贡献毛益总额大于固定成本时，才能给企业创造利润；反之，企业将会亏损。

2. 贡献毛益率

贡献毛益率（*cmR*）是指产品贡献毛益占产品销售收入的百分比。这是反映企业产品盈利能力的相对指标，它表明每增加一元销售额能为企业带来的贡献。该比率越大，说明产品为企业获得利润所做的贡献越大，其计算公式如下。

$$贡献毛益率=\frac{贡献毛益}{销售收入}=\frac{贡献毛益总额}{销售收入总额}=\frac{单位贡献毛益}{销售单价}\times100\%$$

3. 变动成本率

变动成本率（*bR*）是指产品变动成本占产品销售收入的百分比。它表明每增加一元销售额所增加的变动成本，其计算公式如下。

$$变动成本率=\frac{变动成本}{销售收入}=\frac{变动成本总额}{销售收入总额}=\frac{单位变动成本}{销售单价}\times100\%$$

4. 贡献毛益率和变动成本率的关系

贡献毛益率和变动成本率具有互补关系。变动成本率低的企业，贡献毛益率高，创利能力强，反之亦然。

$$贡献毛益率+变动成本率=1$$

例如，某产品的销售单价为 10 元，单位变动成本为 6 元，全年产销量为 1 000 件，则：

单位贡献毛益=10-6=4（元）；

贡献毛益总额=10×1 000-6×1 000=4 000（元）；

$$贡献毛益率=\frac{4\,000}{10\times1\,000}\times100\%=40\%；$$

$$变动成本率=\frac{6\times1\,000}{10\times1\,000}\times100\%=60\%；$$

贡献毛益率+变动成本率=40%+60%=1。

任务二　创建本量利分析模型

丰源公司在 2021 年 5 月生产和销售了单一产品数控车床一批，销售单价是 1 000 元，单位变动成本为 600 元，全月固定总成本为 800 000 元，企业正常的产品销售量为 3 000 件。根据以上资料，在 Excel 2010 中创建本量利分析模型。

一、创建本量利分析基本模型

创建本量利分析基本模型的操作步骤如下。

微课 10-1　创建
本量利分析基本模型

（1）新建一个工作簿，命名为"2105 本量利分析"，打开该工作簿，将 Sheet 1 工作表重命名为"本量利分析基本模型"，如图 10-1 所示。

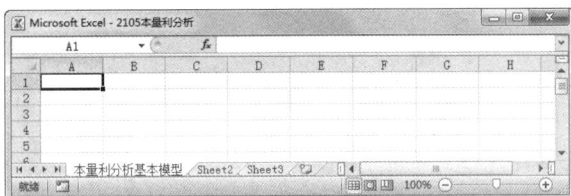

图 10-1 新建工作表

（2）将数控车床的相关数据输入"本量利分析基本模型"工作表中，如图 10-2 所示。

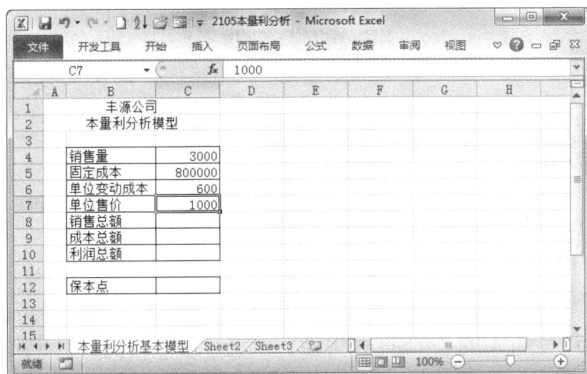

图 10-2 输入数据

（3）计算销售总额、成本总额、利润总额和保本点。选择 C8 单元格，输入公式"=C4*C7"，计算出销售总额；选择 C9 单元格，输入公式"=C5+C4*C6"，计算出成本总额；选择 C10 单元格，输入公式"=C8-C9"，计算出利润总额，如图 10-3 所示。选择 C12 单元格，输入公式"=INT(C5/(C7-C6))"，计算出保本点，如图 10-4 所示。

图 10-3 计算销售总额、成本总额和利润总额

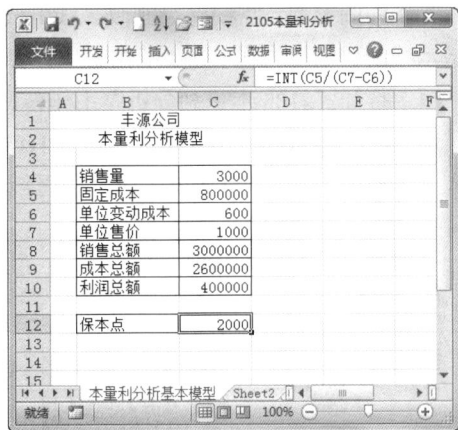

图 10-4 计算保本点

（4）在 B14 单元格中输入函数公式"=IF(C10>0,"利润总额"&ROUND(C10,0),"亏损额"&-ROUND (C10,0))"，其相关函数参数设置如图 10-5 所示，最终结果如图 10-6 所示。

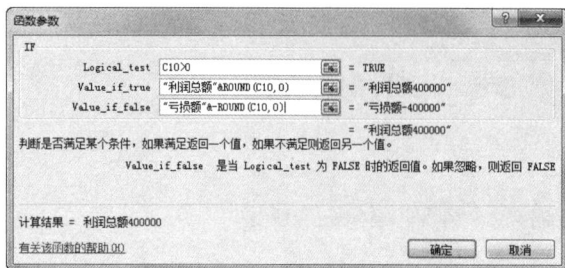

图 10-5　函数参数

图 10-6　本量利分析基本模型

利用本量利分析模型，财务人员可以根据案例所给的资料计算出丰源公司的销售总额、成本总额、利润总额和保本点等指标。当影响利润总额的某个因素发生变动时，在模型中修改该数据即可得到新的结果。

二、创建动态图表本量利分析模型

企业在进行实际分析时往往还要考虑各因素的变动情况，如销售单价、单位变动成本、固定成本、销售量等单独发生变动，甚至几个因素同时发生变动时，进行保本点的具体情况分析。这种分析又称为本量利分析的敏感分析。

Excel 2010 工作表具有强大的图表演示功能，财务人员可以将其图表演示功能应用到本量利分析模型中，从而创建出直观、形象、便于操作和理解的动态图表本量利分析模型。下面利用动态图表本量利分析模型计算丰源公司在不同的数控车床销售量情况（销售量在1 900～3 500 台变动，变化率为 100 台）下的利润总额，以及在不同的数控车床单位售价条件（销售单价在 950～1 100 元变动，变化率为 10 元）下的利润总额，其操作步骤如下。

微课 10-2　准备绘制动态图表本量利分析模型的资料

1. 准备绘制动态图表本量利分析模型的资料

为了绘图方便，需要将绘制收入线、成本线、利润线、保本点指示线及利润指示线的数据事先在 Excel 工作表中计算出来。

（1）打开"2105 本量利分析"工作簿，复制"本量利分析基本模型"工作表，并将其重命名为"动态图表本量利分析模型"。在 E3:H14 单元格区域设计一个表格，合并 A1:H1 单元格区域，输入"丰源公司"；合并 A2:H2 单元格区域，输入"本量利分析模型"，如图 10-7 所示。

图 10-7　创建"动态图表本量利分析模型"工作表

（2）选择 F4 单元格，输入"="，单击 C9 单元格，完成 C9 单元格中成本总额的引用。同理，在 G4 和 H4 单元格中分别引用 C8 和 C10 单元格中的销售总额、利润总额，然后在 E5 单元格中输入"0"，在 E6 单元格中输入"1900"，在 E7 单元格中输入"2100"，选择 E6:E7 单元格区域，利用填充柄向下填充至 E14 单元格，如图 10-8 所示。

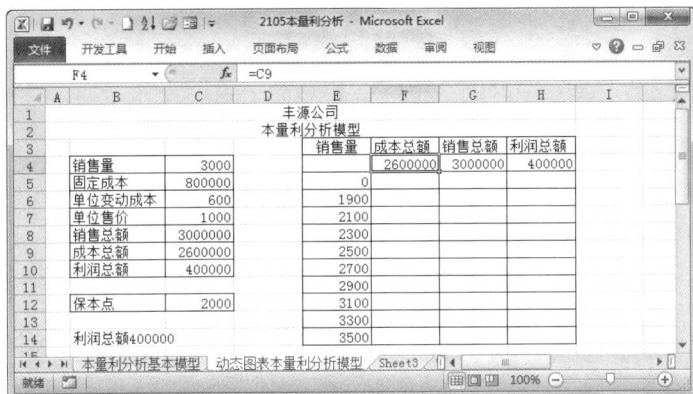

图 10-8　输入数据

（3）利用 Excel 2010 的模拟运算表的数据处理功能可以计算出不同销售量条件下的成本总额、销售总额、利润总额 3 项指标。其方法是：选择 E4:H14 单元格区域，单击"数据"选项卡下"数据工具"组中的"模拟分析"按钮 ，在打开的列表中选择"模拟运算表"选项，打开"模拟运算表"对话框，在"输入引用列的单元格"文本框中输入"$C$4"，单击 确定 按钮，不同销售量条件下的成本总额、销售总额、利润总额就全部计算出来了，如图 10-9 所示。

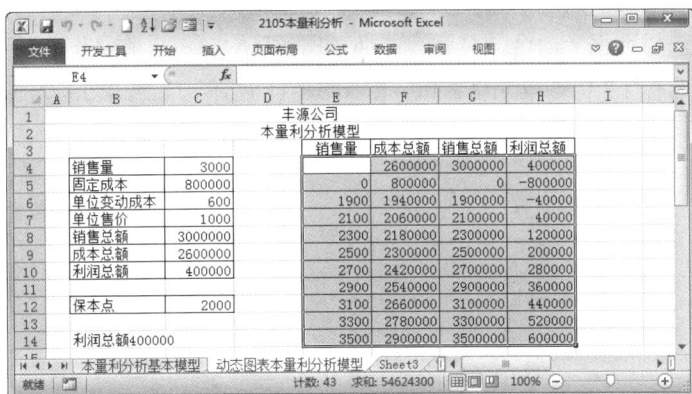

图 10-9　模拟运算表

（4）为了使动态图表本量利分析模型具有明显的效果，还需要在该模型中绘制保本点指示线和利润指示线两条辅助线。在 B16 单元格中输入"保本点指示线"，在 B17 单元格中引用 C12 单元格中的保本点数据，按【F4】键将相对地址"C12"转换为绝对地址"$C$12"，利用填充柄向下填充至 B19 单元格；选择 C18 单元格，输入公式"=C7*B18"，计算出保本点对应的销售额；在 C17 单元格中输入指示线的下标"0"，在 C19 单元格中输入指示线的上标"3 500 000"。在 E16 单元格中输入"利润指示线"，在 E17 单元格中引用 C4 单元格中的销售量数据，按【F4】键将相对地址"C4"转换为绝对地址"$C$4"，利用填充柄向下填充至 E20 单元格；选择 F17 单元格，引用 C17 单元格的地址；选择 F18 单元格，引用 C8 单元格的地址；选择 F19 单元格，引用 C9 单元格的地址；选择 F20 单元格，引用 C19 单元格的地址，结果如图 10-10 所示。

图 10-10　编辑保本点指示线和利润指示线数据

2. 绘制动态图表本量利分析模型

动态图表本量利分析模型的数据资料准备好后，接下来将开始创建动态图表本量利分析模型。

绘制动态图表本量利分析模型的操作步骤如下。

（1）单击"插入"选项卡下"图表"组中的"散点图"按钮，在打开的列表中选择"带平滑线的散点图"选项。选择图表，单击鼠标右键，在弹出的快捷菜单中选择"选择数据"命令，打开"选择数据源"对话框，在"图表数据区域"文本框中选择 E3:F14 单元格区域，如图 10-11 所示，然后单击 确定 按钮。所绘制的成本总额线如图 10-12 所示。

微课 10-3　绘制动态图表本量利分析模型

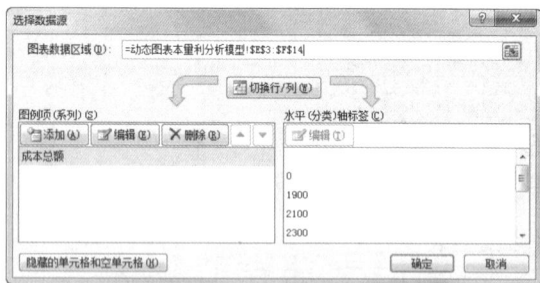

图 10-11　选择图表数据区域

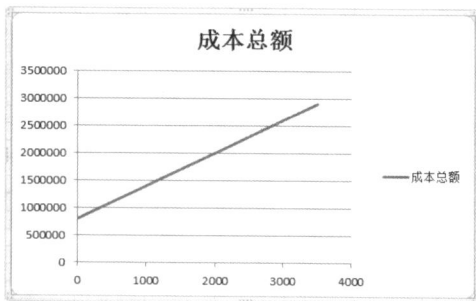

图 10-12　成本总额线

（2）选择图表，单击鼠标右键，在弹出的快捷菜单中选择"选择数据"命令，打开"选择数据源"对话框。单击 添加 按钮，打开"编辑数据系列"对话框。在"系列名称"文本框中选择 G3 单元格；在"X 轴系列值"文本框中选择 E5:E14 单元格区域；在"Y 轴系列值"文本框中选择 G5:G14 单元格区域，如图 10-13 所示。单击 确定 按钮，所绘制的销售总额线如图 10-14 所示。

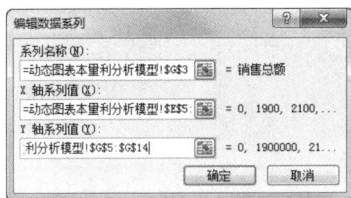

图 10-13　选择数据源

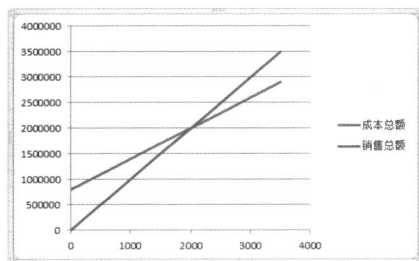

图 10-14　销售总额线

（3）采用同样的方法绘制利润总额线、保本点指示线和利润指示线，如图 10-15 所示。

（4）选择图表中任意一处，单击"图表工具—布局"选项卡下"标签"组中的"图表标题"按钮，在打开的列表中选择"图表上方"选项，图表上方出现"图表标题"文字，将图表标题修改为"本量利分析图"。单击"图表工具—布局"选项卡下"标签"组中的"坐标轴标题"按钮，在"主要横坐标轴标题"列表中选择"坐标轴下方标题"选项，图表下方出现"坐标轴标题"文字，将"坐标轴标题"修改为"业务量"；在"主要纵坐标轴标题"列表中选择"竖排标题"选项，图表左侧出现"坐标轴标题"文字，将"坐标轴标题"修改为"成本利润"，效果如图 10-16 所示。

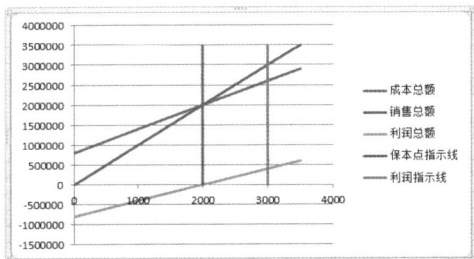

图 10-15　利润总额线、保本点指示线和利润指示线

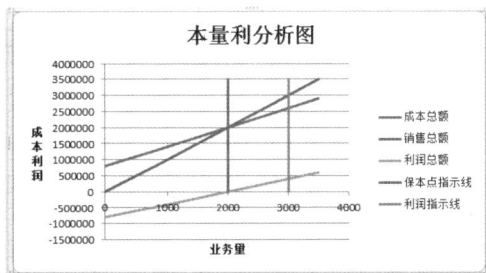

图 10-16　添加标题、坐标轴标题

（5）选择图表中任意一处，单击"图表工具—设计"选项卡下"位置"组中的"移动图表"按钮，打开"移动图表"对话框，在"选择放置图表的位置"栏下选中"新工作表"单选项，单击 确定 按钮，将创建的 Chart1 工作表重命名为"动态图表本量利分析图"，就可在工作表中得到绘制完成的动态图表——本量利分析图，如图 10-17 所示。

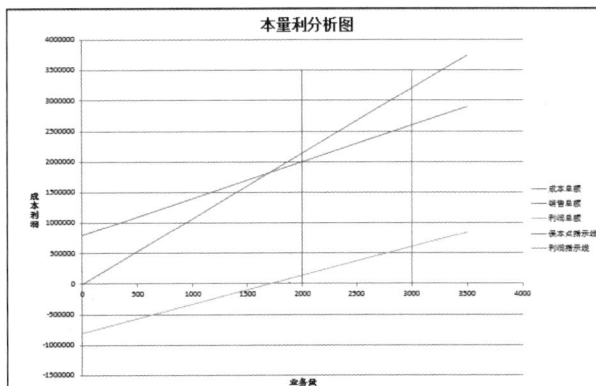

图 10-17　本量利分析图

10

若数控车床的销售单价由 1 000 元提高到 1 020 元，只要将"动态图表本量利分析模型"工作表中的单位售价"1 000"改为"1 020"，那么"动态图表本量利分析图"中的盈利区和亏损区就会随之变动，并显示出单价变动之后的固定成本、变动成本、销售量、销售单价、利润等变量之间的数量关系，如图 10-18 所示。

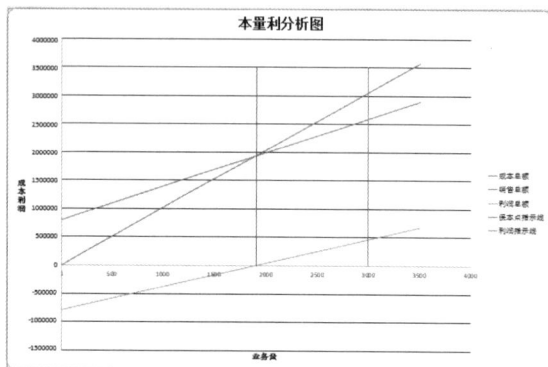

图 10-18　调整单价后的本量利分析图

3. 完善动态图表本量利分析模型

目前绘制的动态图表本量利分析模型并不是理想状态，因为利用该模型进行本量利分析时，需要在"动态图表本量利分析模型"工作表和"动态图表本量利分析图"工作表之间进行切换，以观察相关因素变动对结果的影响程度，但同时也看不到动态图表动态变化的过程。为了弥补以上缺陷，我们可以通过在动态图表本量利分析模型中添加"窗体控件"按钮的方法来完善动态图表本量利分析模型。

微课 10-4　完善动态图表本量利分析模型

从理论上讲，财务人员可以为每一个可能发生变化的因素都设置"窗体控件"按钮。但为了简便，这里在假设分析中只考虑单价和销售量两个因素，观察单价在 950～1 100 元的范围内变动及销售量在 1 900～3 500 台的范围内变动对利润的影响程度。其操作步骤如下。

（1）选择图表区域，向上移动，留出下方的空白位置，用于放置矩形框，如图 10-19 所示。

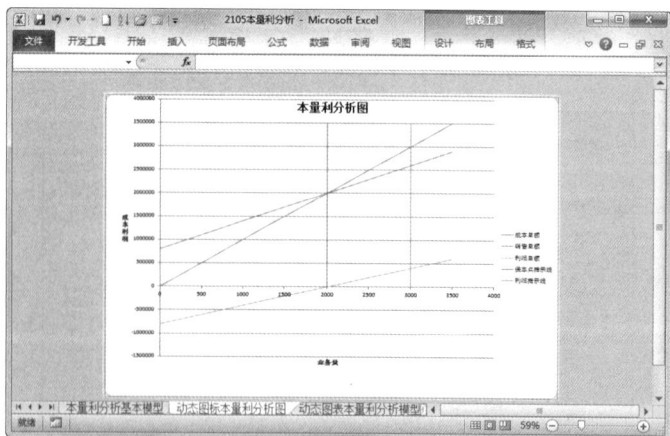

图 10-19　移动图表

（2）单击"插入"选项卡下"插图"组中的"形状"按钮，在打开的列表中选择"矩形"

栏下第 1 个选项，鼠标指针自动变成"+"形状。移动鼠标指针至分析图下方，绘制矩形框。选择矩形框，单击鼠标右键，在弹出的快捷菜单中选择"编辑文字"命令，光标在矩形框中闪烁，输入"销售量="，并设置字号"16 号""居中"。采用同样的方法绘制其他矩形框，或者复制第一个矩形框到适当位置，修改相应的文字并根据需要填充颜色，以强化视觉效果，如图 10-20 所示。

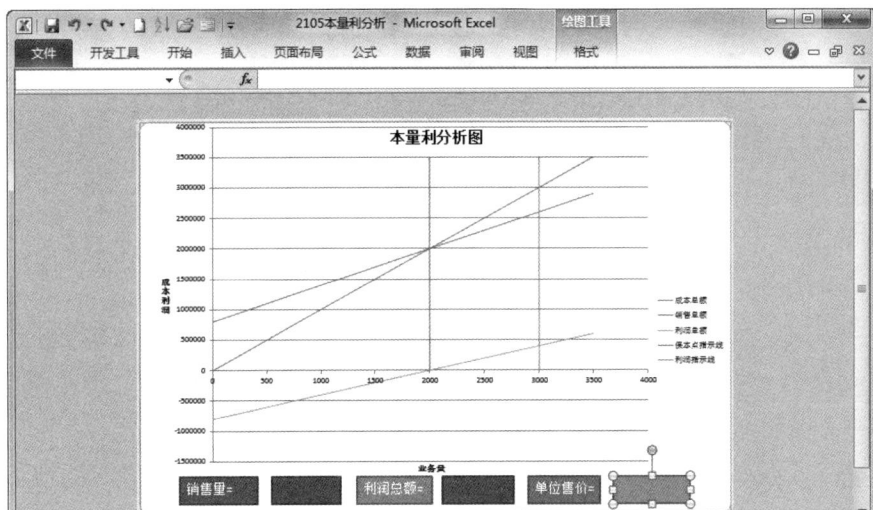

图 10-20　绘制矩形框

（3）从"动态图表本量利分析模型"工作表中引用因素（销售量和单价）和结果（利润）的数据。选择与销售量对应的数值矩形框，在公式编辑栏中输入"="，单击"动态图表本量利分析模型"工作表标签，单击 C4 单元格，然后按【Enter】键，即可将"动态图表本量利分析模型"中的"销售量"数值引用到销售量数值矩形框中，效果如图 10-21 所示。

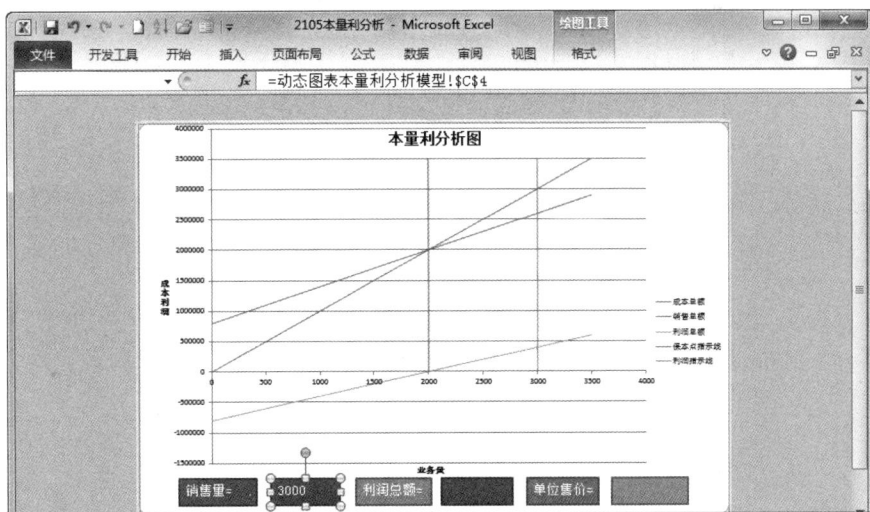

图 10-21　引用"销售量"

（4）采用同样的方法将"动态图表本量利分析模型"工作表中的"单位售价"数值引用到单位售价对应的数值矩形框中，将"利润总额"数值引用到利润总额对应的数值矩形框中，如图 10-22 所示。

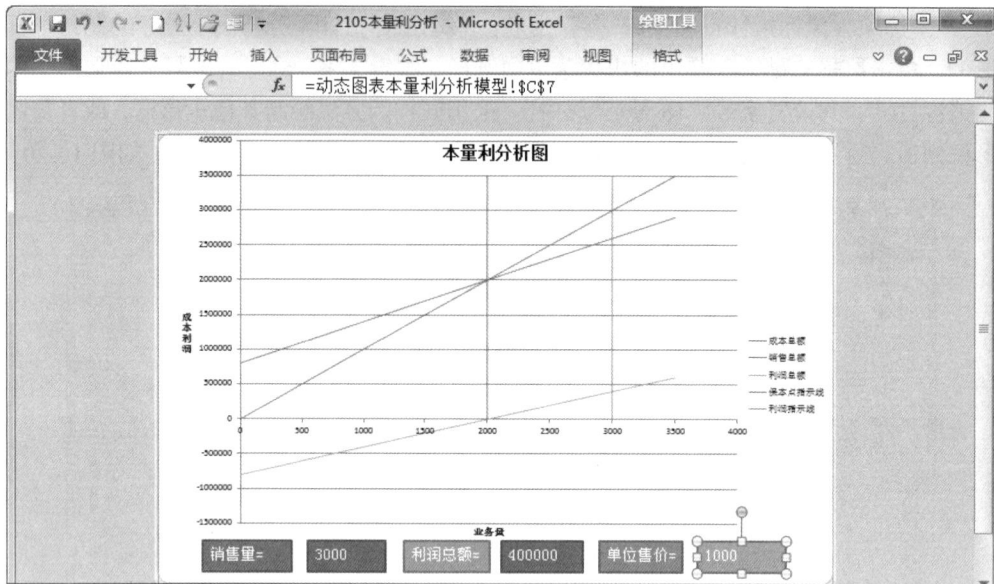

图 10-22 引用"利润总额"和"单位价格"

（5）单击"开发工具"选项卡下"控件"组中的"插入"按钮📷，在打开的列表中选择"表单控件"栏下的"数值调节钮（窗体控件）"选项，鼠标指针自动变成"+"形状，在销售量数值矩形框右侧拖动鼠标，松开后即可在该数值框右侧出现窗体控件图标，调整大小，使其与矩形框高度一致。选择窗体控件图标，单击鼠标右键，在弹出的快捷菜单中选择"设置控件格式"命令，打开"设置对象格式"对话框。在"控制"选项卡下的"单元格链接"文本框中选择"动态图表本量利分析模型"工作表中的 C4 单元格，如图 10-23 所示，单击 确定 按钮。

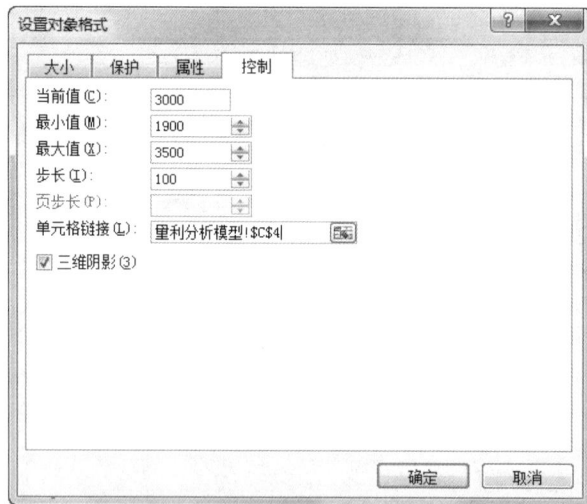

图 10-23 设置"销售量"控件格式

（6）采用同样的方法，在"单位售价"对应的数值框中建立窗体控件，链接到"动态图表本量利分析模型"工作表中的 C7 单元格，如图 10-24 所示。

到此为止，基于 Excel 2010 的动态图表本量利分析模型就创建完成了，单击"保存"按钮💾保存该工作簿。

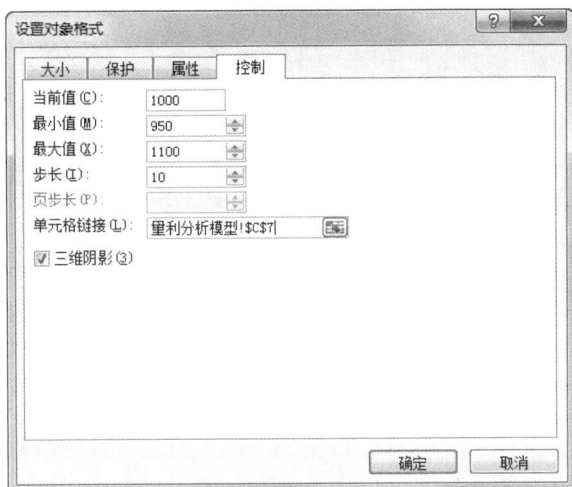

图 10-24　设置"单位价格"控件格式

三、动态图表本量利分析模型的应用

上述动态图表本量利分析模型中显示的结果是根据某一特定资料计算出来的，然而影响利润结果的各项因素很可能会不断地发生变化，企业管理层可能需要了解各因素变化对企业利润产生的影响。例如，企业管理层需要知道销售量或销售单价发生变化时对利润额产生的影响。在 Excel 2010 动态图表本量利分析模型中进行假设分析，问题就会变得非常简单。

单击销售量的"窗体控件"按钮，销售量就会根据"窗体控件格式"中的设置，按每增加或减少"100"的变化率发生变动，动态图表本量利分析模型也会随之发生动态变化，从而形象地展示出销售量变化对利润的影响。同理，单击单位价格的"窗体控件"按钮，单位价格就会根据"窗体控件格式"中的设置，按每增加或减少"10"的变化率发生变动，动态图表本量利分析模型也会随之发生动态变化，从而形象地展示出单位价格变化对利润的影响，如图 10-25 所示。

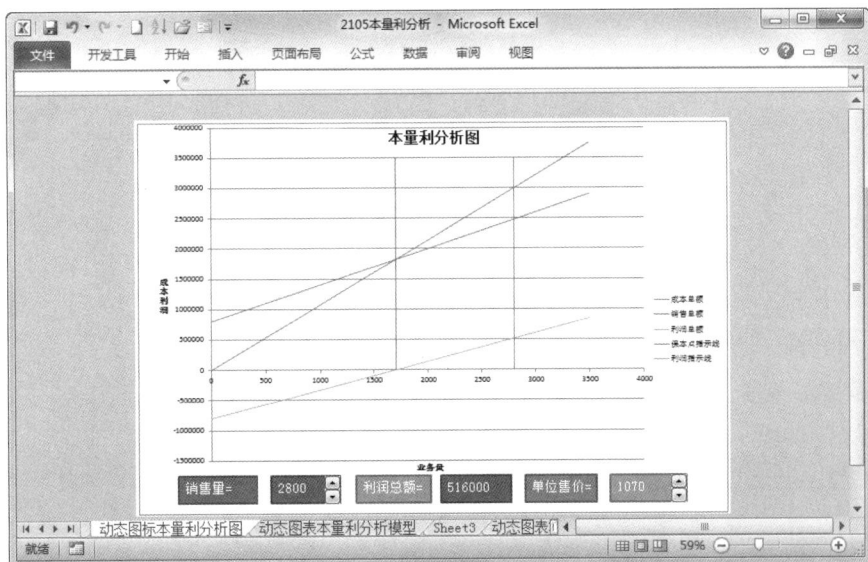

图 10-25　变化后的动态图表本量利分析图

项目小结

本项目介绍了如何运用 Excel 2010 进行本量利分析。首先介绍了本量利分析的基础知识，然后介绍了如何利用 Excel 2010 的功能创建本量利分析基本模型，最后介绍了如何创建动态图表本量利分析模型。通过学习本项目的内容，学生能够学会应用 Excel 2010 创建本量利分析基本模型和动态图表本量利分析模型。

项目实训

1. 实训目的

学会使用 Excel 2010 创建本量利分析基本模型和动态图表本量利分析模型。

2. 实训资料

SC 有限公司生产甲产品，产品单位售价为 99 元，单位变动成本为 60 元，全年固定成本为 80 000 元，企业正常的产品销售量为 2 000 件。

3. 实训要求

（1）根据以上资料，在工作表中创建本量利分析基本模型。

（2）假定甲产品的销售数量在 1 000~2 600 件变动，变化率为 100 件，那么在不同销售量水平下，该公司的利润总额各是多少？

（3）假定甲产品的销售单价在 99~110 元变动，变化率为 2 元，那么在不同单位售价条件下，其利润总额各是多少？

10

项目十一

综合实训

知识目标 ↓

1. 掌握会计核算流程。
2. 了解不同工作簿中数据之间的关系。

能力目标 ↓

1. 学会使用 Excel 2010 设计一个小型企业的会计核算流程。
2. 掌握不同模块之间数据的传递。

素质目标 ↓

1. 以精益求精的态度完成企业的经济业务核算。
2. 严格遵守财经法规，切实贯彻会计制度，充分履行会计核算和监督的职能。

工作情境与分析 ↓

一、情境

李娜在 2021 年 5 月至 2021 年 8 月，为丰源公司分阶段分项目地建立了 Excel 2010 在总账模块、报表模块、工资模块、固定资产模块、进销存管理模块方面的会计电算化，并且还运用 Excel 2010 进行了筹资管理和投资管理。她发现使用 Excel 2010 能使企业生产经营的各种信息及时、准确地得到传递、确认和报告，为企业会计信息的需求者提供及时、准确的信息。

李娜的同学杨雪在滨海市田园有限责任公司（以下简称滨海市田园公司）实习。因财务处理工作量不大，所以公司没有购买专用的财务软件，4 个月的手工记账让杨雪苦不堪言，在和李娜交流并征得领导同意后，杨雪决定使用 Excel 2010 代替手工记账。

该公司是一家小型的食品加工公司，主要从事面条生产。产品有普通挂面、西红柿鸡蛋挂面和绿豆挂面，原材料有面粉、鸡蛋、绿豆粉、西红柿，辅助材料有碱、盐。公司注册资本为 50 万元，资产总额为 115 万余元，其中固定资产为 90 万元。公司设总经理 1 名，全面负责公司的生产经营；另设有企划科、供应科、销售科、财务科、生产车间、烘干车间、装配车间等部门。公司共有职工 20 人。坏账准备仅与该公司应收账款有关。

公司有关资料如表 11-1、表 11-2 和表 11-3 所示。

表 11-1　　　　　　　　　　　　　库存材料

明细账户		单位	数量	单价（元）	金额（元）
主要材料	面粉	千克	5 000	3	15 000
	鸡蛋	千克	400	8	3 200
	绿豆粉	千克	400	11.8	4 720
	西红柿	千克	200	3.2	640
辅助材料	碱	千克	100	5	500
	盐	千克	100	3	300
合计					24 360

表 11-2　　　　　　　　　　　　　库存商品

明细账户	单位	数量	借贷	单价（元）	金额（元）
普通挂面	箱	100	借	100	10 000
西红柿鸡蛋挂面	箱	60	借	140	8 400
绿豆挂面	箱	50	借	130	6 500
合计					24 900

表 11-3　　　　　滨海市田园公司 2021 年 9 月账户期初余额　　　　　单位：元

科目编码	科目名称	期初借方余额	期初贷方余额
1001	库存现金	5 000.00	
1002	银行存款	95 000.00	
100201	工行	65 000.00	
100202	建行	30 000.00	
1101	交易性金融资产	15 000.00	
1121	应收票据	6 000.00	
1122	应收账款	60 000.00	
112201	泰隆商场	51 000.00	
112202	日盛批发市场	9 000.00	
1231	坏账准备		1 200.00
1123	预付账款	20 000.00	
112301	华龙面粉厂	20 000.00	
112302	鲁东粮油公司		
1221	其他应收款	3 000.00	
122101	李强	3 000.00	
122102	张明		
1402	在途物资	5 000.00	
1403	原材料	24 360.00	

续表

科目编码	科目名称	期初借方余额	期初贷方余额
140301	主要材料	23 560.00	
140302	辅助材料	800.00	
1405	库存商品	24 900.00	
140501	普通挂面	10 000.00	
140502	西红柿鸡蛋挂面	8 400.00	
140503	绿豆挂面	6 500.00	
1601	固定资产	900 000.00	
1602	累计折旧		364 460.00
2001	短期借款		50 000.00
2201	应付票据		30 000.00
2202	应付账款		22 000.00
220201	华龙面粉厂		
220202	鲁东粮油公司		22 000.00
2211	应付职工薪酬		
221101	工资		
221102	福利费		
2221	应交税费		30 000.00
222101	应交增值税		
22210101	销项税额		
22210102	进项税额		
22210103	已交税金		
222102	未交增值税		
222103	应交所得税		30 000.00
222108	应交城市维护建设税		
222110	应交教育费附加		
2231	应付利息		
2241	其他应付款		600.00
2501	长期借款		100 000.00
250101	本金		100 000.00
250102	应付利息		
4001	实收资本		500 000.00
4002	资本公积		10 000.00
4101	盈余公积		
410101	法定盈余公积		
4103	本年利润		
4104	利润分配		50 000.00
410401	未分配利润		50 000.00

11

科目编码	科目名称	期初借方余额	期初贷方余额
5001	生产成本		
500101	基本生产成本		
500102	辅助生产成本		
5101	制造费用		
6001	主营业务收入		
6111	投资收益		
6401	主营业务成本		
6402	其他业务成本		
6403	税金及附加		
6601	销售费用		
6602	管理费用		
6603	财务费用		
6711	营业外支出		
6801	所得税费用		
合计		1 158 260.00	1 158 260.00

二、分析

滨海市田园公司实施会计电算化的流程为：建立财务数据工作表→输入记账凭证→生成总账、明细账→生成会计报表→进行财务分析→进行筹资决策→进行投资决策。

任务一　建立财务数据工作表

滨海市田园公司要使用 Excel 2010 代替手工记账，首先应在 2021 年 9 月 1 日进行初始化工作，即将手工核算的初始数据输入 Excel 2010 工作簿中。杨雪在李娜的指导下，开始着手整理企业账务处理、工资核算、固定资产核算等初始数据，并分别建立 Excel 2010 工作簿。

1. 建立总账工作簿及封面

新建"2109 总账"工作簿，并将 Sheet 1 工作表重命名为"封面"，输入滨海市田园公司账簿封面信息，如图 11-1 所示。

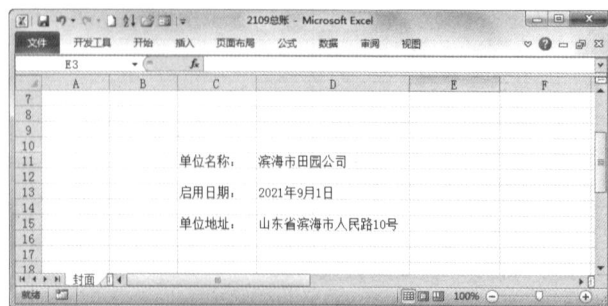

图 11-1　建立总账封面

2. 建立会计科目及余额表、记账凭证模板

会计科目及余额表、记账凭证模板如图 11-2～图 11-5 所示。

科目编码	科目名称	期初借方余额	期初贷方余额
1001	库存现金	5,000.00	
1002	银行存款	95,000.00	
100201	工行	65,000.00	
100202	建行	30,000.00	
1101	交易性金融资产	15,000.00	
1121	应收票据	6,000.00	
1122	应收账款	60,000.00	
112201	泰隆商场	51,000.00	
112202	日盛批发市场	9,000.00	
1231	坏账准备		1,200.00
1123	预付账款	20,000.00	

图 11-2 建立会计科目及余额表（1）

科目编码	科目名称	期初借方余额	期初贷方余额
1123	预付账款	20,000.00	
112301	华龙面粉厂	20,000.00	
112302	鲁东粮油公司		
1221	其他应收款	3,000.00	
122101	李强	3,000.00	
122102	张明		
1402	在途物资	5,000.00	
1403	原材料	24,360.00	
140301	主要材料	23,560.00	
140302	辅助材料	800.00	
1405	库存商品	24,900.00	
140501	普通挂面	10,000.00	
140502	西红柿鸡蛋挂面	8,400.00	
140503	绿豆挂面	6,500.00	
1601	固定资产	900,000.00	
1602	累计折旧		364,460.00
2001	短期借款		50,000.00
2201	应付票据		30,000.00
2202	应付账款		22,000.00
220201	华龙面粉厂		
220202	鲁东粮油公司		22,000.00
2211	应付职工薪酬		0.00
221101	工资		0.00
221102	福利费		0.00
2221	应交税费		30,000.00
222101	应交增值税		
22210101	销项税额		
22210102	进项税额		
22210103	已交税金		
222102	未交增值税		

图 11-3 建立会计科目及余额表（2）

科目编码	科目名称	期初借方余额	期初贷方余额
222103	应交所得税		30,000.00
222108	应交城市维护建设税		
222110	应交教育费附加		
2231	应付利息		
2241	其他应付款		600.00
2501	长期借款		100,000.00
250101	本金		100,000.00
250102	应付利息		
4001	实收资本		500,000.00
4002	资本公积		10,000.00
4101	盈余公积		0.00
410101	法定盈余公积		0.00
4103	本年利润		
4104	利润分配		50,000.00
410401	未分配利润		50,000.00
5001	生产成本		
500101	基本生产成本		
500102	辅助生产成本		
5101	制造费用		
6001	主营业务收入		
6111	投资收益		
6401	主营业务成本		
6402	其他业务成本		
6403	营业税金及附加		
6601	销售费用		
6602	管理费用		
6603	财务费用		
6711	营业外支出		
6801	所得税费用		
合计		1,158,260.00	1,158,260.00

图 11-4 建立会计科目及余额表（3）

凭证日期	附件	摘要	科目编码	总账科目	明细科目	借方金额	贷方金额	制单人	审核人	记账人
				#N/A	#N/A					
				#N/A	#N/A					

图 11-5 建立记账凭证模板

11

3. 建立工资核算工作簿，设计工资结算单和工资费用分配表

新建“工资核算”工作簿，并根据下列工资数据资料设计工资结算单和工资费用分配表。

（1）将 Sheet 1 工作表重命名为“职工基本信息表”，并输入该公司职工的基本信息，如图 11-6 所示。

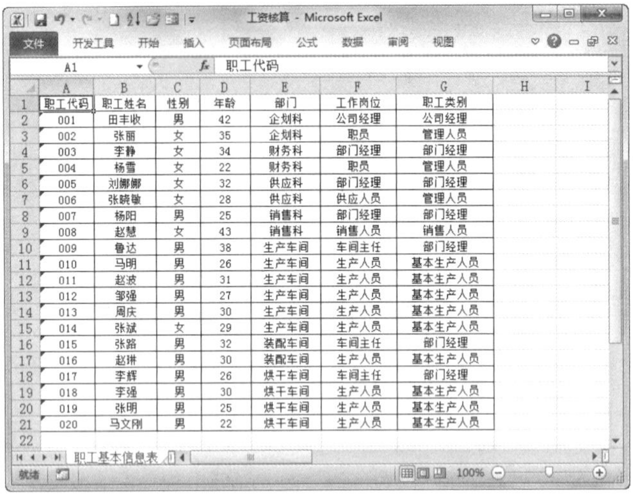

职工代码	职工姓名	性别	年龄	部门	工作岗位	职工类别
001	田丰收	男	42	企划科	公司经理	公司经理
002	张丽	女	35	企划科	职员	管理人员
003	李静	女	34	财务科	部门经理	部门经理
004	杨雪	女	22	财务科	职员	管理人员
005	刘娜娜	女	32	供应科	部门经理	部门经理
006	张晓敏	女	28	供应科	供应人员	管理人员
007	杨阳	男	25	销售科	部门经理	部门经理
008	赵慧	女	43	销售科	销售人员	销售人员
009	鲁达	男	38	生产车间	车间主任	部门经理
010	马明	男	26	生产车间	生产人员	基本生产人员
011	赵波	男	31	生产车间	生产人员	基本生产人员
012	邹强	男	27	生产车间	生产人员	基本生产人员
013	周庆	男	30	生产车间	生产人员	基本生产人员
014	张斌	女	29	生产车间	生产人员	基本生产人员
015	张路	男	32	装配车间	车间主任	部门经理
016	赵琳	男	30	装配车间	生产人员	基本生产人员
017	李辉	男	26	烘干车间	车间主任	部门经理
018	李强	男	30	烘干车间	生产人员	基本生产人员
019	张明	男	25	烘干车间	生产人员	基本生产人员
020	马文刚	男	22	烘干车间	生产人员	基本生产人员

图 11-6 职工基本信息表

（2）岗位工资标准如表 11-4 所示。

表 11-4 岗位工资标准

职工类别	岗位工资/元
公司经理	3 500.00
部门经理	3 300.00
管理人员	2 900.00
基本生产人员	2 700.00
销售人员	2 700.00

（3）职务津贴：根据公司的规定，职务津贴是基本工资与岗位工资之和的 10%。

（4）奖金标准如表 11-5 所示。

表 11-5 奖金标准

部门	奖金/元	部门	奖金/元
企划科	500.00	生产车间	400.00
财务科	300.00	装配车间	400.00
供应科	300.00	烘干车间	400.00
销售科	300.00		

（5）事假扣款：根据公司的规定，请事假按日基本工资扣款。

（6）病假扣款：根据公司的规定，每请一天病假扣款 50 元。

（7）住房公积金：根据公司的规定，住房公积金为应发工资的 15%。

（8）个人所得税计算表参考项目四中的表 4-4。

（9）完成后的工资结算单（尚未录入基本工资）如图 11-7 所示。

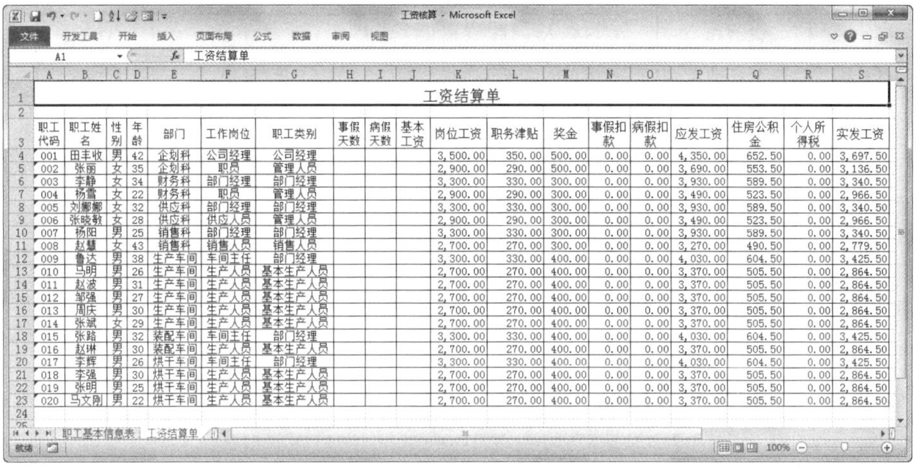

工资结算单

职工代码	职工姓名	性别	年龄	部门	工作岗位	职工类别	事假天数	病假天数	基本工资	岗位工资	职务津贴	奖金	事假扣款	病假扣款	应发工资	住房公积金	个人所得税	实发工资
001	田丰收	男	42	企划科	公司经理	公司经理				3,500.00	350.00	500.00	0.00	0.00	4,350.00	652.50	0.00	3,697.50
002	张丽	女	35	企划科	职员	管理人员				2,900.00	290.00	500.00	0.00	0.00	3,690.00	553.50	0.00	3,136.50
003	李静	女	34	财务科	部门经理	部门经理				3,300.00	330.00	300.00	0.00	0.00	3,930.00	589.50	0.00	3,340.50
004	杨雪	女	22	财务科	职员	管理人员				2,900.00	290.00	300.00	0.00	0.00	3,490.00	523.50	0.00	2,966.50
005	刘卿卿	女	32	供应科	部门经理	部门经理				3,300.00	330.00	300.00	0.00	0.00	3,930.00	589.50	0.00	3,340.50
006	张晓敏	女	28	供应科	供应人员	管理人员				2,900.00	290.00	300.00	0.00	0.00	3,490.00	523.50	0.00	2,966.50
007	杨阳	男	25	销售科	部门经理	部门经理				3,300.00	330.00	300.00	0.00	0.00	3,930.00	589.50	0.00	3,340.50
008	赵慧	女	43	销售科	销售人员	销售人员				2,700.00	270.00	300.00	0.00	0.00	3,270.00	490.50	0.00	2,779.50
009	鲁达	男	38	生产车间	车间主任	部门经理				3,300.00	330.00	400.00	0.00	0.00	4,030.00	604.50	0.00	3,425.50
010	马明	男	26	生产车间	生产人员	基本生产人员				2,700.00	270.00	400.00	0.00	0.00	3,370.00	505.50	0.00	2,864.50
011	赵波	男	31	生产车间	生产人员	基本生产人员				2,700.00	270.00	400.00	0.00	0.00	3,370.00	505.50	0.00	2,864.50
012	邹强	男	27	生产车间	生产人员	基本生产人员				2,700.00	270.00	400.00	0.00	0.00	3,370.00	505.50	0.00	2,864.50
013	周庆	男	30	生产车间	生产人员	基本生产人员				2,700.00	270.00	400.00	0.00	0.00	3,370.00	505.50	0.00	2,864.50
014	张斌	女	29	生产车间	生产人员	基本生产人员				2,700.00	270.00	400.00	0.00	0.00	3,370.00	505.50	0.00	2,864.50
015	张路	男	32	装配车间	车间主任	部门经理				3,300.00	330.00	400.00	0.00	0.00	4,030.00	604.50	0.00	3,425.50
016	赵琳	男	30	装配车间	生产人员	基本生产人员				2,700.00	270.00	400.00	0.00	0.00	3,370.00	505.50	0.00	2,864.50
017	李辉	男	26	烘干车间	车间主任	部门经理				3,300.00	330.00	400.00	0.00	0.00	4,030.00	604.50	0.00	3,425.50
018	李强	男	30	烘干车间	生产人员	基本生产人员				2,700.00	270.00	400.00	0.00	0.00	3,370.00	505.50	0.00	2,864.50
019	张明	男	25	烘干车间	生产人员	基本生产人员				2,700.00	270.00	400.00	0.00	0.00	3,370.00	505.50	0.00	2,864.50
020	马文刚	男	22	烘干车间	生产人员	基本生产人员				2,700.00	270.00	400.00	0.00	0.00	3,370.00	505.50	0.00	2,864.50

图 11–7　工资结算单

（10）设计工资费用分配表，如图 11-8 所示。

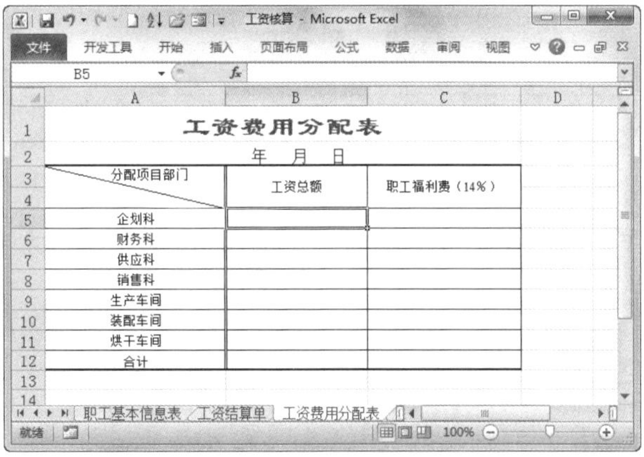

工资费用分配表

年　月　日

分配项目部门	工资总额	职工福利费（14%）
企划科		
财务科		
供应科		
销售科		
生产车间		
装配车间		
烘干车间		
合计		

图 11–8　工资费用分配表

4. 建立固定资产工作簿及固定资产清单，设计固定资产卡片样式

滨海市田园公司的固定资产资料如表 11-6 所示。

表 11–6　　固定资产资料

资产编号	使用部门	固定资产名称	增加方式	使用状况	可使用年限	开始使用日期	折旧方法	固定资产原值/元
1001	企划科	房屋	在建工程转入	在用	20	2014/3/1	直线法	100 000
1002	车间	厂房	在建工程转入	在用	20	2014/3/1	直线法	300 000
1003	烘干车间	烘干机	直接购入	在用	20	2014/3/1	直线法	150 000
1004	生产车间	全自动面条机	直接购入	在用	15	2014/5/1	直线法	180 000
1005	装配车间	装配线	直接购入	在用	15	2014/5/1	直线法	150 000
1006	企划科	复印机	直接购入	在用	3	2019/9/1	直线法	4 000

续表

资产编号	使用部门	固定资产名称	增加方式	使用状况	可使用年限	开始使用日期	折旧方法	固定资产原值/元
1007	财务科	计算机	直接购入	在用	3	2019/9/1	直线法	5 000
1008	财务科	打印机	直接购入	在用	3	2019/9/1	直线法	1 000
1009	供应科	计算机	直接购入	在用	3	2020/6/1	直线法	5 000
1010	销售科	计算机	直接购入	在用	3	2018/6/1	直线法	5 000
合计								900 000

（1）新建"固定资产卡片"工作簿，将 Sheet 1 工作表重命名为"固定资产初始资料"，输入表 11-7 中的内容；将 Sheet 2 工作表重命名为"固定资产卡片样式"，设计固定资产卡片样式，如图 11-9 所示。

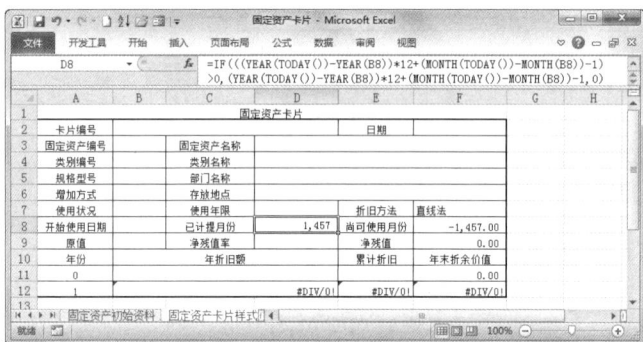

图 11-9　固定资产卡片样式

（2）将 Sheet 3 工作表重命名为"卡片 P001"，输入固定资产编号为 1001 的固定资产卡片信息，如图 11-10 所示。

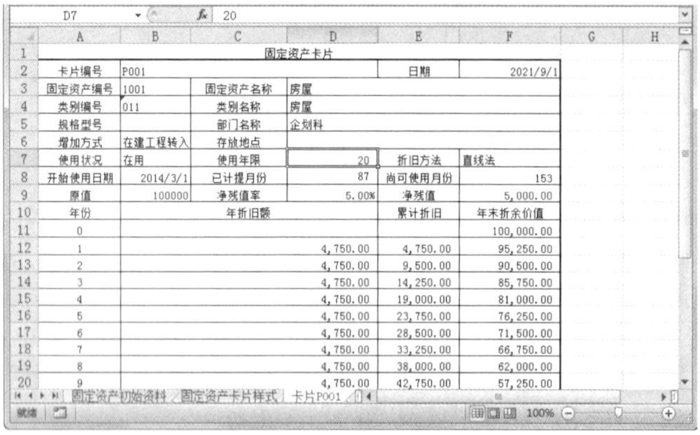

图 11-10　固定资产卡片 P001

（3）重复步骤（2），输入编号 1002～1010 的固定资产卡片信息。

（4）新建"固定资产核算"工作簿，将 Sheet 1 工作表重命名为"固定资产清单"，根据表 11-7 的内容编制固定资产清单，如图 11-11 所示。将 Sheet 2 工作表重命名为"固定资产折旧计算表"，采用链接方式生成固定资产折旧计算表，如图 11-12 所示。完成后使用数据透视表功能生成固定资产折旧费用分配表，以便后续操作。

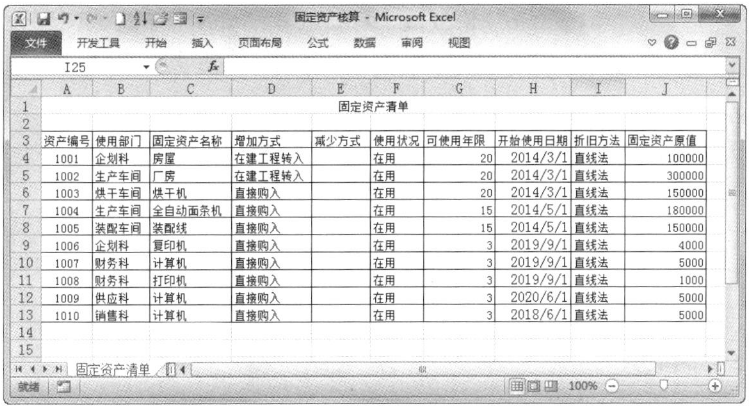

图 11-11　固定资产清单

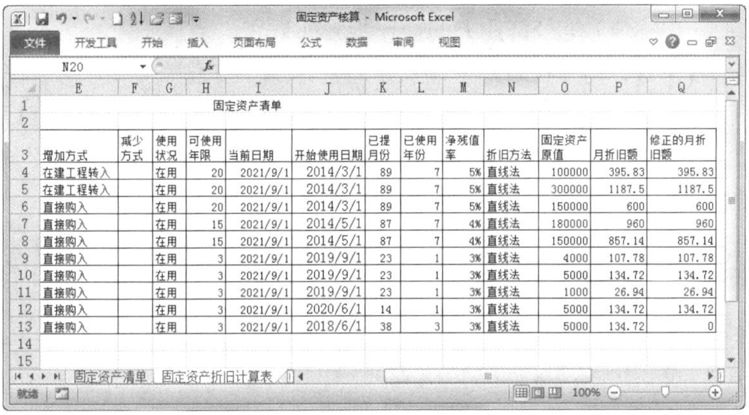

图 11-12　固定资产折旧计算表

任务二　输入记账凭证

杨雪完成月初工作之后，便根据取得的原始凭证输入记账凭证。

滨海市田园公司 2021 年 9 月发生的经济业务如下。

（1）1 日，从华龙面粉厂购入 2 000 千克面粉，单价 3 元。款项用上月预付账款结算，采购发票号为 101211。

（2）3 日，销售给泰隆商场 50 箱普通挂面，单价 180 元；销售给泰隆商场 20 箱西红柿鸡蛋挂面，单价 210 元，款项尚未收回。

（3）5 日，车间领用 2 000 千克面粉，单价 3 元。

（4）8 日，车间领用辅助材料：碱 30 千克，单价 5 元；盐 50 千克，单价 3 元。

（5）9 日，销售给日盛批发市场 50 箱西红柿鸡蛋挂面，单价 220 元。

（6）11 日，车间领用材料：面粉 3 000 千克，单价 3 元；绿豆粉 200 千克，单价 11.8；西红柿 200 千克，单价 3.2 元；鸡蛋 200 千克，单价 8 元。

（7）15 日，销售给日盛批发市场 200 箱普通挂面，单价 180 元；销售给日盛批发市场 100 箱西红柿鸡蛋挂面，单价 210 元，收到转账支票并已送存中国工商银行。

（8）26 日，从鲁东粮油公司采购 300 千克绿豆粉，单价 12 元；采购 300 千克鸡蛋，单价 8

11

元，采购 200 千克西红柿，单价 3 元。货款以工行转账支票付讫，采购发票号为 201901。

（9）27 日，报销办公费 195 元，以现金支付。

（10）30 日，分配本月工资。

（11）30 日，计提职工福利费。

（12）30 日，计提折旧。

（13）30 日，本月完工 300 箱普通挂面，共 30 000 元；完工 200 箱西红柿鸡蛋挂面，共 28 000 元；绿豆挂面尚未完工。结转完工产品成本。

（14）30 日，结转已销产品的成本。

（15）30 日，结转收入。

（16）30 日，结转成本。

1. 输入（1）～（9）笔经济业务的记账凭证

输入该公司（1）～（9）笔经济业务的操作步骤如下。

（1）2021 年 9 月 1 日，杨雪在拿到采购发票后打开“2109 总账”工作簿，在“凭证模板”工作表后插入一张新工作表，并将其重命名为“2109 凭证”。复制“凭证模板”工作表中的 A1:L3 单元格区域到“2105 凭证”工作表中的 A1:L3 单元格区域，输入滨海市田园公司 2021 年 9 月 1 日发生的采购业务。输入完成后的结果如图 11-13 所示。

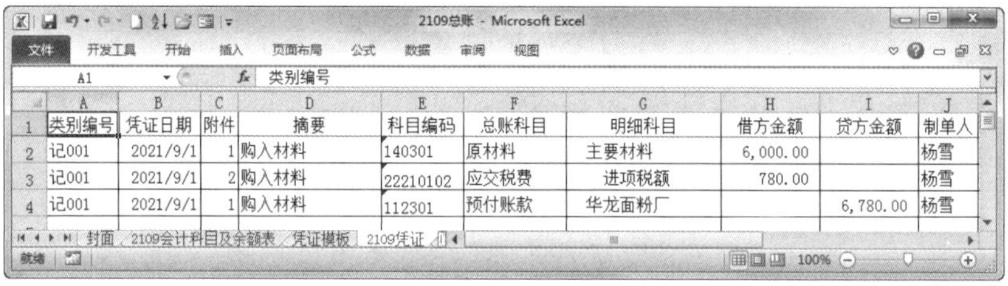

类别编号	凭证日期	附件	摘要	科目编码	总账科目	明细科目	借方金额	贷方金额	制单人
记001	2021/9/1	1	购入材料	140301	原材料	主要材料	6,000.00		杨雪
记001	2021/9/1	2	购入材料	22210102	应交税费	进项税额	780.00		杨雪
记001	2021/9/1	1	购入材料	112301	预付账款	华龙面粉厂		6,780.00	杨雪

图 11-13　输入记 001 号凭证

（2）重复步骤（1），输入 9 月 2 日～9 月 27 日的记账凭证。输入完成后的结果如图 11-14 所示。

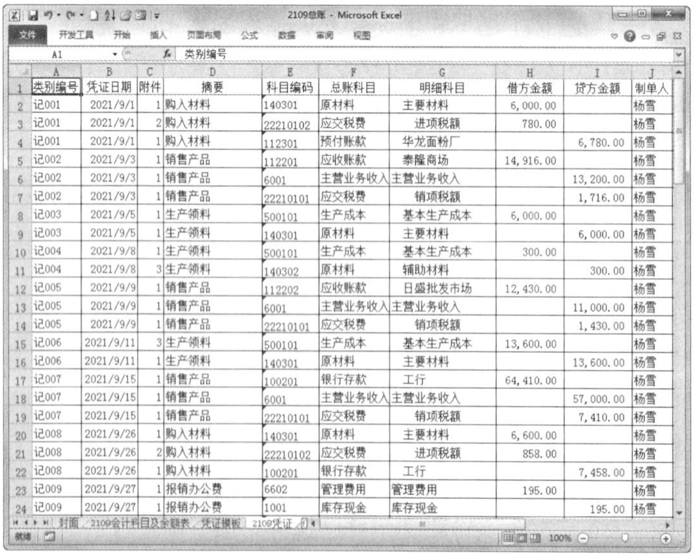

类别编号	凭证日期	附件	摘要	科目编码	总账科目	明细科目	借方金额	贷方金额	制单人
记001	2021/9/1	1	购入材料	140301	原材料	主要材料	6,000.00		杨雪
记001	2021/9/1	2	购入材料	22210102	应交税费	进项税额	780.00		杨雪
记001	2021/9/1	1	购入材料	112301	预付账款	华龙面粉厂		6,780.00	杨雪
记002	2021/9/3	1	销售产品	112201	应收账款	泰隆商场	14,916.00		杨雪
记002	2021/9/3	1	销售产品	6001	主营业务收入	主营业务收入		13,200.00	杨雪
记002	2021/9/3	1	销售产品	22210101	应交税费	销项税额		1,716.00	杨雪
记003	2021/9/5	1	生产领料	500101	生产成本	基本生产成本	6,000.00		杨雪
记003	2021/9/5	1	生产领料	140301	原材料	主要材料		6,000.00	杨雪
记004	2021/9/8	1	生产领料	500101	生产成本	基本生产成本	300.00		杨雪
记004	2021/9/8	3	生产领料	140302	原材料	辅助材料		300.00	杨雪
记005	2021/9/9	1	销售产品	112202	应收账款	日盛批发市场	12,430.00		杨雪
记005	2021/9/9	1	销售产品	6001	主营业务收入	主营业务收入		11,000.00	杨雪
记005	2021/9/9	1	销售产品	22210101	应交税费	销项税额		1,430.00	杨雪
记006	2021/9/11	3	生产领料	500101	生产成本	基本生产成本	13,600.00		杨雪
记006	2021/9/11	1	生产领料	140301	原材料	主要材料		13,600.00	杨雪
记007	2021/9/15	1	销售产品	100201	银行存款	工行	64,410.00		杨雪
记007	2021/9/15	1	销售产品	6001	主营业务收入	主营业务收入		57,000.00	杨雪
记007	2021/9/15	1	销售产品	22210101	应交税费	销项税额		7,410.00	杨雪
记008	2021/9/26	1	购入材料	140301	原材料	主要材料	6,600.00		杨雪
记008	2021/9/26	2	购入材料	22210102	应交税费	进项税额	858.00		杨雪
记008	2021/9/26	1	购入材料	100201	银行存款	工行		7,458.00	杨雪
记009	2021/9/27	1	报销办公费	6602	管理费用	管理费用	195.00		杨雪
记009	2021/9/27	1	报销办公费	1001	库存现金	库存现金		195.00	杨雪

图 11-14　输入记 002 号～记 009 号凭证

2. 分配本月工资

分配本月工资的操作步骤如下。

（1）打开"工资核算"工作簿，选择"工资结算单"工作表，按表 11-7 所示的内容输入本月基本工资和统计的事假、病假天数。

表 11-7　　　　　　　　　　　　　　　9 月工资统计

职工代码	职工姓名	性别	年龄	部门	工作岗位	职工类别	事假天数	病假天数	基本工资/元
001	田丰收	男	42	企划科	公司经理	公司经理	1		3 000
002	张丽	女	35	企划科	职员	管理人员			1 200
003	李静	女	34	财务科	部门经理	部门经理		2	2 300
004	杨雪	女	22	财务科	职员	管理人员			800
005	刘娜娜	女	32	供应科	部门经理	部门经理			2 300
006	张晓敏	女	28	供应科	供应人员	管理人员			950
007	杨阳	男	25	销售科	部门经理	部门经理			2 000
008	赵慧	女	43	销售科	销售人员	销售人员			1 000
009	鲁达	男	38	生产车间	车间主任	部门经理			2 500
010	马明	男	26	生产车间	生产人员	基本生产人员			1 000
011	赵波	男	31	生产车间	生产人员	基本生产人员			1 300
012	邹强	男	27	生产车间	生产人员	基本生产人员			1 100
013	周庆	男	30	生产车间	生产人员	基本生产人员			1 200
014	张斌	女	29	生产车间	生产人员	基本生产人员	1	2	1 100
015	张路	男	32	装配车间	车间主任	部门经理			2 200
016	赵琳	男	30	装配车间	生产人员	基本生产人员			1 400
017	李辉	男	26	烘干车间	车间主任	部门经理			2 200
018	李强	男	30	烘干车间	生产人员	基本生产人员			1 300
019	张明	男	25	烘干车间	生产人员	基本生产人员	2		1 200
020	马文刚	男	22	烘干车间	生产人员	基本生产人员			1 100

（2）输入完成后的"工资结算单"如图 11-15 所示。

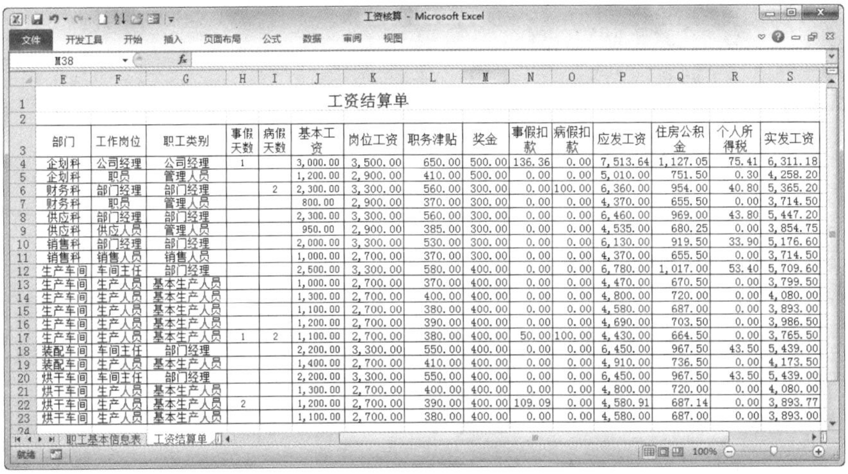

图 11-15　工资结算单

（3）编制工资总额汇总表，汇总不同部门的应发工资总额，结果如图 11-16 所示。

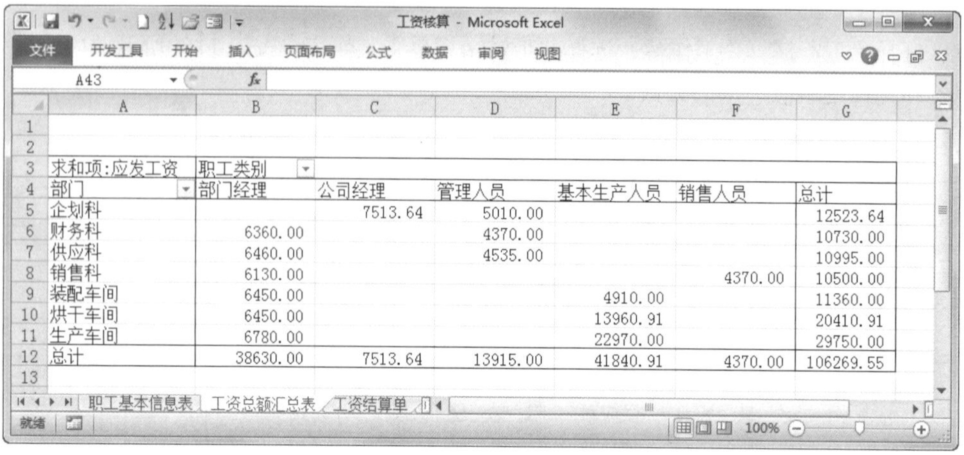

求和项:应发工资	职工类别					
部门	部门经理	公司经理	管理人员	基本生产人员	销售人员	总计
企划科		7513.64	5010.00			12523.64
财务科	6360.00		4370.00			10730.00
供应科	6460.00		4535.00			10995.00
销售科	6130.00				4370.00	10500.00
装配车间	6450.00			4910.00		11360.00
烘干车间	6450.00			13960.91		20410.91
生产车间	6780.00			22970.00		29750.00
总计	38630.00	7513.64	13915.00	41840.91	4370.00	106269.55

图 11-16　工资总额汇总表

（4）编制工资费用分配表，结果如图 11-17 所示。

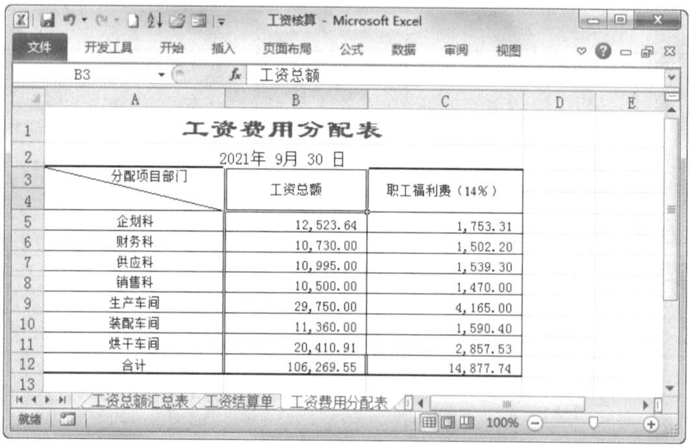

工资费用分配表

2021年 9月 30 日

分配项目部门	工资总额	职工福利费（14%）
企划科	12,523.64	1,753.31
财务科	10,730.00	1,502.20
供应科	10,995.00	1,539.30
销售科	10,500.00	1,470.00
生产车间	29,750.00	4,165.00
装配车间	11,360.00	1,590.40
烘干车间	20,410.91	2,857.53
合计	106,269.55	14,877.74

图 11-17　工资费用分配表

（5）输入分配工资费用的会计分录。打开“2109 总账”工作簿和“工资核算”工作簿，在“2109 凭证”工作表中输入会计分录，注意借方金额、贷方金额的数据是从“工资核算”工作簿中的“工资费用分配表”工作表中链接得到的。结果如图 11-18 所示。

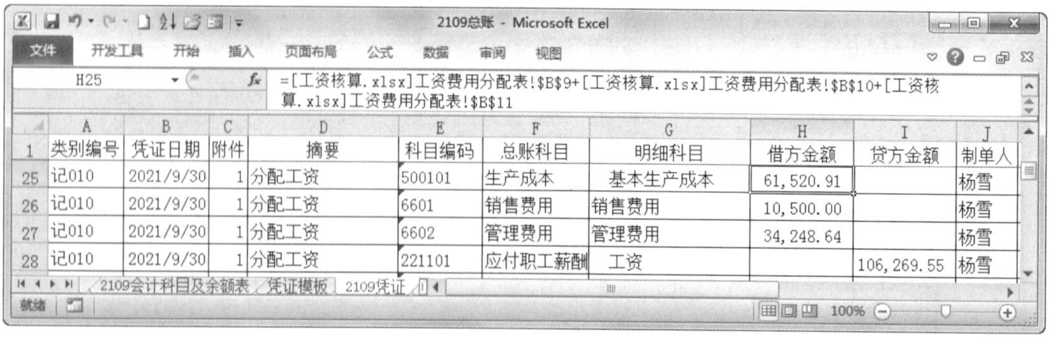

H25 =[工资核算.xlsx]工资费用分配表!$B$9+[工资核算.xlsx]工资费用分配表!$B$10+[工资核算.xlsx]工资费用分配表!$B$11

类别编号	凭证日期	附件	摘要	科目编码	总账科目	明细科目	借方金额	贷方金额	制单人
记010	2021/9/30	1	分配工资	500101	生产成本	基本生产成本	61,520.91		杨雪
记010	2021/9/30	1	分配工资	6601	销售费用	销售费用	10,500.00		杨雪
记010	2021/9/30	1	分配工资	6602	管理费用	管理费用	34,248.64		杨雪
记010	2021/9/30	1	分配工资	221101	应付职工薪酬	工资		106,269.55	杨雪

图 11-18　输入分配工资费用的会计分录

（6）输入计提职工福利费的会计分录，借方金额与贷方金额的数据仍然是从"工资核算"工作簿中的"工资费用分配表"工作表中链接得到的。结果如图 11-19 所示。

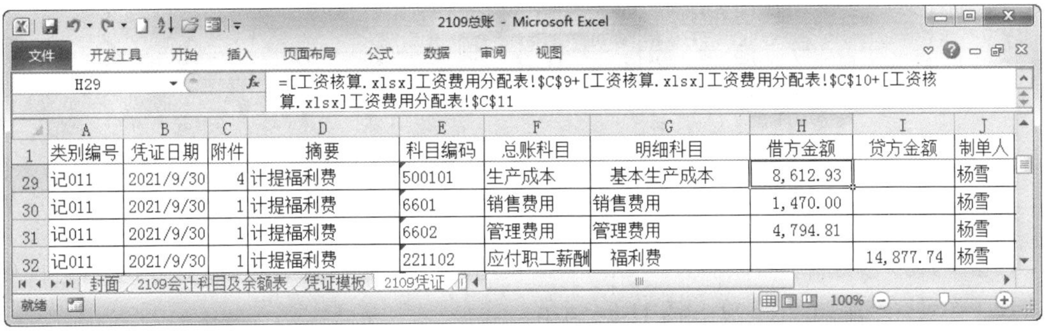

图 11-19　输入计提职工福利费的会计分录

3. 输入计提固定资产折旧的会计分录

打开"2109 总账"工作簿和"固定资产核算"工作簿，在"2109 凭证"工作表中输入计提固定资产折旧会计分录，注意借方金额、贷方金额的数据是从"固定资产核算"工作簿中的"固定资产折旧费用分配表"工作表中链接得到的。结果如图 11-20 所示。

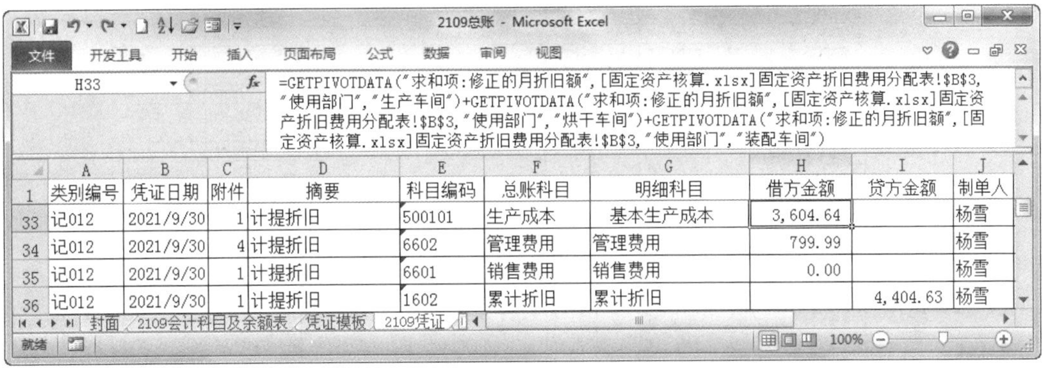

图 11-20　输入计提固定资产折旧的会计分录

4. 输入结转成本的会计分录

输入结转成本会计分录的操作如下。

（1）结转完工产品成本。9 月 30 日，结转完工产品成本——普通挂面 30 000 元，西红柿鸡蛋挂面 28 000 元，如图 11-21 所示。

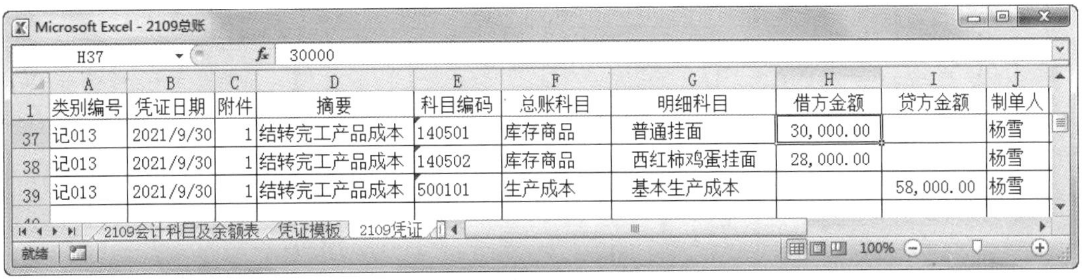

图 11-21　结转完工产品成本

（2）结转已销产品成本。9 月 30 日，结转已销产品成本，如图 11-22 所示。

	A	B	C	D	E	F	G	H	I	J
1	类别编号	凭证日期	附件	摘要	科目编码	总账科目	明细科目	借方金额	贷方金额	制单人
40	记014	2021/9/30	1	结转已销产品成本	6401	主营业务成本	主营业务成本	48,800.00		杨雪
41	记014	2021/9/30	1	结转已销产品成本	140501	库存商品	普通挂面		25,000.00	杨雪
42	记014	2021/9/30	1	结转已销产品成本	140502	库存商品	西红柿鸡蛋挂面		23,800.00	杨雪

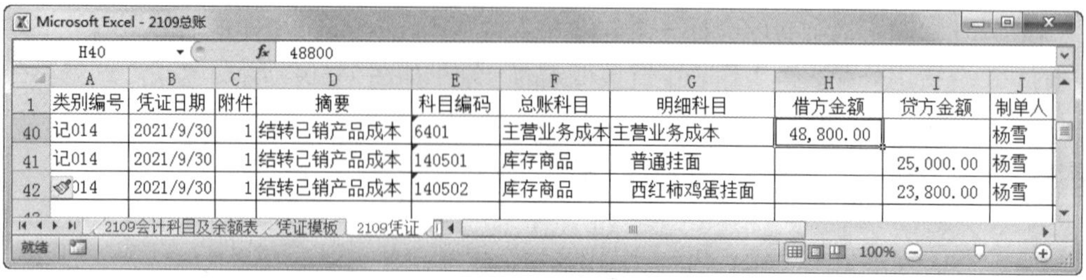

图 11-22　结转已销产品成本

5. 生成会计科目及余额表

根据“2109 会计科目及余额表”工作表和“2109 凭证”工作表，生成“2109 会计科目及余额表”工作表，结果如图 11-23 和图 11-24 所示。

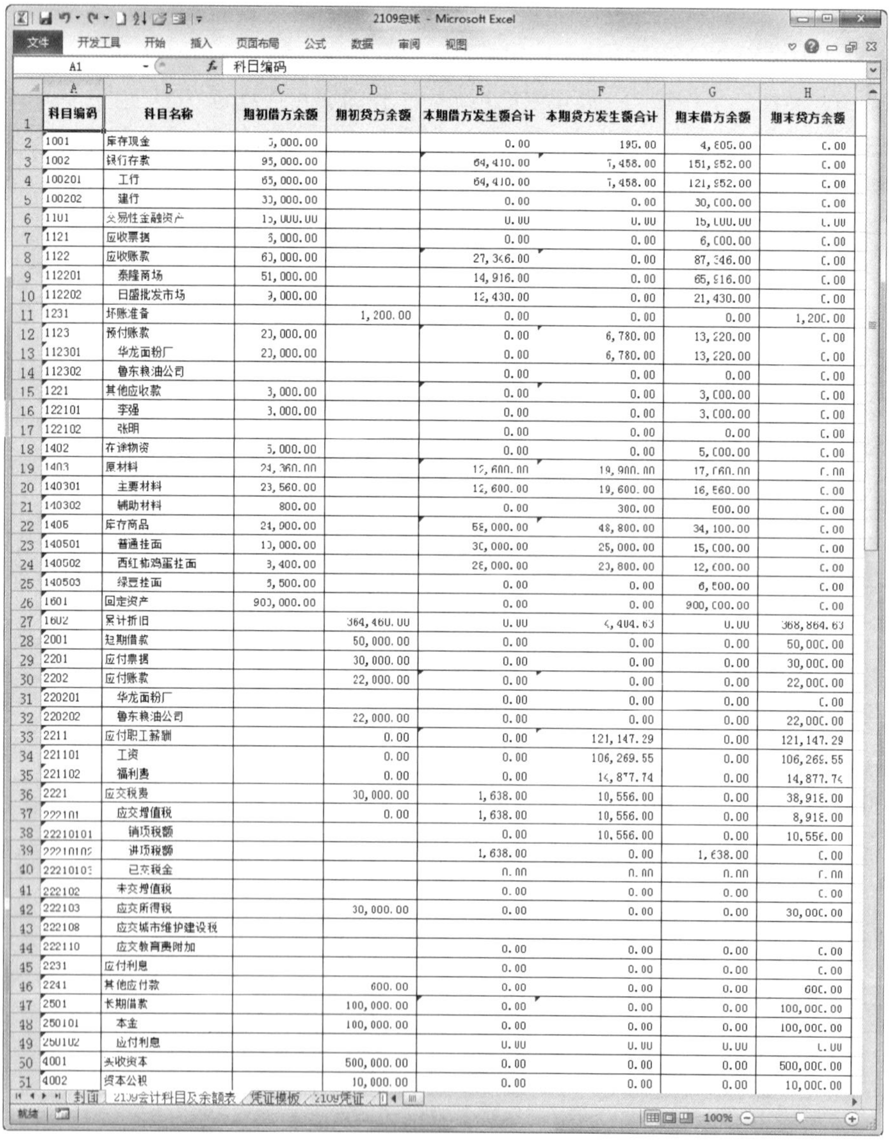

	A	B	C	D	E	F	G	H
1	科目编码	科目名称	期初借方余额	期初贷方余额	本期借方发生额合计	本期贷方发生额合计	期末借方余额	期末贷方余额
2	1001	库存现金	5,000.00		0.00	195.00	4,805.00	0.00
3	1002	银行存款	95,000.00		64,410.00	7,458.00	151,952.00	0.00
4	100201	工行	65,000.00		64,410.00	7,458.00	121,952.00	0.00
5	100202	建行	30,000.00		0.00	0.00	30,000.00	0.00
6	1101	交易性金融资产	15,000.00		0.00	0.00	15,000.00	0.00
7	1121	应收票据	6,000.00		0.00	0.00	6,000.00	0.00
8	1122	应收账款	60,000.00		27,346.00	0.00	87,346.00	0.00
9	112201	泰隆商场	51,000.00		14,916.00	0.00	65,916.00	0.00
10	112202	日盛批发市场	9,000.00		12,430.00	0.00	21,430.00	0.00
11	1231	坏账准备		1,200.00	0.00	0.00	0.00	1,200.00
12	1123	预付账款	20,000.00		0.00	6,780.00	13,220.00	0.00
13	112301	华龙面粉厂	20,000.00		0.00	6,780.00	13,220.00	0.00
14	112302	鲁东粮油公司			0.00	0.00	0.00	0.00
15	1221	其他应收款	3,000.00		0.00	0.00	3,000.00	0.00
16	122101	李强	3,000.00		0.00	0.00	3,000.00	0.00
17	122102	张明			0.00	0.00	0.00	0.00
18	1402	在途物资	5,000.00		0.00	0.00	5,000.00	0.00
19	1403	原材料	24,360.00		12,600.00	19,900.00	17,060.00	0.00
20	140301	主要材料	23,560.00		12,600.00	19,600.00	16,560.00	0.00
21	140302	辅助材料	800.00		0.00	300.00	500.00	0.00
22	1405	库存商品	24,000.00		58,000.00	48,800.00	34,100.00	0.00
23	140501	普通挂面	10,000.00		30,000.00	25,000.00	15,000.00	0.00
24	140502	西红柿鸡蛋挂面	3,400.00		28,000.00	23,800.00	12,600.00	0.00
25	140503	绿豆挂面	5,500.00		0.00	0.00	6,500.00	0.00
26	1601	固定资产	900,000.00		0.00	0.00	900,000.00	0.00
27	1602	累计折旧		364,460.00	0.00	4,404.63	0.00	368,864.63
28	2001	短期借款		50,000.00	0.00	0.00	0.00	50,000.00
29	2201	应付票据		30,000.00	0.00	0.00	0.00	30,000.00
30	2202	应付账款		22,000.00	0.00	0.00	0.00	22,000.00
31	220201	华龙面粉厂			0.00	0.00	0.00	0.00
32	220202	鲁东粮油公司		22,000.00	0.00	0.00	0.00	22,000.00
33	2211	应付职工薪酬		0.00	0.00	121,147.29	0.00	121,147.29
34	221101	工资		0.00	0.00	106,269.55	0.00	106,269.55
35	221102	福利费		0.00	0.00	14,877.74	0.00	14,877.74
36	2221	应交税费		30,000.00	1,638.00	10,556.00	0.00	38,918.00
37	222101	应交增值税		0.00	1,638.00	10,556.00	0.00	8,918.00
38	22210101	销项税额			0.00	10,556.00	0.00	10,556.00
39	22210102	进项税额			1,638.00	0.00	1,638.00	0.00
40	22210103	已交税金			0.00	0.00	0.00	0.00
41	222102	未交增值税			0.00	0.00	0.00	0.00
42	222103	应交所得税		30,000.00	0.00	0.00	0.00	30,000.00
43	222108	应交城市维护建设税						
44	222110	应交教育费附加			0.00	0.00	0.00	0.00
45	2231	应付利息			0.00	0.00	0.00	0.00
46	2241	其他应付款		600.00	0.00	0.00	0.00	600.00
47	2501	长期借款		100,000.00	0.00	0.00	0.00	100,000.00
48	250101	本金		100,000.00	0.00	0.00	0.00	100,000.00
49	250102	应付利息			0.00	0.00	0.00	0.00
50	4001	实收资本		500,000.00	0.00	0.00	0.00	500,000.00
51	4002	资本公积		10,000.00	0.00	0.00	0.00	10,000.00

图 11-23　2109 会计科目及余额表（1）

图 11-24 2109 会计科目及余额表（2）

以下是图表中的数据表格：

	科目编码	科目名称	期初借方余额	期初贷方余额	本期借方发生额合计	本期贷方发生额合计	期末借方余额	期末贷方余额
51	4002	资本公积		10,000.00	0.00	0.00	0.00	10,000.00
52	4101	盈余公积		0.00	0.00	0.00	0.00	0.00
53	410101	法定盈余公积		0.00	0.00	0.00	0.00	0.00
54	4103	本年利润			100,808.44	81,200.00	19,608.44	0.00
55	4104	利润分配		50,000.00	0.00	0.00	0.00	50,000.00
56	410401	未分配利润		50,000.00	0.00	0.00	0.00	50,000.00
57	5001	生产成本			93,638.48	58,000.00	35,638.48	
58	500101	基本生产成本			93,638.48	58,000.00	35,638.48	
59	500102	辅助生产成本			0.00	0.00	0.00	
60	5101	制造费用			0.00	0.00	0.00	
61	6001	主营业务收入			81,200.00	81,200.00		
62	6111	投资收益			0.00	0.00		
63	6401	主营业务成本			48,800.00	48,800.00		
64	6402	其他业务成本			0.00	0.00		
65	6403	税金及附加			0.00	0.00		
66	6601	销售费用			11,970.00	11,970.00		
67	6602	管理费用			40,038.44	40,038.44		
68	6603	财务费用			0.00	0.00		
69	6711	营业外支出			0.00	0.00		
70	6801	所得税费用			0.00	0.00		
71		合计	1,158,260.00	1,158,260.00	540,449.36	540,449.36	1,292,729.92	1,292,729.92

6. 编制结转损益会计分录

编制结转损益会计分录的操作步骤如下。

（1）9月30日，编制结转收入会计分录，如图11-25所示。

	类别编号	凭证日期	附件	摘要	科目编码	总账科目	明细科目	借方金额	贷方金额	制单人
43	记015	2021/9/30	1	结转收入	6001	主营业务收入	主营业务收入	81,200.00		杨雪
44	记015	2021/9/30	1	结转收入	4103	本年利润	本年利润		81,200.00	杨雪

图 11-25 结转收入会计分录

（2）9月30日，编制结转成本、费用会计分录，如图11-26所示。

	类别编号	凭证日期	附件	摘要	科目编码	总账科目	明细科目	借方金额	贷方金额	制单人
45	记016	2021/9/30	3	结转成本、费用	4103	本年利润	本年利润	100,808.44		杨雪
46	记016	2021/9/30	1	结转成本、费用	6401	主营业务成本	主营业务成本		48,800.00	杨雪
47	记016	2021/9/30	1	结转成本、费用	6601	销售费用	销售费用		11,970.00	杨雪
48	记016	2021/9/30	1	结转成本、费用	6602	管理费用	管理费用		40,038.44	杨雪

图 11-26 结转成本、费用会计分录

11

任务三　生成总账、明细账

完成输入记账凭证的工作之后，还需要登记总账和明细账。在 Excel 2010 工作簿中，登记总账和明细账的工作非常简单快捷，设置好公式之后，按【F9】键即可完成记账工作。

1．生成总账

复制"2109 会计科目及余额表"中的数值到一张新工作表中，注意只复制数值，将新工作表重命名为"2109 总账及试算平衡表"，删除明细科目所在的行即可，再设置 E、F、G、H 列的计算公式，生成"2109 总账及试算平衡表"，结果如图 11-27 所示。

图 11-27　2109 总账及试算平衡表

2．生成明细账

滨海市田园公司的总账生成之后，还需要根据"2109 凭证"工作表生成该公司的明细账，即对"2109 凭证"应用数据透视表功能，生成"2109 明细账"，如图 11-28 所示。

凭证日期	类别编号	摘要	科目编码	总账科目	汇总
		明细科目	(全部)		
		求和项:借方金额			
2021/9/1	记001	购入材料	112301	预付账款	
			140301	原材料	6000
			22210102	应交税费	780
2021/9/3	记002	销售产品	112201	应收账款	14916
			22210101	应交税费	
			6001	主营业务收入	
2021/9/5	记003	生产领料	140301	原材料	
			500101	生产成本	6000
2021/9/8	记004	生产领料	140302	原材料	
			500101	生产成本	300
2021/9/9	记005	销售产品	112202	应收账款	12430
			22210101	应交税费	
			6001	主营业务收入	
2021/9/11	记006	生产领料	140301	原材料	
			500101	生产成本	13600
2021/9/15	记007	销售产品	100201	银行存款	64410
			22210101	应交税费	
			6001	主营业务收入	
2021/9/26	记008	购入材料	100201	银行存款	
			140301	原材料	6600
			22210102	应交税费	858
2021/9/27	记009	报销办公费	1001	库存现金	
			6602	管理费用	195
2021/9/30	记010	分配工资	221101	应付职工薪酬	
			500101	生产成本	61520.91
			6601	销售费用	10500
			6602	管理费用	34248.64
	记011	计提福利费	221102	应付职工薪酬	
			500101	生产成本	8612.9274
			6601	销售费用	1470
			6602	管理费用	4794.8096
	记012	计提折旧	1602	累计折旧	
			500101	生产成本	3604.64
			6601	销售费用	0
			6602	管理费用	799.99
	记013	结转完工产品成本	140501	库存商品	30000
			140502	库存商品	28000
			500101	生产成本	
	记014	结转已销产品成本	140501	库存商品	
			140502	库存商品	
			6401	主营业务成本	48800
	记015	结转收入	4103	本年利润	
			6001	主营业务收入	81200
	记016	结转成本、费用	4103	本年利润	100808.44
			6401	主营业务成本	
			6601	销售费用	
			6602	管理费用	
总计					540449.36

图 11-28　2109 明细账

任务四　生成会计报表

完成账簿生成工作之后，月底还需要编制资产负债表和利润表。在 Excel 2010 工作簿中，编制报表是通过设置公式来完成的。

1. 编制资产负债表

编制的资产负债表如图 11-29 所示。

2. 编制利润表

完成设置后的利润表如图 11-30 和图 11-31 所示。

11

图 11-29　资产负债表

行次	资产	期末余额	期初余额	行次	负债及所有者权益	期末余额	期初余额
001	流动资产：			001	流动负债：		
002	货币资金	156,757.00	100,000.00	002	短期借款	50,000.00	50,000.00
003	交易性金融资产	15,000.00	15,000.00	003	交易性金融负债		
004	衍生金融资产			004	衍生金融负债		
005	应收票据	6,000.00		005	应付票据	30,000.00	30,000.00
006	应收账款	86,146.00	58,800.00	006	应付账款	22,000.00	22,000.00
007	应收款项融资			007	预收款项		
008	预付账款	13,220.00	20,000.00	008	合同负债		
009	其他应收款	3,000.00	3,000.00	009	应付职工薪酬	121,147.29	0.00
010	存货	91,798.48	54,260.00	010	应交税费	38,918.00	30,000.00
011	合同资产			011	其他应付款	600.00	600.00
012	持有待售资产			012	持有待售负债		
013	一年内到期的非流动资产			013	一年内到期的非流动负债		
014	其他流动资产			014	其他流动负债		
015	流动资产合计	371,921.48	257,060.00	015	流动负债合计	262,665.29	132,600.00
016	非流动资产：			016	非流动负债：		
017	债权投资			017	长期借款	100,000.00	100,000.00
018	其他债权投资			018	应付债券		
019	长期应收款			019	其中：优先股		
020	长期股权投资			020	永续债		
021	其他权益工具投资			021	租赁负债		
022	其他非流动金融资产			022	长期应付款		
023	投资性房地产			023	预计负债		
024	固定资产	531,135.37	535,540.00	024	递延收益		
025	在建工程			025	递延所得税负债		
026	生产性生物资产			026	其他非流动负债		
027	油气资产			027	非流动负债合计	100,000.00	100,000.00
028	使用权资产			028	负债合计	362,665.29	232,600.00
029	无形资产			029	所有者权益（或股东权益）：		
030	开发支出			030	实收资本（或股本）	500,000.00	500,000.00
031	商誉			031	其他权益工具		
032	长期待摊费用			032	其中：优先股		
033	递延所得税资产			033	永续债		
034	其他非流动资产			034	资本公积	10,000.00	10,000.00
035	非流动资产合计	531,135.37	535,540.00	035	减：库存股		
036				036	其他综合收益		
037				037	专项储备		
038				038	盈余公积	0.00	0.00
039				039	未分配利润	30,391.56	50,000.00
040				040	所有者权益（或股东权益）合计：	540,391.56	560,000.00
041	资产总计	903,056.85	792,600.00	041	负债及所有者权益（或股东权益）总计	903,056.85	792,600.00

图 11-30　利润表（1）

行次	项目	本期金额	上期金额（略）
001	一、营业收入	81,200.00	
002	减：营业成本	48,800.00	
003	税金及附加	0.00	
004	销售费用	11,970.00	
005	管理费用	40,038.44	
006	研发费用		
007	财务费用	0.00	
008	其中：利息费用		
009	利息收入		
010	加：其他收益		
011	投资收益（损失以"-"号填列）	0.00	
012	其中：对联营企业和合营企业的投资收益		
013	以摊余成本计量的金融资产终止确认收益（损失以"-"号填列）		

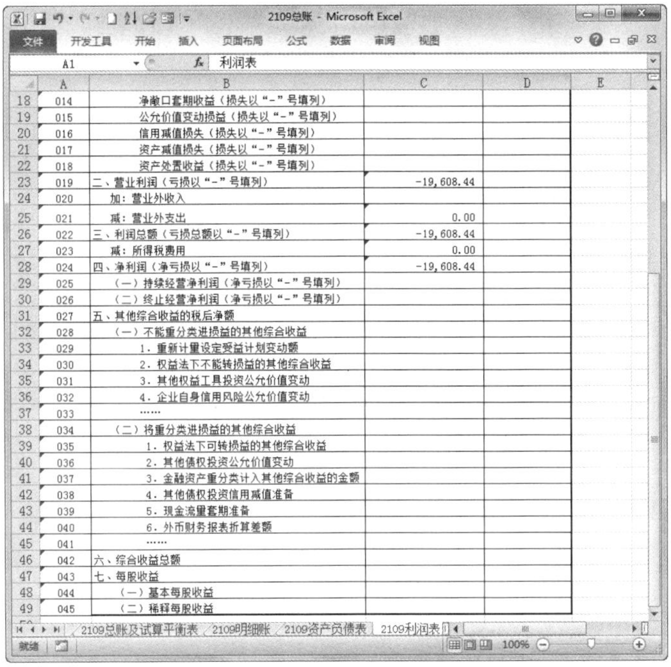

	A	B	C	D
18	014	净敞口套期收益（损失以“-”号填列）		
19	015	公允价值变动损益（损失以“-”号填列）		
20	016	信用减值损失（损失以“-”号填列）		
21	017	资产减值损失（损失以“-”号填列）		
22	018	资产处置收益（损失以“-”号填列）		
23	019	二、营业利润（亏损以“-”号填列）	-19,608.44	
24	020	加：营业外收入		
25	021	减：营业外支出	0.00	
26	022	三、利润总额（亏损总额以“-”号填列）	-19,608.44	
27	023	减：所得税费用	0.00	
28	024	四、净利润（净亏损以“-”号填列）	-19,608.44	
29	025	（一）持续经营净利润（净亏损以“-”号填列）		
30	026	（二）终止经营净利润（净亏损以“-”号填列）		
31	027	五、其他综合收益的税后净额		
32	028	（一）不能重分类进损益的其他综合收益		
33	029	1．重新计量设定受益计划变动额		
34	030	2．权益法下不能转损益的其他综合收益		
35	031	3．其他权益工具投资公允价值变动		
36	032	4．企业自身信用风险公允价值变动		
37	033	……		
38	034	（二）将重分类进损益的其他综合收益		
39	035	1．权益法下可转损益的其他综合收益		
40	036	2．其他债权投资公允价值变动		
41	037	3．金融资产重分类计入其他综合收益的金额		
42	038	4．其他债权投资信用减值准备		
43	039	5．现金流量套期准备		
44	040	6．外币财务报表折算差额		
45	041	……		
46	042	六、综合收益总额		
47	043	七、每股收益		
48	044	（一）基本每股收益		
49	045	（二）稀释每股收益		

图 11-31　利润表（2）

任务五　进行财务分析

编制好资产负债表和利润表后，即可利用 Excel 2010 对报表进行财务分析。

（1）新建 Excel 工作簿，并将其命名为“财务分析”。将 Sheet 1 工作表重命名为“财务比率分析”，根据“2109 总账”工作簿中的“2109 资产负债表”工作表和“2109 利润表”工作表中的数据进行财务比率分析，如图 11-32 所示。

（2）将 Sheet 2 工作表重命名为“财务比较分析”，根据“财务比率分析”工作表中的数据进行财务比较分析，如图 11-33 所示。

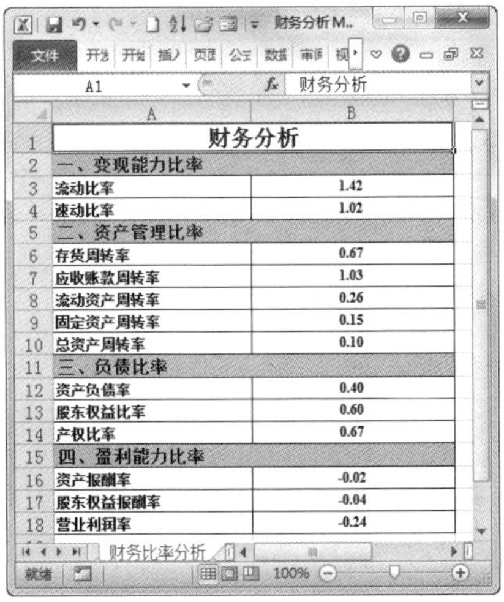

	A	B
1	财务分析	
2	一、变现能力比率	
3	流动比率	1.42
4	速动比率	1.02
5	二、资产管理比率	
6	存货周转率	0.67
7	应收账款周转率	1.03
8	流动资产周转率	0.26
9	固定资产周转率	0.15
10	总资产周转率	0.10
11	三、负债比率	
12	资产负债率	0.40
13	股东权益比率	0.60
14	产权比率	0.67
15	四、盈利能力比率	
16	资产报酬率	-0.02
17	股东权益报酬率	-0.04
18	营业利润率	-0.24

图 11-32　财务比率分析

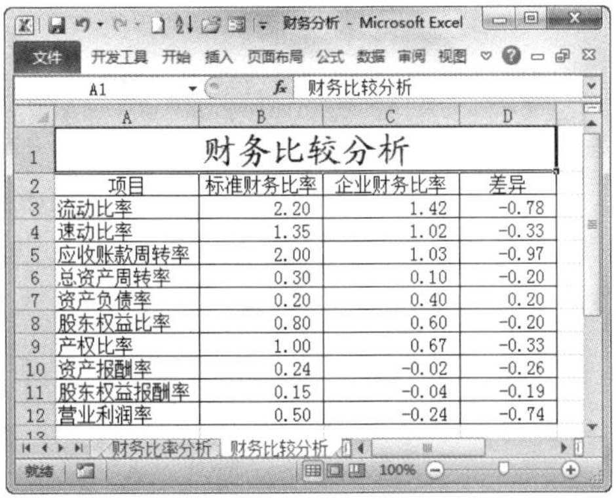

	A	B	C	D
1	财务比较分析			
2	项目	标准财务比率	企业财务比率	差异
3	流动比率	2.20	1.42	-0.78
4	速动比率	1.35	1.02	-0.33
5	应收账款周转率	2.00	1.03	-0.97
6	总资产周转率	0.30	0.10	-0.20
7	资产负债率	0.20	0.40	0.20
8	股东权益比率	0.80	0.60	-0.20
9	产权比率	1.00	0.67	-0.33
10	资产报酬率	0.24	-0.02	-0.26
11	股东权益报酬率	0.15	-0.04	-0.19
12	营业利润率	0.50	-0.24	-0.74

图 11-33　财务比较分析

（3）根据"2109 总账"工作簿中的"2109 资产负债表"工作表和"2109 利润表"工作表中的数据，进行杜邦体系分析，如图 11-34 所示。

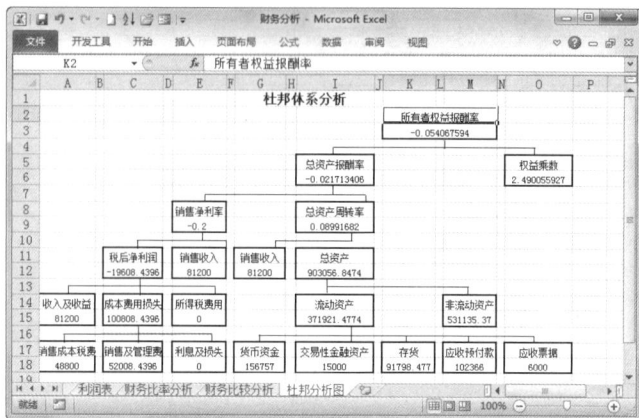

图 11-34　杜邦体系分析

任务六　进行筹资决策

滨海市田园公司欲筹资 500 万元，有 3 种方案可供选择。这 3 种方案的筹资金额及个别成本如表 11-8 所示，请选择最佳筹资方案。

表 11-8　　　　　　　　　　　　3 种方案的筹资金额及个别成本　　　　　　　　　　　单位：万元

筹资方式	A 方案		B 方案		C 方案	
	筹资金额	个别成本	筹资金额	个别成本	筹资金额	个别成本
长期借款	200	6%	100	6.50%	100	7%
长期债券	100	8%	200	8%	70	10%
优先股	100	12%	100	12%	200	12%
普通股	100	15%	100	15%	130	15%
合计	500		500		500	

新建工作簿，将其命名为"筹资管理"，输入表 11-9 所示的数据，计算出综合资本成本，如图 11-35 所示。

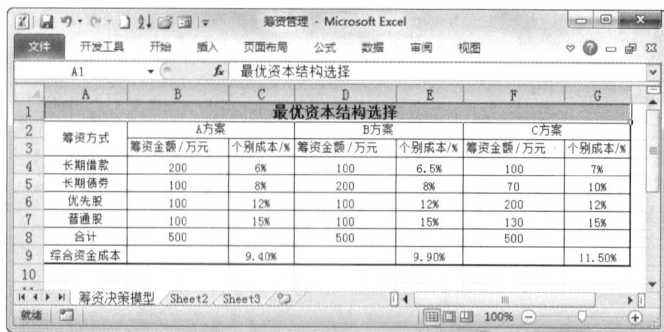

图 11-35　计算综合资本成本

任务七　进行投资决策

滨海市田园公司欲进行一项投资，共有 3 种方案可供选择。这 3 种方案的期初投资分别为 150 000 元、120 000 元、180 000 元，假设贴现率为 10%，再投资收益率为 15%，各方案 3 年的净现金流量如表 11-9 所示，试使用投资决策指标对各方案进行分析，并找出最优方案。

表 11-9　　　　　　　　　　　　投资决策净现金流量资料　　　　　　　　　　　　单位：元

期间	A 方案	B 方案	C 方案
0	−150 000	−120 000	−180 000
1	100 000	20 000	60 000
2	48 000	60 000	80 000
3	32 000	73 000	85 000

新建工作簿，将其命名为"投资管理"。输入表 11-10 所示的数据，计算出各方案的净现值、内含报酬率、修正内含报酬率和回收期间，如图 11-36 所示。通过比较，可以作出判断：A 方案为最优方案。

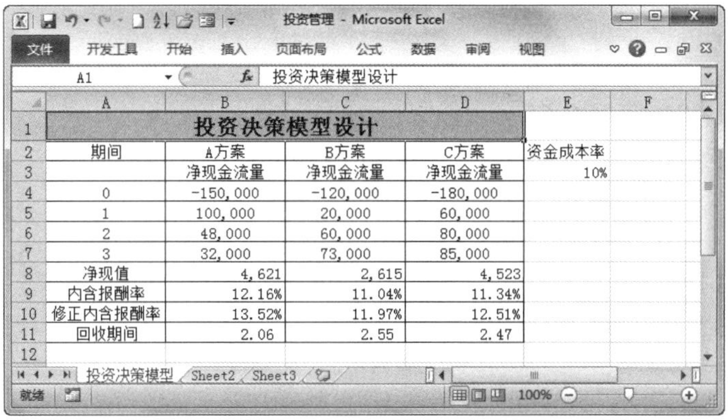

图 11-36　投资决策模型

项目小结

本项目设计了一个完整的案例，从而引导学生运用 Excel 2010 建立财务数据工作表、输入记账凭证、生成总账与明细账、生成财务报表、进行财务分析、进行筹资决策、进行投资决策，完成小型企业的会计核算流程。通过学习本项目的内容，学生能够掌握不同模块之间数据的传递操作，学会使用 Excel 2010 设计小型企业的会计核算流程。

11

参考文献

[1] 黄新荣. Excel 2010 在会计与财务管理中的应用[M]. 3 版. 北京：人民邮电出版社，2015.

[2] 神龙工作室. Excel 2010 在会计与财务管理日常工作中的应用[M]. 北京：人民邮电出版社，2015.

[3] 朱晟. Excel 财务应用教程[M]. 北京：人民邮电出版社，2013.

[4] 崔婕. Excel 在会计和财务管理中的应用[M]. 北京：人民邮电出版社，2014.

[5] 王晓民 陈晓嫩. Excel 会计实务[M]. 北京：人民邮电出版社，2015.

[6] 黄新荣. 财务会计模拟实训[M]. 北京：北京理工大学出版社，2007.

[7] 李爱红，于运会. 新编 Excel 在财务中的应用[M]. 北京：电子工业出版社，2010.

[8] 姬昂. Excel 在会计中的应用[M]. 北京：人民邮电出版社，2013.

[9] 马元驹. Excel 动态图表本量利分析模型的创建和应用[J]. 中国管理信息化，2005，（10）：14-18.